兰州大学西部社会学文库 ▶

十年变迁

甘肃家户经济与社会变迁数据报告

周亚平 等◎著

中国社会科学出版社

图书在版编目(CIP)数据

十年变迁：甘肃家户经济与社会变迁数据报告／周亚平等著．
—北京：中国社会科学出版社，2017.7
ISBN 978-7-5161-9645-8

Ⅰ.①十… Ⅱ.①周… Ⅲ.①家庭经济学—研究报告—甘肃—
2004—2014 Ⅳ.①F127.42

中国版本图书馆 CIP 数据核字(2017)第 002917 号

出 版 人	赵剑英	
责任编辑	冯春凤	
责任校对	张爱华	
责任印制	张雪娇	

出 版	中国社会科学出版社	
社 址	北京鼓楼西大街甲 158 号	
邮 编	100720	
网 址	http://www.csspw.cn	
发 行 部	010 - 84083685	
门 市 部	010 - 84029450	
经 销	新华书店及其他书店	

印 刷	北京君升印刷有限公司	
装 订	廊坊市广阳区广增装订厂	
版 次	2017 年 7 月第 1 版	
印 次	2017 年 7 月第 1 次印刷	

开 本	710×1000 1/16	
印 张	20.5	
插 页	2	
字 数	334 千字	
定 价	88.00 元	

目　　录

第一章　人口结构与流动人口

　　人口结构，是指在一定地区的总人口中，年龄、性别、婚姻、就业以及教育程度等社会人口特征的分布情况和关系情况。①本报告采用刘长茂对于人口结构的划分，即人口结构按其性质分为人口自然结构、人口社会结构、人口经济结构、人口质量结构和人口地域结构五种类型。② 人口自然结构的基本层次下又分为性别结构、年龄结构和人种结构；人口社会结构的基本层次下具体分为阶级结构、民族结构、宗教结构、语言结构和婚姻家庭结构等；人口经济结构的基本层次下包括产业结构、职业结构、收入分配结构和消费结构等；人口质量结构，也称人口素质，包括社会成员的体质水平、智能和文化程度、劳动技能等；人口地域结构，主要指人口的自然地理结构、行政区域结构和城乡结构。人口结构是社会发展的基础和条件，对社会发展起着促进和制约的双重作用。在对目前中国热点经济、社会问题进行研讨时，人口结构是一个无法避开的关键。

　　2010 年第六次全国人口普查数据发布后，搜狐评论整理了学者们在各大媒体提出的关于人口结构热点问题的观点，发表了《中国面临十大"人口问题"》：中国陷入"超低生育率"陷阱；"空巢"化冲击传统养老观念和模式；中国很多地区进入严重少子化时代；中国社会老龄化的包袱越来越沉重；中国养老服务体系和社保体系滞后；流动人口面临城市融入问题；"户籍捆绑福利"导致对外来人口的不公平；流动人口子女的教育需求和受教育机会被歧视；"男女比例失调"埋下隐患；人口素质和劳动

---

① 佟新：《人口社会学》，北京大学出版社 2000 年版，第 153 页。
② 刘长茂：《人口结构学》，中国人口出版社 1991 年版。

生产率亟待提高。[①]可以将上述我国面临的十大"人口问题"总结为四类问题，即人口老龄化、流动人口问题、人口性别结构失衡和人口质量结构不佳，这四类问题及相关问题都与总体人口结构息息相关，人口结构对社会经济结构的影响不容忽视。

本章包括两节，第一节描述样本人口结构，包括地域结构、自然结构和社会结构。地域结构包括行政区域、城乡结构；自然结构有性别结构、年龄结构、性别年龄金字塔图；社会结构有民族、教育水平、语言、宗教和婚姻。第二节描述流动人口概况，主要关注短期外出；流动人口规模、分布和流动原因。

第一节　人口结构

一　地域结构

本次调查涉及 8 个行政地区/市：兰州市、武威市、临夏市、白银市、酒泉市、定西市、天水市和甘南藏族自治州；11 个区/县/市：安宁区、永登县、凉州区、永靖县、会宁县、玉门市、瓜州县、岷县、陇西县、张家川回族自治县、夏河县，如图 1—1 所示；55 个乡/镇/街道的村（居、家）委会，1100 户，共计 4451 人。其中，37% 为城市样本，63% 为农村样本。

安宁区属于兰州市的 5 个市辖区之一，位于黄河北岸，有"金城西北之门户，河西五部之咽喉"之说。安宁是高校科研文化区，辖区内高校科研单位密集，有西北师范大学、兰州交通大学、甘肃农业大学、甘肃政法学院、甘肃省委党校、甘肃省农科院和甘肃省社会科学院等 19 所大专院校和科研院所。安宁区总面积 82.33 平方公里，2013 年年末总人口19.34 万人，现辖 8 个街道办事处，59 个社区。[②]2013 年，安宁区预计全年实现地区生产总值 130.43 亿元，城镇居民人均可支配收入 20306 元，农民人均纯收入 11963 元。[③]

---

① 搜狐评论：中国面临十大"人口问题"，http：//star. news. sohu. com/s2011/renkou/。

② 资料来源：兰州市安宁区人民政府网，"走进安宁" http：//www. lzanning. gov. cn/channels/ch00021/。

③ 资料来源：甘肃省，《甘肃发展年鉴（2014）》，中国统计出版社 2014 年版。

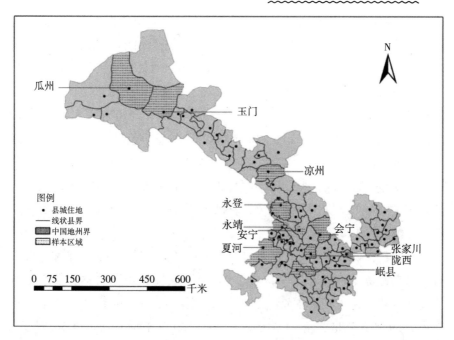

图1—1 样本区域图

永登县隶属于甘肃省兰州市，位于甘肃省中部。永登所产的苦水玫瑰是兰州市市花，"玫海花香"被誉为"兰州十景"之一，永登已成为我国最大的玫瑰种植地之一，其产量占到全国总产量的2/3。①永登县总面积6090平方公里，截至2010年永登县辖13个镇、5个乡，2013年年末总人口53.31万人。2013年，永登县预计全年实现地区生产总值111.69亿元，城镇居民人均可支配收入13409元，农民人均纯收入5642元。②

凉州区隶属于甘肃省武威市，地处甘肃省西北部，河西走廊东端，祁连山北麓，武威市中部，是武威市区所在地。武威，地处河西走廊东端，是古丝绸之路上的重镇，史有"四凉古都，河西都会"之美称，是"中国旅游标志之都"、"中国葡萄酒的故乡"、"西藏归属祖国的历史见证地"和"世界白牦牛唯一产地"。③凉州区总面积5081平方公里，2013年年末总人口10.16万人。2013年，凉州区预计全年实现地区生产总值236.14

① 资料来源：永登县人民政府网，"走进永登"http：//ydx. lanzhou. gov. cn/zjyd/。

② 资料来源：甘肃省，《甘肃发展年鉴（2014）》，中国统计出版社2014年版。

③ 资料来源：凉州区政府门户网，"走进凉州"http：//www. gsliangzhou. gov. cn/lzgl. asp。

亿元，城镇居民人均可支配收入 18076 元，农民人均纯收入 7554 元。[①]

永靖县隶属于甘肃省临夏回族自治州，位于甘肃中部西南，临夏回族自治州北部。永靖县素称"河州北乡"，是国家对外开放的第一批县份之一，是国家扶贫开发重点县，也是刘家峡、盐锅峡、八盘峡三座水库的重点移民县。永靖县总面积 1863.6 平方公里，截至 2010 年，永靖县辖 10 个镇、7 个乡、139 个行政村、10 个社区。[②] 2013 年年末总人口 20.51 万人，永靖县民族以汉族为主，有回族、东乡族、保安族、撒拉族、土家族、藏族等少数民族，少数民族占总人口的 13% 左右。2013 年，预计全县全年完成生产总值 31.06 亿元，农民人均纯收入 3619 元，城镇居民人均可支配收入 12634 元。[③]

会宁县，隶属于甘肃省白银市，位于甘肃省中部，白银市南端。会宁自古以来就是交通要道、军事重地，素有"秦陇锁钥"之称。会宁是西北教育名县，有"西北高考状元县"和"博士之乡"的称号。[④]会宁县总面积 6439 平方公里，辖 22 个乡、6 个镇，2013 年年末总人口 56.93 万，境内有汉、回、东乡、撒拉等 7 个民族分布。2013 年，全县预计全年完成生产总值 52.59 亿元，城镇居民人均可支配收入 12548 元，农民人均纯收入 3993 元。[⑤]

玉门市是由酒泉市管辖的一个县级市，位于甘肃省西北部，河西走廊西部，东西长 114 公里，南北宽 112.5 公里，总面积 1.35 万平方公里。截至 2012 年，玉门市下辖 4 个镇、6 个乡、3 个街道、2 个民族乡。[⑥]玉门是我国石油工业的摇篮，从 1939 年探明油层拉开这座城市油矿开采序幕以来，玉门不仅成为中国石油工业的摇篮，也为中国经济建设作出了巨大贡献，然而 2009 年，玉门位列于国家公布的第二批资源枯竭城市名单，

① 资料来源，甘肃省，《甘肃发展年鉴 2014》，中国统计出版社 2014 年版。

② 资料来源：永靖县人民政府网，"走进永靖" http：//www. gsyongjing. gov. cn/zjyj/zjyj. php。

③ 资料来源：甘肃省，《甘肃发展年鉴 2014》，中国统计出版社 2014 年版。

④ 资料来源：会宁县人民政府网，"会宁方志" http：//www. huining. gov. cn/huining/Index. asp。

⑤ 资料来源：甘肃省，《甘肃发展年鉴 2014》，中国统计出版社 2014 年版。

⑥ 资料来源：玉门市人民政府公众信息网，"玉门概况" http：//www. yumen. gov. cn/ReadNews. asp？NewsID = 4603。

玉门开始探索转型之路。玉门市 2013 年年末总人口 14.21 万，全市有汉族、回族、蒙古族、藏族、东乡族等 29 个少数民族。2013 年，全市地方生产总值为 135.15 亿元，城镇居民人均可支配收入 21913 元，农民人均纯收入 10625 元。①

瓜州县隶属甘肃省酒泉市，地处甘肃省河西走廊西端，自古以来就是东进西出的交通枢纽，是古代丝绸之路的商贾重镇。瓜州县东西长 185 公里，南北宽 220 公里，面积 2.41 万平方公里。②瓜州县下辖 5 个镇、10 个乡、73 个行政村，2013 年年末总人口 12.9 万人，有汉族、回族、蒙古族、藏族等 21 个民族。2013 年，地区生产总值 71.07 亿元，城镇居民人均可支配收入 20818 元，农民人均纯收入 10569 元。③

岷县隶属于甘肃省定西市，位于甘肃南部、定西西南部，洮河中游，地处青藏高原东麓与西秦岭陇南山地接壤区。岷县素有"千年药乡"的美称，是中国有名的中药材主产区，境内盛产当归、黄芪、红芪、党参、丹参等名贵中药材 238 种，尤以当归种植历史悠久，质量最佳，产量第一而闻名于世。④岷县下辖 9 个乡、9 个镇，总面积 3578 平方公里，2013 年年末总人口 48.85 万人。2013 年，预计全年地区生产总值 26.13 亿元，城镇居民可支配收入 15547 元，农民人均纯收入 3803 元。⑤

陇西县隶属于甘肃省定西市，位于甘肃省东南部，定西市中部，陇西县因在陇山以西而得名，自古为"四塞之国"，兵家必争之地。陇西李氏文化遗址李家祠堂，又称"李家龙宫"，正是位于陇西县。⑥陇西县总面积 2408 平方公里，辖 9 镇 8 乡，215 个村，11 个社区，2013 年年末总人口 51.32 万人，居住着汉、回、满等 13 个民族。2013 年，全县实现生产总值 52.9 亿元，城镇居民人均可支配收入 15622 元，农民人均纯收入 4430 元。⑦

---

① 资料来源：甘肃省，《甘肃发展年鉴（2014）》，中国统计出版社 2014 年版。

② 资料来源：瓜州县公众信息网，"走进瓜州" http：//www.guazhou.gov.cn/zjgz.asp。

③ 资料来源：甘肃省，《甘肃发展年鉴（2014）》，中国统计出版社 2014 年版。

④ 资料来源：岷县党政网，"走进岷县" http：//www.mxdz.gov.cn/news/zjmx/zjmx.html。

⑤ 资料来源：甘肃省，《甘肃发展年鉴（2014）》，中国统计出版社 2014 年版。

⑥ 资料来源：陇西县人民政府网，"走进陇西" http：//www.longxi.gansu.gov.cn/showxw.asp? id = 5561。

⑦ 资料来源：甘肃省，《甘肃发展年鉴（2014）》，中国统计出版社 2014 年版。

张家川回族自治县隶属于甘肃省天水市，位于甘肃省东南部，天水市东北部。张家川回族自治县有关山秦家塬风光、小麦积、花果山水帘洞等著名景点。截至 2012 年，张家川回族自治县辖 3 个镇、12 个乡。① 2013 年年末总人口 35 万人，其中回族人口占 69%，其他民族有汉族、满族、藏族、蒙古族等民族。2013 年，全县生产总值完成 22.09 亿元，城镇居民人均可支配收入 15000 元，农民人均纯收入 3778 元。②

夏河县隶属于甘肃省甘南藏族自治州，因境内大夏河得名。夏河县位于青藏高原东北部边缘，甘肃省西南部，甘南藏族自治州西北部。夏河县是甘肃省主要的旅游观光地之一，"世界藏学府·中国拉卜楞"旅游品牌享誉国内外。夏河县总土地面积 6274 平方公里，截至 2013 年，夏河县下辖 3 个镇 10 个乡，共有 65 个行政村、4 个城镇社区，2013 年年末总人口为 8.78 万，其中藏族人口占 81.8%，农牧业人口占 77%，境内有藏、汉、回等 18 个民族。2013 年，夏河县全年实现地区生产总值 14.15 亿元，农牧民人均纯收入 4374 元，城镇居民人均可支配收入 15472 元。③

二　性别与年龄结构

（一）性别结构

人口性别结构是一定时点、一定地区男女两性在全体人口中的比重，通常用百分比来表示。④影响人口性别结构的因素一般有以下四方面：从人口过程看，出生婴儿性别比、生育率、死亡率、人口迁移都会对人口性别结构产生影响；从文化因素来看，性别价值观和生育观念是影响性别结构的重要因素；从社会经济因素来看，一定社会经济条件下的卫生条件、医疗供应和社会保障制度都可能影响人口性别结构；从政治因素来看，社会平等状况对于女性享受平等的医疗权、社会保障权和生存权有深刻的影响。同时，战争对人口性别结构的影响也不容小觑。作用力都是相互的，

① 资料来源：张家川回族自治县人民政府网站，"走进张家川" http：//www.zjc.gov.cn/html/zjzjc/index.html。
② 资料来源：甘肃省，《甘肃发展年鉴（2014）》，中国统计出版社 2014 年版。
③ 资料来源：夏河县人民政府网，"走进夏河" http：//www.xiahe.gov.cn/zjxh.asp。
④ 佟新：《人口社会学》，北京大学出版社 2000 年版，第 183 页。

性别结构同样也影响着社会进步与发展。①李雨潼在《中国人口性别结构分析》中，通过对新中国成立以来进行的六次人口普查数据的分析指出，我国人口性别结构的特点是人口性别比总体偏高，出生人口性别比明显持续偏高、人口性别比区域差异明显、城乡差距大。②据 2010 年第六次人口普查甘肃省公布的数据：全省常住人口中，男性人口为 13064127 人，占 51.08%；女性人口为 12511127 人，占 48.92%；人口性别比（以女性为 100，男性对女性的比例）为 104.42。③

表 1—1 列出了性别的描述性统计，即 11 个区/县/市中男女所占的比例和男女性别比，这里的性别比指的是男性对女性的比例。本次调查中，瓜州样本中男性比例为 54.2%，女性 45.8%，性别比为 118.34；陇西样本中男性比例为 53.2%，女性 46.8%，性别比 113.67；永靖样本中，男性比例为 52.5%，女性 47.5%，性别比 110.52；会宁样本中，男性比例为 52.4%，女性 47.6%，性别比 110.08；永登样本中，男性比例为 52.1%，女性 47.9%，性别比 108.76；张家川样本中，男性比例为 51.8%，女性 48.2%，性别比 107.46；玉门样本中，男性比例为 51.5%，女性 48.5%，性别比 106.18；凉州样本中，男性比例为 51.3%，女性 48.7%，性别比 105.95；安宁样本中，男性比例为 50.5%，女性 49.5%，性别比 102.02；岷县样本中，男性比例为 49.9%，女性 50.1%，性别比 99.60；夏河样本中，男性比例为 48.7%，女性 51.3%，性别比 94.93；就总样本来看，男性比例为 51.6%，女性 48.4%，性别比 106.61。我们本次调查得到的性别比低于"五普"的 107.59，高于"六普"的 104.42，从人口性别比的正常值 102—107 来看，"六普"数值和我们的样本数值都在正常范围内。

11 个区/县/市中，男性比例最高的是瓜州市，占到瓜州市样本总量 54.2%，比例最低的是夏河，男性占样本总量的 48.7%。从各区/县/市性别比来看，性别比最高的是瓜州，为 118.34，性别比最低的是夏河，为 94.93；从农村/城市性别比看，农村样本的性别比为 111.86，城市样

①　佟新：《人口社会学》，北京大学出版社 2000 年版，第 185—187 页。
②　李雨潼：《中国人口性别结构分析》，《人口学刊》2013 年第 6 期。
③　资料来源：甘肃省 2010 年第六次全国人口普查主要数据公报，《甘肃日报》电子版，http://gsrb.gansudaily.com.cn/system/2011/05/06/011980254.shtml，2011 年 5 月 6 日。

本性别比为 98.01，农村远远高于城市。李雨潼根据第六次人口普查，通过对全国性别比最高的前四个地区研究发现：经济发达且城市人口比例较高的地区，城镇人口性别比高于农村，经济欠发达且城市人口比例较低的地区，则相反。[1]我们从数据结果来看，农村性别比高于城市性别比，这和样本地区的经济发展程度低和城市人口比例低相关。

表 1—1 分区/县/市分城乡性别比

		性别（%）		性别比（女 = 100）
		男	女	
区/县/市	瓜州	54.2	45.8	118.34
	陇西	53.2	46.8	113.67
	永靖	52.5	47.5	110.52
	会宁	52.4	47.6	110.08
	永登	52.1	47.9	108.76
	张家川	51.8	48.2	107.46
	玉门	51.5	48.5	106.18
	凉州	51.3	48.7	105.95
	安宁	50.5	49.5	102.02
	岷县	49.9	50.1	99.60
	夏河	48.7	51.3	94.93
合计		51.6	48.4	106.61
城/乡	农村	52.8	47.2	111.86
	城市	49.5	50.5	98.01

（二）年龄结构

人口年龄结构，是指在一定时间点、一定地区内各年龄组人口在全部人口中所占的比重，一般用百分比来表示。[2]人口年龄结构不仅影响着人口过程，同时关联着经济社会发展的诸多方面。本次调查中，对于年龄的测量采取人口普查的方法，以实足年龄为统计标准，登记被调查者的出生

---

① 李雨潼：《中国人口性别结构分析》，《人口学刊》2013 年第 6 期。
② 佟新：《人口社会学》，北京大学出版社 2000 年版，第 155 页。

年、月、日，由调查者计算出生日期和调查日期之间的间隔时间来确定被调查者的年龄。人口的年龄结构一般可分为三种：年轻型人口、成年型人口和年老型人口。这三种年龄结构的国际通行划分标准为：年轻型人口是指 0—14 岁人口在总人口中占 40% 以上的社会；成年型人口是指 0—14 岁人口在总人口中占 30%—40%；年老型人口是指 0—14 岁人口占总人口的 30% 以下。从人口的发展来看，与上述三种人口年龄结构类型相对应的人口发展类型为增长型、静止型和缩减型。本次调查数据显示，0—14 岁人口占到总样本人口的 17.6%。

（三）分城乡人口金字塔图

我们采用金字塔图来表示性别和年龄结构，以每一年龄组男性和女性所占的比例为横坐标，将年龄以 5 岁为一个单位进行分组，以年龄组为纵轴，分别绘制城镇样本金字塔图和农村样本金字塔图，来描述城乡不同性别间年龄组的差异。前文所述的三种人口发展类型反映在人口性别年龄金字塔图中的形状大致为，增长型的人口金字塔塔顶尖，塔底宽，整个金字塔大致呈现出正三角形的结构，这种结构说明低年龄人口在总人口中占的比重大；静止型人口金字塔塔顶和塔底宽度基本一致，在塔尖处才逐渐收缩，也就是说，各年龄组人数差别不很大，塔形较直，只在高龄部分急剧收缩；缩减型人口金字塔的特点是塔顶宽，塔底窄，这种金字塔说明年轻人越来越少，中年以上人口比重较大。根据 2010 年第六次全国人口普查甘肃省数据，全省常住人口中，0—14 岁人口为 4643822 人，占 18.16%；15—64 岁人口为 18825645 人，占 73.61%；65 岁及以上人口为 2105787 人，占 8.23%。[①]本次调查中，我们得到，0—14 岁人口占到 17.6%，15—64 岁占到 72.1%，65 岁及以上人口占到 10.5%。相比于"六普"甘肃省这三个年龄组的数据，0—14 岁和 15—64 岁的数据均略低于"六普"甘肃省数据，65 岁及以上数据高于"六普"甘肃省数据。

表 1—2 列出了分年龄组分城乡男女性别比例的描述性统计，在城镇样本中，0—4 岁年龄组占 5.6%；5—9 岁年龄组占 5.9%；10—14 岁年龄组占 4.5%；15—19 岁年龄组占 6.1%；20—24 岁年龄组占 6.1%；

———————

① 资料来源：甘肃省 2010 年第六次全国人口普查主要数据公报，《甘肃日报》电子版，ht-tp：//gsrb. gansudaily. com. cn/system/2011/05/06/011980254. shtml，2011 年 5 月 6 日。

25—29 岁年龄组占 8.8%；30—34 岁年龄组占 7.3%；35—39 岁年龄组占 8.5%；40—44 岁年龄组占 8.5%；45—49 岁年龄组占 9.1%；50—54 岁年龄组占 6.1%；55—59 岁年龄组占 5.7%；60—64 岁年龄组占 5.6%；65—69 岁年龄组占 4.2%；70—74 岁年龄组占 3.5%；75 岁及以上年龄组占 4.5%。在城镇男性样本中，0—4 岁年龄组占 6.2%；5—9 岁年龄组占 6.5%；10—14 岁年龄组占 4.4%；15—19 岁年龄组占 6.1%；20—24 岁年龄组占 6.5%；25—29 岁年龄组占 7.5%；30—34 岁年龄组占 7.5%；35—39 岁年龄组占 8.5%；40—44 岁年龄组占 8.9%；45—49 岁年龄组占 8.9%；50—54 岁年龄组占 5.9%；55—59 岁年龄组占 6.1%；60—64 岁年龄组占 4.4%；65—69 岁年龄组占 4.4%；70—74 岁年龄组占 3.6%；75 岁及以上年龄组占 4.8%。城镇女性样本中，0—4 岁年龄组占 5.1%；5—9 岁年龄组占 5.3%；10—14 岁年龄组占 4.6%；15—19 岁年龄组占 6.2%；20—24 岁年龄组占 5.7%；25—29 岁年龄组占 10%；30—34 岁年龄组占 7.1%；35—39 岁年龄组占 8.5%；40—44 岁年龄组占 8.1%；45—49 岁年龄组占 9.4%；50—54 岁年龄组占 6.3%；55—59 岁年龄组占 5.3%；60—64 岁年龄组占 6.7%；65—69 岁年龄组占 3.9%；70—74 岁年龄组占 3.4%；75 岁及以上年龄组占 4.2%。

在农村样本中，0—4 岁年龄组占 6.2%；5—9 岁年龄组占 5.8%；10—14 岁年龄组占 6.5%；15—19 岁年龄组占 7.4%；20—24 岁年龄组占 10.3%；25—29 岁年龄组占 8.6%；30—34 岁年龄组占 6.2%；35—39 岁年龄组占 5.3%；40—44 岁年龄组占 8.0%；45—49 岁年龄组占 8.4%；50—54 岁年龄组占 7.0%；55—59 岁年龄组占 5.9%；60—64 岁年龄组占 5.0%；65—69 岁年龄组占 3.7%；70—74 岁年龄组占 3.0%；75 岁及以上年龄组占 2.8%。在农村男性样本中，0—4 岁年龄组占 6.5%；5—9 岁年龄组占 6.9%；10—14 岁年龄组占 7.2%；15—19 岁年龄组占 7.0%；20—24 岁年龄组占 9.8%；25—29 岁年龄组占 9.1%；30—34 岁年龄组占 6.8%；35—39 岁年龄组占 5.1%；40—44 岁年龄组占 7.5%；45—49 岁年龄组占 8.3%；50—54 岁年龄组占 6.0%；55—59 岁年龄组占 6.2%；60—64 岁年龄组占 4.6%；65—69 岁年龄组占 3.9%；70—74 岁年龄组占 2.8%；75 岁及以上年龄组占 2.2%。农村女性样本中，0—4 岁年龄组占 5.8%；5—9 岁年龄组占 4.6%；10—14 岁年龄组占 5.8%；15—19 岁年

龄组占 7.9%；20—24 岁年龄组占 10.8%；25—29 岁年龄组占 8.0%；
30—34 岁年龄组占 5.5%；35—39 岁年龄组占 5.5%；40—44 岁年龄组占
8.5%；45—49 岁年龄组占 8.5%；50—54 岁年龄组占 8.0%；55—59 岁
年龄组占 5.6%；60—64 岁年龄组占 5.4%；65—69 岁年龄组占 3.5%；
70—74 岁年龄组占 3.1%；75 岁及以上年龄组占 3.5%。

表 1—2　　　　　　　　分城乡、性别样本人口年龄分布　　　（单位：岁,%）

		城　镇			农　村		
		合计	男	女	合计	男	女
年龄组	0—4	5.6	6.2	5.1	6.2	6.5	5.8
	5—9	5.9	6.5	5.3	5.8	6.9	4.6
	10—14	4.5	4.4	4.6	6.5	7.2	5.8
	15—19	6.1	6.1	6.2	7.4	7.0	7.9
	20—24	6.1	6.5	5.7	10.3	9.8	10.8
	25—29	8.8	7.5	10.0	8.6	9.1	8.0
	30—34	7.3	7.5	7.1	6.2	6.8	5.5
	35—39	8.5	8.5	8.5	5.3	5.1	5.5
	40—44	8.5	8.9	8.1	8.0	7.5	8.5
	45—49	9.1	8.9	9.4	8.4	8.3	8.5
	50—54	6.1	5.9	6.3	7.0	6.0	8.0
	55—59	5.7	6.1	5.3	5.9	6.2	5.6
	60—64	5.6	4.4	6.7	5.0	4.6	5.4
	65—69	4.2	4.4	3.9	3.7	3.9	3.5
	70—74	3.5	3.6	3.4	3.0	2.8	3.1
	75 岁及以上	4.5	4.8	4.2	2.8	2.2	3.5
	合计	100	100	100	100	100	100

　　根据表 1—2 分别绘制城镇样本金字塔图和农村样本金字塔图，如
图 1—2、图 1—3。
　　在城镇样本金字塔图中，如图 1—2，可以看出，通过样本数据所绘制的
金字塔图大致属于静止型人口年龄结构。城镇样本中 45—49 岁年龄组所占比

重最大，为 9.1%；最低的是 70—74 岁，为 3.5%。我国对于劳动适龄人口的划定为男性 16—60 岁期间、女性 16—55 岁期间。从图 1—2 可以看到，样本适龄劳动人口中，从 15—19 岁这一年龄组开始，男性年龄组的比重从 6.1% 逐渐增加到 45—49 岁的 8.9%，而后 50—54 岁锐减到 5.9%，55—59 岁为 6.1%；然而，女性劳动适龄人口年龄组则是在增加与减少中徘徊，比重最大的是 25—29 岁，为 10.0%，比重最小的是 20—24 岁，为 5.7%；同时，从金字塔图中我们看到，0—14 岁年龄组的比重和 75 岁及以上年龄组的比重并不小，我们有必要关注一下城镇样本的抚养比，经计算城镇样本的老年抚养比为 17%，少儿抚养比为 22.3%，总抚养比为 39.3%。

农村样本金字塔图中，如图 1—3，年龄组比重最大的是 20—24 岁，为 10.3%；最小的是 75 岁及以上，为 2.8%。经计算，农村样本的老年抚养比为 13.2%，少儿抚养比为 25.7%，总抚养比为 38.9%。可以看出，农村样本的少儿抚养比高于城市，城市样本的老年抚养比高于农村，总抚养比持平。

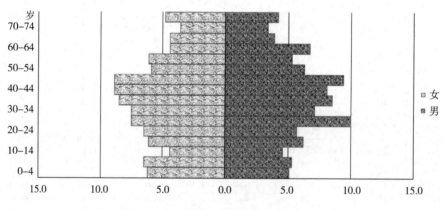

图 1—2　城镇样本金字塔图　　（单位:%）

三　社会结构

（一）民族与宗教

甘肃省境内现有 55 个少数民族，根据 2010 年第六次全国人口普查，甘肃省少数民族人口为 241.05 万人，占全省总人口的 9.43%。在现有的 55 个少数民族中人口较多，且世居甘肃的少数民族有以下 10 个，分别是：回族、藏族、东乡族、保安族、裕固族、蒙古族、撒拉族、哈萨克族、土族、满族；这其中东乡族、保安族、裕固族是甘

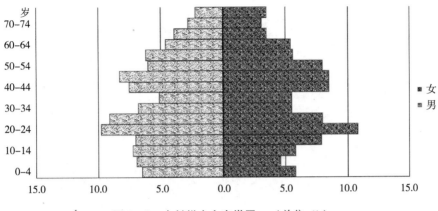

图1—3　农村样本金字塔图　（单位:%）

肃省独有的民族。① 本次调查中，如图1—4，样本的民族成分主要是以下5种：汉族为73.4%、回族为14.7%、藏族为8.8%、东乡族2.7%、其他民族（满族、壮族、彝族、土族、土家族）共计0.4%；回族样本54.3%分布在张家川、29.6%分布在永靖、8.7%分布在夏河；藏族样本98.5%分布在夏河；东乡族样本92.4%分布在瓜州，7.6%分布在永靖。

关于宗教信仰，如图1—5，主要有以下5种：无信仰（67.9%）、伊斯兰教（17.4%）、佛教（12.8%）、道教（1.1%）、其他（基督教、天主教和民间信仰共计0.8%）。

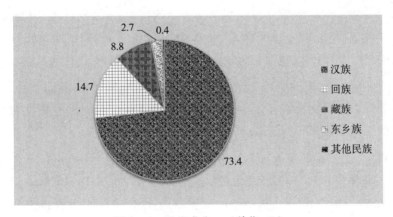

图1—4　民族成分　（单位:%）

---

① 资料来源：甘肃省民族事务委员会网站，"民族概况" http://gsmw.gov.cn/htm/list/31_1.htm。

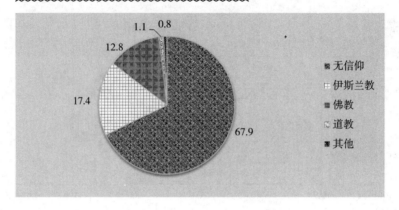

图1—5　宗教信仰　（单位:%）

（二）教育水平

我国从1986年4月颁布《中华人民共和国义务教育法》开始，义务教育制度确立，"国家实行九年制义务教育"从此成为法定义务。根据2010年第六次全国人口普查数据显示，每十万人中具有大学文化程度的为8930人；具有高中文化程度的为14032人；具有初中文化程度的为38788人；具有小学文化程度的为26779人；文盲率（15岁及以上不识字的人口占总人口的比重）为4.08%。①关于样本的教育水平，图1—6描述了分区/县/市的文盲率。本次调查文盲的判定标准为15岁及以上"从来没有上过学（包括学前班和职业学校）"。如图1—6所示，各区/县/市的文盲率分别是夏河为60.1%，岷县为40.4%，永靖为37.4%，会宁29.7%，张家川为28.5，玉门为24.5%，永登为24.2%，陇西为22.0%，瓜州为20.6%，凉州为19.4%，安宁为5.4%。我们计算11个区/县/市的平均文盲率为28.4%，相比于"六普"公布的全国文盲比例4.08%，样本地区文盲率很高。

以15岁为一个单位，从年龄分组来看，如表1—3所示，夏河分年龄组文盲率中，16—30年龄组的文盲率为34.5%，31—45年龄组的文盲率为69.9%；46—60年龄组的文盲率为67.7%；61岁及以上年龄组的文盲率为83.3%，可以看到，30岁以上人群的文盲率都在50%以

①　资料来源：中央政府门户网站，2010年第六次全国人口普查主要数据公报http：//www. gov. cn/test/2012—04/20/content_ 2118413. htm，2012年4月20日。

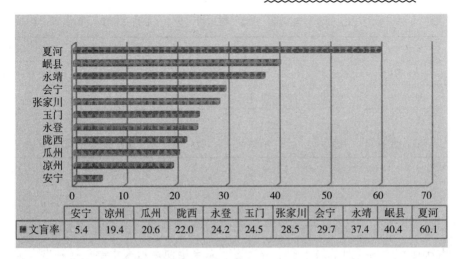

	安宁	凉州	瓜州	陇西	永登	玉门	张家川	会宁	永靖	岷县	夏河
文盲率	5.4	19.4	20.6	22.0	24.2	24.5	28.5	29.7	37.4	40.4	60.1

图1—6 分区/县/市文盲 （单位:%）

上；永靖分年龄组文盲率中，16—30年龄组的文盲率为13.7%，31—45年龄组的文盲率为49.4%，46—60年龄组的文盲率为43.9%，61岁及以上年龄组的文盲率为70.7%，文盲率超过50%的年龄组是61岁及以上；张家川分年龄组文盲率中，16—30年龄组的文盲率为4.6%，31—45年龄组的文盲率为22.1%，46—60年龄组的文盲率为28.7%，61岁及以上年龄组的文盲率为75.6%，张家川同样也是在61岁及以上的年龄组文盲率超过50%；会宁分年龄组文盲率中，16—30年龄组的文盲率为3.6%，31—45年龄组的文盲率为20.7%，46—60年龄组的文盲率为42.5%，61岁及以上年龄组的文盲率为67.6%；瓜州分年龄组文盲率中，16—30年龄组的文盲率为6.8%，31—45年龄组的文盲率为21.7%，46—60年龄组的文盲率为18.8%，61岁及以上年龄组的文盲率为40.4%。

样本中的四个少数民族聚居区，夏河、永靖、张家川和瓜州，在文盲率比较高的前五个区/县/市中占到3席，同时从数据来看，汉族聚居地区30岁以下的文盲率平均是5.1%，夏河、永靖、张家川和瓜州这四个地区30岁以下的文盲率远远超过5.1%，这说明西部少数民族聚居地区教育状况和汉族聚居地差距较大。值得注意的是，会宁作为甘肃甚至全国有名的状元县，文盲率较高，通过年龄分组数据可以看出，会宁30岁以下的文盲率是3.6%，46岁以上的文盲率拉高了该地区文盲率。

表1—3　　15岁以上分年龄组夏河、永靖、张家川、会宁、瓜州文盲率（单位:%；岁）

年龄组	夏河	永靖	张家川	会宁	瓜州
16—30	34.5	13.7	4.6	3.6	6.8
31—45	69.9	49.4	22.1	20.7	21.7
46—60	67.7	43.9	28.7	42.5	18.8
61岁及以上	83.3	70.7	75.6	67.6	40.4

（三）语言

甘肃作为少数民族聚居区，家庭常用语言除了汉语以外，还有藏语和东乡语。甘肃地区的藏语属于藏语三大方言区[①]中的康方言和安多方言，本次样本中的夏河县属于安多方言区。东乡语使用地区主要包括甘肃省临夏回族自治州的东乡族自治县和新疆伊犁哈萨克自治州的伊宁县和霍城县，本次样本中东乡语的使用地区主要在瓜州县（前文已提到92.4%的东乡族样本分布在瓜州县），东乡语只有语言没有文字。这次调查中，我们测量了被访者家庭常用语言的使用程度，对于少数民族语言的使用人群，测量了他们能够使用汉语交流的程度。如表1—4，家庭主要交流语言有三种：汉语占到89.4%，藏语为8.4%，东乡语为2.1%。在汉语的使用人群中，58.4%的人能很轻松地看懂汉字，12.7%的人看懂汉字有困难，有28.5%的人看不懂汉语；76.9%的人可以很轻松的书写汉语，18.2%的人书写汉语有困难，5.0%的人完全不会书写汉语。在使用藏语的人群中，14%的人可以很轻松的看懂藏文，15.6%的人看懂藏文有困难，49.7%不认识藏文；在使用藏语的人群中，21.7%的人能很轻松地使用汉语进行日常交流，10.3%的人使用汉语交流有困难，66.4%的人不能用汉语交流。可以看到，将近一半的藏语使用者不认识藏文，同时有超过一半的人不能用汉语交流，以样本中藏族样本的最主要分布地夏河的文盲率来看，这也就能解释夏河超过一半的文盲率的由来。由于东乡族没有文字，"识东乡文"没有数据，在测量使用汉语交流的程度时，我们看到，

[①]　藏语属汉藏语系藏缅语族藏语支，主要分为三大方言区：卫藏方言、康方言和安多方言。甘肃藏族地区藏语中，康方言含有：甘肃藏族自治州卓尼县、迭部县的卓尼土语和甘肃藏族自治州舟曲县的舟曲土语；安多方言有甘南藏族自治州夏河县的半农半牧土语。资料来源：西義郎，周炜：《藏语的方言》，《西藏研究》2002年第4期。

64.4%的人使用汉语无碍，33.3%的人有困难，2.3%的人不能用汉语进行交流。

改革开放以来，依托民族语文工作，汉语和民族语言的双语教育在民族地区大面积铺开，在促进民族地区教育发展的同时也保护了少数民族语言，但是，受教育技术和观念的影响，民族地区母语（少数民族语言）的发展存在被轻视、被忽视的现象。从本次调查数据结果来看，藏语的使用人群中，很轻松能认识藏文的人仅仅占到14%，同时令我们吃惊的是，无法使用汉语交流的人高达66.4%。这说明藏语样本地区双语教育的发展不尽如人意。东乡语的使用人群中，使用汉语有障碍（有困难/不能）的人占到35.6%，在没有东乡语文字的前提下，我们可以设想无法使用汉语进行有效交流的东乡族人，在自己民族聚居区以外谋生活的难度。

表1—4　　　　　　　　家庭主要交流语言及使用难度　　　　　（单位:%）

语　言		很轻松	有困难	不能
汉语 89.4	识汉字	58.4	12.7	28.5
	写汉字	76.9	18.2	5.0
藏语 8.4	识藏文	14.0	15.6	49.7
	用汉语交流	21.7	10.3	66.4
东乡语 2.1	识东乡文	—	—	—
	用汉语交流	64.4	33.3	2.3

（四）婚姻

婚姻作为一种社会制度，是建立稳定的两性关系"进行人口的生产与再生产的必要前提"，同时，婚姻作为个人生命周期中的重要一环，也"具有一定的文化和社会标签作用"。[①]因此，在讨论人口结构时，婚姻也成为不可缺少的一部分。近年来，学界和社会舆论关于中国"光棍危机"的热论，一度使得"婚姻"成为国民议题。2010 年 12 月 15 日，全国妇联中国婚姻家庭研究会和百合婚恋网，在北京共同发布的《2010 年全国婚恋调查报告》中指出：在我国，约 2.6 亿人（包括适婚男女的家人）

---

① 佟新：《人口社会学》，北京大学出版社 2000 年版，第 226—227 页。

在为择偶而忙碌。孙炜红、张冲基于"六普"和"五普"的数据分析，研究了中国人口婚姻状况的变化趋势，他们指出，"五普"到"六普"的十年间，全国15岁及以上人口的婚姻状况相对稳定，未婚比重从20.25%上升到21.6%；有配偶人口比重从73.27%下降到71.33%；离婚人口比重从0.9%上升到1.38%，幅度较大；丧偶人口比重从5.58%上升到5.69%。根据孙炜红和张冲的研究，有关婚姻状况的问题主要有：性别比失调造成的婚姻挤压现象；老龄化加剧造成的丧偶人口比重的上升；婚姻观念改变、人口流动、教育发展、生育文化变迁和市场经济对婚姻变动的影响。[①]

在本次调查中，我们将婚姻状况分为以下四个指标：未婚、已婚/同居、离婚和丧偶。关于15岁及以上人口的婚姻状况，有效样本为3675，未婚占到20.8%，已婚/同居73.2%，离婚1.3%，丧偶4.6%。

表1—5为分性别15岁及以上人口的婚姻状况，未婚男性为24.3%，未婚女性为17.2%，男性明显高于女性；已婚/同居男性为71.5%，女性为74.9%，男性略低于女性；离婚男性为1.3%，女性为1.2%，比例基本相同；丧偶女性为6.5%，男性为2.7%，女性高于男性。

在我国，《婚姻法》规定，男性结婚年龄不得早于22周岁，女性不得早于20周岁。以男性适婚年龄22—60岁，女性适婚年龄20—58岁来看，本次样本中，22—60岁男性人口对应20—58岁的女性人口数为1232/1209。

表1—5　　　　　　　　　　　　婚姻状况　　　　　　　　　　　（单位：%）

		未婚	已婚/同居	离婚	丧偶
性　别	男	24.3	71.5	1.3	2.7
	女	17.2	74.9	1.2	6.5
合　计		20.8	73.2	1.3	4.6

四　职业结构

职业结构，是指一定社会范围内人们所从事的职业类型及其比例和分

---

① 孙炜红、张冲：《中国人口十年婚姻状况的变化趋势——基于"六普"和"五普"的数据分析》，《四川理工学院学报》（社会科学版）2013年第4期。

布状况，"反映了一定社会经济条件下劳动力的职业配置情况"①。人口职业结构变迁既是社会发展和经济发展的结果，也是社会及其经济发展程度的一个重要标志，社会结构的发展和经济结构的变迁可以通过人口职业结构的变迁表现出来。②以 2010 年第六次全国人口普查数据来看，我国就业人员最集中的职业类别是农、林、牧、渔生产人员，占到 48%，其次是生产、运输设备操作人员及有关人员，比例为 23%，排在第三位的是商业服务人员，比例为 16%。③

我们本次问卷的职业类别采用《职业分类大典》中所划分的八大类职业类型，即国家机关、党群组织、企事业单位负责人；专业技术人员；办事人员和有关人员；商业、服务业人员；农、林、牧、渔、水利业生产人员；生产、运输设备操作人员及有关人员；军人和不便分类的其他从业人员。

根据中国人力资源信息监测中心公布的数据显示，进入 21 世纪以来，劳动力市场中供求最为旺盛的两大职业门类是生产运输设备操作人员和商业服务人员，这两大职业门类也是我国供不应求、存在较大需求缺口的两类职业。④表 1—6 为分城乡、分性别、分年龄组样本职业结构，第一位就业人员最集中的职业类别是农、林、牧、渔生产人员，比例为 48.5%；第二位是生产、运输设备操作人员及有关人员，比例为 19.2%；第三位是商业、服务业人员，比例为 18.5%；第四位是专业技术人员，比例为 5.5%；第五位是办事人员和有关人员，比例为 4.7%；第六位是不便分类的其他从业人员，比例为 1.9%；第七位是国家机关、党群组织、企事业单位负责人，比例为 1.6%；从业人数最小的是军人，比例为 0.1%。由于样本超过 60% 都分布在农村，样本从事最多的职业类型为农、林、牧、渔生产人员，其余从事比例较高的的职业类型和人力资源信息监测中心公布的数据一致，生产、运输设备操作人员及有关人员和商业、服务业

---

① 田大洲、田娜：《我国职业结构现状——基于第六次人口普查数据的实证分析》，《职业》2013 年第 19 期。

② 张国英：《广东省在业人口职业结构时空变迁》，《人口与发展》2004 年第 10 期。

③ 资料来源：中央政府门户网站，2010 年第六次全国人口普查主要数据公报 http://www.gov.cn/test/2012—04/20/content_2118413.htm，2012 年 4 月 20 日。

④ 田大洲、田娜：《我国职业结构现状——基于第六次人口普查数据的实证分析》，《职业》2013 年第 19 期。

人员两类是主要的从业类型。

城镇中，从事职业比例最高的类型是商业、服务业人员，占到33.7%；其次是生产、运输设备操作人员及有关人员，占到25.6%；专业技术人员，占到13.9%；办事人员和有关人员，占到12.4%；农、林、牧、渔生产人员，占到8.7%；国家机关、党群组织、企事业单位负责人，占到3.8%；不便分类的其他从业人员，占到1.8%；军人，占到0.1%。农村比例最高的首先是农、林、牧、渔生产人员，占到66.9%；其次是生产、运输设备操作人员及有关人员，占到16.2%；商业、服务业人员占到11.5%；其余职业类型都不超过2%，包括不便分类的其他从业人员，专业技术人员，办事人员和有关人员，国家机关、党群组织、企事业单位负责人和军人。就劳动力市场中供求最为旺盛的两大职业门类生产、运输设备操作人员及相关人员和商业服务人员来看，城镇中从事商业服务人员工作的人数是农村的3倍左右，从事生产运输设备操作人员及相关人员工作的人数也远远超过农村，农村主要从事的职业类别还是农、林、牧、渔生产。

性别中，男性从事比例最高的职业类型首先是农、林、牧、渔生产，占到43.0%；其次是生产、运输设备操作人员及有关人员，占到26.1%；商业、服务业人员占到16.7%；办事人员和有关人员占到5.5%；专业技术人员占到4.4%；不便分类的其他从业人员占到2.7%；国家机关、党群组织、企事业单位负责人占到1.5%；军人占到0.2%。女性从事比例最高的同样首先是农、林、牧、渔生产，占到54.9%；其次是商业、服务业人员，占到21.7%；生产、运输设备操作人员及有关人员占到10.5%；专业技术人员占到6.7%；办事人员和有关人员占到3.5%；国家机关、党群组织、企事业单位负责人占到1.6%；军人占到0.1%。生产、运输设备操作人员及有关人员属于体力消耗型职业，在男女从业人员中，男性多于女性，而对于商业服务型人员，女性则多于男性。

以15岁为一个单位划分年龄组，15岁及以下有从事职业的人群中，"农、林、牧、渔生产人员"比例最高，占到46.7%；"商业、服务业人员"和"生产、运输设备操作人员及有关人员"分别都占到26.7%。16—30年龄组中，商业、服务业人员占到29.1%；农、林、牧、渔生产人员占到28.8%；生产、运输设备操作人员及有关人员占到25.6%；专业技术人员占到 6.8%；办事人员和有关人员占到 4.8%；不便分类的其他从业人员占到 3.3%；国家机关、党群组织、企事业单位负责人占到 1.2%；军人占到 0.3%。31—45 年龄组中，农、林、牧、渔生产人员占到 41.6%；生产、运输设备操作人员及有关人员占到 22.5%；商业、服务业人员占到 18.4%；专业技术人员占到 7.3%；办事人员和有关人员占到 6.8%；国家机关、党群组织、企事业单位负责人占到 2.0%；不便分类的其他从业人员占到 1.3%。46—60 年龄组中，农、林、牧、渔生产人员占到 59.1%；商业、服务业人员占到 14.9%；生产、运输设备操作人员及有关人员占到 14.6%；专业技术人员占到 3.8%；办事人员和有关人员占到 3.5%；不便分类的其他从业人员占到 2.1%；国家机关、党群组织、企事业单位负责人占到 1.9%。61 岁及以上年龄组中，农、林、牧、渔生产人员占到 81.7%；商业、服务业人员和生产、运输设备操作人员及有关人员分别都占到 7.2%；专业技术人员和办事人员和有关人员分别都占到 1.4%；不便分类的其他从业人员占到 0.7%；国家机关、党群组织、企事业单位负责人占到 0.4%。我们看到，五个年龄组中，从事比例高的职业类型均分布在商业、服务业人员，农、林、牧、渔生产，生产、运输设备操作及相关工作三类。从事农业生产比重较大的年龄分布主要在 31 岁以上（由于 15 岁及以下从事有收入的职业的样本量不大，这里的分析忽略这一年龄组），同时我们看到，16—30 岁、31—45 岁、46—60 岁和 61 岁及以上这几个年龄组从事农业生产的数据差异明显，分别为 28.8%、41.6%、51.9% 和 81.7%。

表 1—6　　　　分城乡、分性别、分年龄组职业结构　　（单位：%；岁）

		国家机关、党群组织、企业、事业单位负责人	专业技术人员	办事人员和有关人员	商业服务业人员	农、林、牧、渔生产人员	生产、运输设备操作人员及有关人员	军人	不便分类的其他从业人员
		1.6	5.5	4.7	18.5	48.5	19.2	0.1	1.9
城乡	城镇	3.8	13.9	12.4	33.7	8.7	25.6	0.1	1.8
	农村	0.5	1.6	1.2	11.5	66.9	16.2	0.1	1.9

		国家机关、党群组织、企业、事业单位负责人	专业技术人员	办事人员和有关人员	商业服务业人员	农、林、牧、渔生产人员	生产、运输设备操作人员及有关人员	军人	不便分类的其他从业人员
		1.6	5.5	4.7	18.5	48.5	19.2	0.1	1.9
性别	男	1.5	4.4	5.5	16.7	43.0	26.1	0.2	2.7
	女	1.6	6.7	3.5	21.7	54.9	10.5	0.1	0.0
年龄组	15岁及以下	0.0	0.0	0.0	26.7	46.7	26.7	0.0	0.0
	16—30	1.2	6.8	4.8	29.1	28.8	25.6	0.3	3.3
	31—45	2.0	7.3	6.8	18.4	41.6	22.5	0.0	1.3
	46—60	1.9	3.8	3.5	14.9	59.1	14.6	0.0	2.1
	61岁及以上	0.4	1.4	1.4	7.2	81.7	7.2	0.0	0.7

第二节　人口流动

　　人口流动是指非户籍登记地或居住地非永久性的改变，2000年第五次人口普查将"非永久"规定为半年。郭志仪、刘红亮将流动人口从户籍地属性上划分为流入人口和流出人口，流入人口是指居住在本地一段时间的非本地区户籍人口，流出人口是指离开户籍所在地到其他地方居住的户籍人口。[①]国家统计局发布的《2012年国民经济和社会发展统计公报》表明，2012年全国流动人口约为2.36亿人，比2011年年末增加669万人，达到了前所未有的规模。人口流动在为经济发展作出贡献的同时，也改变着中国的人口分布以及流入地和流出地的人口结构；从本章初提到的搜狐评论发表的"中国面临的十大'人口问题'"中也可以看出，流动人口以及相关问题占了这"十大问题"的1/3。高速发展变化的中国，人口流动及相关问题已经成为户籍管理、医疗服务、教育资源分配、社会财富

---

　　① 郭志仪、刘红亮：《甘肃省流动人口的结构特征——基于六普数据的分析》，《西北人口》2013年第1期。

分配、社会治安、养老模式等社会公共服务所面对的共同问题。

段成荣、杨舸等认为改革开放以来我国流动人口存在以下九大趋势：流动人口普遍化；流动原因的经济化；流动时间的长期化；流入地分布的沿海集中化；年龄构成的成年化；性别构成的均衡化；女性人口流动的自主化；流动方式的家庭化；流动人口教育程度不断提高。[①] 国家人口计生委流动人口服务管理司在 2010 年发布的《中国流动人口生存发展状况报告》的发现很好地补充了上述流动人口的趋势。报告发现：就人口流动的范围和时间来说，就近化、居住长期化趋势明显；流动人口就业比例和年龄的关系呈现倒"U"形分布，流动人口就业主力是 20 世纪 60—80 年代出生的人；流动人口的男女就业比例差异明显，流动人口中普遍存在传统"男主外、女主内"的性别分工；从流动人口就业领域来看，制造业仍是主要的就业领域；从就业产业分布来看，第三产业就业增长速度迅猛；农业流动人口主要从事低薪高危职业，就业条件差；农业流动人口与非农流动人口收入差距较大；庞大的流动人口给我国的社会保障体系、养老服务、医疗服务、住房保障和教育都带来了巨大考验。[②] 郭志仪等基于第六次全国人口普查数据得出，2010 年甘肃流动人口数量达到 311.27 万人，比 2000 年翻了一番，净增 155.58 万人，年均增长率达到 7.17%。[③]

一　短期外出

表1—7 描述的是分城乡和分性别常住人员上一年短期外出的情况。"上一年短期外出"是指从去年 12 月到填答问卷时，调查对象离开居住地在外居住超过 3 天但不到 6 个月。短期外出分为三种情况：没有短期外出、非工作目的短期外出和为工作或找工作短期外出；为工作或找工作短期外出的目的地分为：在本乡/镇/街道其他村/委员会、在本县/县级市/市辖区的其他乡/镇/街道、在本地区/地级市的其他县/县级市市辖区、在

---

① 段成荣、杨舸、张斐等：《改革开放以来我国流动人口变动的九大趋势》，《人口研究》2008 年第 4 期。

② 李伯华、宋月萍、齐嘉楠等：《中国流动人口生存发展状况报告——基于重点地区流动人口监测试点调查》，《人口研究》2010 年第 1 期。

③ 郭志仪、刘红亮：《甘肃省流动人口的结构特征——基于"六普"数据的分析》，《西北人口》2013 年第 1 期。

本省的其他地区/地级市、在其他西部省份、在东部或者中部省份和在其他国家。

在分城乡视角下，城市中，86.6%的人没有短期外出，10.5%的人是非工作目的短期外出，3.0%的人是为工作或找工作短期外出；农村中，89.1%的人没有短期外出，4.3%的人是非工作目的短期外出，6.5%的人是为工作或找工作短期外出。可以看出，非工作目的短期外出，城镇比例高于农村；为工作或找工作短期外出，农村比例高于城镇。

在分性别视角下，男性中，86.1%的人没有短期外出，6.5%是非工作目的短期外出，7.4%的人为工作或找工作短期外出；女性中，90.3%的人没有短期外出，7.1%是非工作目的短期外出，2.7%的人是为工作或找工作短期外出。可以看出，非工作目的短期外出，女性比例高于男性；为工作或找工作短期外出，男性比例高于女性。

表 1—7　　　　分城乡、分性别常住人员上一年短期外出情况　　（单位:%）

		没有短期外出	非工作目的短期外出	为工作或找工作短期外出	合计
城乡	城镇	86.6	10.5	3.0	100
	农村	89.1	4.3	6.5	100
性别	男性	86.1	6.5	7.4	100
	女性	90.3	7.1	2.7	100

表 1—8 为分城乡、分性别为工作或找工作短期外出的目的地情况，城镇样本中，前往本乡/镇/街道其他村/委员会的占 12.2%；前往本县/县级市/市辖区的其他乡/镇/街道的占 22.0%；前往本地区/地级市的其他县/县级市市辖区的占 19.5%；前往本省的其他地区/地级市的占 26.8%，前往其他西部省份的占 2.4%；前往东部或者中部省份的占 22.0%；前往其他国家占 2.4%。农村样本中，前往本乡/镇/街道其他村/委员会的占 20.9%；前往本县/县级市/市辖区的其他乡/镇/街道的占 30.6%；前往本地区/地级市的其他县/县级市市辖区的占 17.9%；前往本省的其他地区/地级市的占 18.7%；前往其他西部省份的占 20.1%；前往东部或者中部省份的占 4.5%。可以看出，城市样本中，前往本省的其他地区/地级市的比例最高，其次是在本县/县级市/市辖区

的其他乡/镇/街道和在东部或者中部省份见表 1 - 8；农村样本中前往本县/县级市/市辖区的其他乡/镇/街道的比例最高，其次是本乡/镇/街道其他村/委员会。城镇样本的短期外出距离区间要比农村样本大。

男性样本中，前往本乡/镇/街道其他村/委员会的占 20.6%，前往本县/县级市/市辖区的其他乡/镇/街道的占 26.0%，前往本地区/地级市的其他县/县级市市辖区的占 20.6%，前往本省的其他地区/地级市的占 20.6%，前往其他西部省份的占 18.3%，前往东部或者中部省份的占 6.9%，前往其他国家的占 0.8%；女性样本中，前往本乡/镇/街道其他村/委员会的占 14.9%，前往本县/县级市/市辖区的其他乡/镇/街道的占 34.0%，前往本地区/地级市的其他县/县级市市辖区的占 10.6%，前往本省的其他地区/地级市的占 21.3%，前往其他西部省份的占 10.6%，前往东部或者中部省份的占 12.8%。可以看出，男性中，前往本县/县级市/市辖区的其他乡/镇/街道比例最高，其次是本乡/镇/街道其他村/委员会、本地区/地级市的其他县/县级市市辖区和在本省的其他地区/地级市；女性样本中，前往本县/县级市/市辖区的其他乡/镇/街道比例最高，其次是本省的其他地区/地级市。由此可见，男性和女性短期外出的首要目的地都是本县/县级市/市辖区的其他乡/镇/街道。

为工作或者找工作省际短期流动中，城镇样本前往东部或者中部省份的比例明显高于前往西部其他省份；农村样本则恰恰相反，前往西部其他省份明显高于前往东部或者中部省份。男性和女性中，差异较明显的是男性前往其他西部省份的比例高于前往东部或者中部省份，女性前往上述两个地区的差异不明显。

表 1—8　　分城乡、分性别为工作或找工作短期外出的目的地情况 （单位:%）

		在本乡/镇/街道其他村/委员会	在本县/县级市/市辖区的其他乡/镇/街道	在本地区/地级市的其他县/县级市市辖区	在本省的其他地区/地级市	在其他西部省份	在东部或者中部省份	在其他国家
城乡	城镇	12.2	22.0	19.5	26.8	2.4	22.0	2.4
	农村	20.9	30.6	17.9	18.7	20.1	4.5	0.0

		在本乡/镇/街道其他村/委员会	在本县/县级市/市辖区的其他乡/镇/街道	在本地区/地级市的其他县/县级市市辖区	在本省的其他地区/地级市	在其他西部省份	在东部或者中部省份	在其他国家
性别	男性	20.6	26.0	20.6	20.6	18.3	6.9	0.8
	女性	14.9	34.0	10.6	21.3	10.6	12.8	0.0

二 人口流动

我们从城乡、性别、年龄、婚姻状况、教育程度和职业几个方面描述流动人口的社会经济特征。将人口状态划分为：本地人口和流动人口。本次调查划分流动人口的标准为，户口登记地未发生改变且离开居住地六个月以上即划定该被访对象为流动人口；将流动范围划分为：省内流动和省际流动，省内流动包括本乡镇内、本县市其他乡镇和本省内其他县市。需要说明的是，由于大陆以外国家/地区样本很少，将流向大陆以外国家/地区忽略不计。

图1—7描述了本地人口和流动人口的婚姻状况。本地人口中，未婚占到13.2%，已婚/同居占到79.9%，离婚占到1.4%，丧偶占到5.6%；流动人口中，未婚占到51.4%，已婚/同居占到46.9%，离婚占到0.8%，丧偶占到0.8%。可以看出，流动人口未婚的比例远远高于本地人口中未婚的比例，流动人口中已婚/同居的比例远低于本地人口中已婚/同居的比例。因此，未婚的人相比于已婚的人更倾向于流动。

图1—8描述了本地人口和流动人口的教育程度。本地人口中，小学及以下教育程度占到57.6%，初中教育程度占到21.2%，高中教育程度占到10.8%，大学及以上教育程度占到10.4%；流动人口中，小学及以下教育程度占到31.2%，初中教育程度39.7%，高中教育程度14.3%，大学及以上教育程度占到14.7%。可以看出，学历越高越倾向于流动。

图1—9描述了本地人口与流动人口职业结构。本地人口中，国家机关、党群组织、企事业单位负责人占到1.7%，专业技术人员占到5.8%，

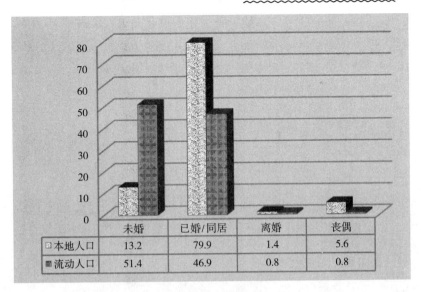

图1—7 本地人口与流动人口婚姻状况 （单位:%）

	未婚	已婚/同居	离婚	丧偶
本地人口	13.2	79.9	1.4	5.6
流动人口	51.4	46.9	0.8	0.8

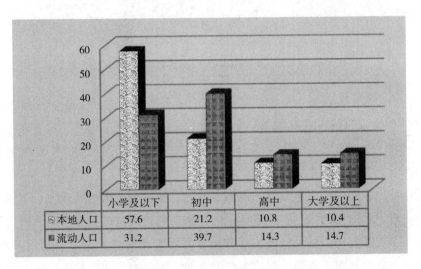

图1—8 本地人口与流动人口教育程度 （单位:%）

	小学及以下	初中	高中	大学及以上
本地人口	57.6	21.2	10.8	10.4
流动人口	31.2	39.7	14.3	14.7

办事人员和有关人员 4.5％，商业、服务业人员占到 15.5％，农、林、牧、渔生产人员占到 57.9％，生产、运输设备操作人员及有关人员 13.0％，不便分类的其他从业人员占到 1.7％；流动人口中，国家机关、党群组织、企事业单位负责人占到 1.0％；专业技术人员占到 3.8％；办事人员和有关人员占到 5.3％；商业、服务业人员 34.1％；农、林、牧、

渔生产人员 5.0%；生产、运输设备操作人员及有关人员占到 46.9%；不便分类的其他从业人员占到 3.4%；军人占到 0.5%。可以看出，本地人口中，大多数人从事农、林、牧、渔生产活动；流动人口中，主要的职业类型为生产、运输设备操作和商业、服务业。

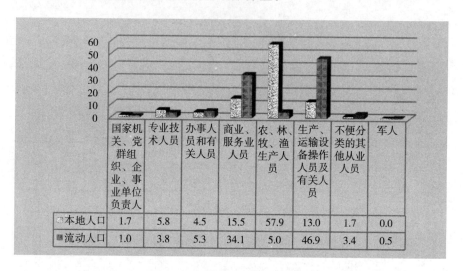

	国家机关、党群组织、企业、事业单位负责人	专业技术人员	办事人员和有关人员	商业、服务业人员	农、林、牧、渔生产人员	生产、运输设备操作人员及有关人员	不便分类的其他从业人员	军人
本地人口	1.7	5.8	4.5	15.5	57.9	13.0	1.7	0.0
流动人口	1.0	3.8	5.3	34.1	5.0	46.9	3.4	0.5

图 1—9 本地人口与流动人口职业结构　　（单位：%）

表 1—9 为分流动状况人口特征分布表。城乡区分中，城镇本地人口占 90.0%，流动人口占到 10.0%，城镇流动人口中，60.5% 选择省内流动，38.1% 的人选择省际流动；农村本地人口占 75.8%，流动人口占 24.2%，农村流动人口中，66.7% 选择省内流动，33.1% 选择省际流动。可以看出，农村的流动人口比例高于城镇；在流动范围的选择中，城镇人口省内流动的比例高于省际流动，同样地，农村人口选择省内流动的比例也高于省际流动，城乡省内流动和城乡省际流动的差异均不明显。因此，农村人口更倾向于流动，在流动范围方面，城镇人口和农村人口都更愿意选择省内流动。

性别区分中，男性本地人口占到 77.8%，流动人口占到 22.2%，男性流动人口中，64.1% 的人选择省内流动，35.1% 选择省际流动；女性本地人口占到 84.6%，流动人口占到 15.4%，女性流动人口中，66.9% 的人选择省内流动，33.1% 的人选择省际流动。可以看出，男性的流动比例高于女性；男性选择省内流动比例高于选择省际流动，女性选择省内流动的比例同样高于省际流动，男女省内流动和男女省际流动差异均不明显。由此可见，男性比女性更倾向于流动，在流动中，男女都倾向于选择省内流动。

　　我们以15岁为一个单位划分年龄组，15岁及以下年龄组中，本地人口占到86.1%，流动人口占到13.9%，该年龄组流动人口中，85.5%的人选择省内流动，13.3%的人选择省际流动；16—30岁年龄组中，本地人口占到54.0%，流动人口占到46.0%，该年龄组流动人口中，59.3%的人选择省内流动，40.1%的人选择省际流动；31—45岁年龄组中，本地人口占到83.0%，流动人口占到17.0%，该年龄组流动人口中，64.1%的人选择省内流动，36.0%的人选择省际流动；46—60岁年龄组中，本地人口占到95.3%，流动人口4.7%，该年龄组流动人口中，82.0%的人选择省内流动，17.9%的人选择省际流动；61岁及以上年龄组中，本地人口占到98.7%，流动人口占到1.3%，该年龄组流动人口中，100%的人选择省内流动。可以看出，在不同年龄组中，流动比例最高的是16—30岁；其次是31—45岁；在流动范围方面，各年龄组都更倾向于省内流动；省际流动中，比例最高的是16—30岁；其次是31—45岁。

表1—9　　　　　　　　分流动状况人口特征分布表　　　　　　　（单位:%）

		本地人口	流动人口	省内流动	省际流动
城乡	城镇	90.0	10.0	60.5	38.1
	农村	75.8	24.2	66.7	33.1
性别	男性	77.8	22.2	64.1	35.1
	女性	84.6	15.4	66.9	33.1
年龄组	15岁及以下	86.1	13.9	85.5	13.3
	16—30岁	54.0	46.0	59.3	40.1
	31—45岁	83.0	17.0	64.1	36.0
	46—60岁	95.3	4.7	82.0	17.9
	61岁及以上	98.7	1.3	100.0	0.0

本章小结

样本量 1100 户，总共 4451 人，37% 是城市样本，63% 是农村样本。

1 名女性所对应的男性数，比例最高的是瓜州，比例最低为夏河；农村样本性别比 111.86，城市样本性别比 98.01。

以 4 为一个单位分年龄组，城镇年龄组中，比例最高的是 45—49 岁，最低的是 70—74 岁。性别比最大的是 25—29 岁，性别比最小的是 70—74 岁。农村样本，年龄组比例最高的是 20—24 岁，最低的是 75 岁及以上；性别比最大的是 5—9 岁，性别比最小的是 70—74 岁。城镇 75 岁及以上的老人的比例明显高于农村。0—14 岁人口占到 17.6%，15—64 岁占到 72.1%，65 岁及以上人口占到 10.5%。

样本的民族成分主要是以下 5 种，依次是：汉族、回族、藏族、东乡族、其他民族；主要有 3 种信仰形式，依次是：无信仰、伊斯兰教、佛教。

样本中文盲率高的三个城市依次是夏河、岷县、永靖；经分析得出西部少数民族聚居地区教育状况和汉族聚居地差距较大。

家庭主要交流语言依次有汉语、藏语和东乡语。在使用汉语的人群中，能很轻松地看懂汉字 58.4%，看懂汉字有困难 12.7%，看不懂汉语 28.5%；很轻松地书写汉语 76.9%，书写汉语有困难 18.2%，完全不会写汉语 5.0%。在使用藏语的人群中，很轻松地看懂藏文 14.0%，看懂藏文有困难 15.6%，不识藏文 49.7%；在使用藏语的人群中，很轻松地使用汉语进行交流 21.7%，使用汉语交流有困难 10.3%，不能用汉语交流 66.4%；由于东乡族没有文字，"识东乡文"没有数据，使用汉语无碍 64.4%，33.3% 有困难，2.3% 不能用汉语进行交流。

15 岁及以上人口的婚姻状况，未婚占到 20.8%，已婚/同居 73.2%，离婚 1.3%，丧偶 4.6%。

样本从事比例高的职业类型均分布在"商业、服务业人员；农、林、牧、渔生产人员；生产、运输设备操作人员及有关人员"三类。

非工作目的短期外出，城镇比例高于农村，女性比例高于男性；为工作或找工作短期外出，农村比例高于城镇，男性比例高于女性。男性和女性短期外出的首要目的地都是本县/县级市/市辖区的其他乡/镇/街道；为工作或者找工作省际短期流动目的地，城镇样本前往东部或者中部省份的比例明显高于前往西部其他省份，农村样本相反；相比于女性，男性更愿前往其他西部省份。

未婚的人相比于已婚的人更倾向于流动；学历越高越倾向于流动；农村人口更倾向于流动；本地人口中，大多数人从事农、林、牧、渔生产活动，流动人口中，主要的职业类型为生产、运输设备操作和商业、服务业；在流动范围方面，城镇人口和农村人口都更愿意选择省内流动；男性比女性更倾向于流动，同时，男女都倾向于选择省内流动；流动比例最高的年龄组是16—30岁，各年龄组都更倾向于省内流动，省际流动中，比例最高的是16—30岁，其次是31—45岁。

本章参考文献

［1］陈秀梅、韩克勇：《现阶段我国人口结构变迁研究》，《社会科学研究》2014年第1期。

［2］陈卫、宋健：《中国人口的年龄性别结构》，《人口研究》2006年第2期。

［3］段成荣、杨舸、张斐等：《改革开放以来我国流动人口变动的九大趋势》，《人口研究》2008年第4期。

［4］李伯华、宋月萍、齐嘉楠等：《中国流动人口生存发展状况报告——基于重点地区流动人口监测试点调查》，《人口研究》2010年第1期。

［5］李强：《影响中国城乡流动人口的推力与拉力因素分析》，《中国社会科学》2003年第1期。

［6］李雨潼：《中国人口性别结构分析》，《人口学刊》2013年第6期。

［7］刘长茂：《人口结构学》，中国人口出版社1991年版。

［8］甘肃省：《甘肃发展年鉴2014》，中国统计出版社2014年版。

［9］孙炜红、张冲：《中国人口十年婚姻状况的变化趋势——基于"六普"和"五普"的数据分析》，《四川理工学院学报》（社会科学版）2013年第4期。

［10］田大洲、田娜：《我国职业结构现状——基于第六次人口普查数据的实证分析》，《职业》2013年第19期。

［11］佟新：《人口社会学》，北京大学出版社2000年版。

［12］西義郎、周炜：《藏语的方言》，《西藏研究》2002年第4期。

［13］张国英：《广东省在业人口职业结构时空变迁》，转引自王红蕾、陈吉磊：

《江苏人口职业结构变迁与影响因素分析》，《西北人口》2010 年第 5 期。

[14] 邹湘江：《基于"六普"数据的我国人口流动与分布分析》，《人口与经济》2011 年第 6 期。

[15] 甘肃省 2010 年第六次全国人口普查主要数据公报，《甘肃日报》电子版，http：//gsrb. gansudaily. com. cn/system/2011/05/06/011980254. shtml，2011 年 5 月 6 日。

[16] 中央政府门户网站，2010 年第六次全国人口普查主要数据公报 http：//www. gov. cn/test/2012—04/20/content_ 2118413. htm，2012 年 4 月 20 日。

[17] 搜狐评论：中国面临十大"人口问题"，http：//star. news. sohu. com/s2011/renkou/。

[18] 兰州市安宁区人民政府网，"走进安宁"http：//www. lzanning. gov. cn/channels/ch00021/。

[19] 永登县人民政府网，"走进永登"http：//ydx. lanzhou. gov. cn/zjyd/。

[20] 凉州区政府门户网，"走进凉州"http：//www. gsliangzhou. gov. cn/lzgl. asp。

[21] 永靖县人民政府网，"走进永靖"http：//www. gsyongjing. gov. cn/zjyj/zjyj. php。

[22] 会宁县人民政府网，"会宁方志"http：//www. huining. gov. cn/huining/Index。

[23] 玉门市人民政府公众信息网，"玉门概况"http：//www. yumen. gov. cn/ReadNews. asp？NewsID＝4603。

[24] 瓜州县公众信息网，"走进瓜州"http：//www. guazhou. gov. cn/zjgz. asp。

[25] 岷县党政网，"走进岷县"http：//www. mxdz. gov. cn/news/zjmx/zjmx. html。

[26] 陇西县人民政府网，"走进陇西"http：//www. longxi. gansu. gov. cn/showxw. asp？id＝5561。

[27] 张家川回族自治县人民政府网站，"走进张家川"http：//www. zjc. gov. cn/html/zjzjc/index. html。

[28] 夏河县人民政府网，"走进夏河"http：//www. xiahe. gov. cn/zjxh. asp。

第二章 教　育

涂尔干提出："教育是年长的几代人对社会生活方面尚未成熟的几代人所施加的影响。其目的在于使儿童的身体、智力和道德状况都得到某些激励与发展，以适应整个社会在总体上对儿童的要求，并适应儿童将来所处的特定环境的要求。"简言之，教育在于使年青一代系统地社会化。教育作为一个历久弥新的话题，本章从以下四个方面做了描述，分别是：居民的教育水平；居民教育水平的性别、年龄、城乡、民族差异；教育的经济投入及其城乡差异；家长的教育期待和职业期待；教育和收入、职业的关系。从这四个方面出发，本章对甘肃省居民的教育水平、教育相关的问题进行了总体和分地区的描述，勾勒出了甘肃省居民教育状况的轮廓。

第一节　教育水平

一　居民的教育水平

根据本次调查的结果，居民教育水平的分布与 10 年前调查所呈现的形态大不相同。在总体 4068 个有效样本中，文盲半文盲（即小学以下水平）所占的比例为最高，达到 26.9%；拥有初中和小学教育水平的人比例相当，都超过 23%；拥有高中教育水平的人尚不足 10%；而拥有大学本科及以上教育水平的人占总体的 5.3%。这说明居民的教育水平还是处于中等偏低的水平，见表 2—1。

根据地理、地貌和经济发展水平，我们将样本区划分为陇中地区（包括安宁区、永登县、永靖县），河西地区（凉州区、瓜州县、玉门市），陇东南地区（会宁县、张家川县、陇西县）、甘南地区（夏河县、

岷县)四个地区。① 分别看这四个地区的样本水平,我们可以发现:甘南
地区中的文盲比例是最高的,达到了44.8%,将近占一半的人口;而拥
有高中及以上教育水平的人是最少的,只占14.1%;拥有大学本科及以
上的人所占的比例也仅为2.2%;为四个地区最低。陇中地区的教育水平
居中,小学和初中教育水平的人最多,分别约占1/4;大学本科及以上的
人所占的比例为7.3%,为四个地区中最高。在河西地区中,也是初中、
小学教育水平的人最多,与陇中地区加起来约占一半的比例;高中教育水
平和职业高中、高职、技校、大专的比例相当,分别约占12%,为四个
地区中的最高。陇东南地区中,拥有初中教育水平的人最多,占26.9%,
也是四个地区中最高的;大学本科及以上的人所占的比例为5.9%;高中
教育水平的比例为9.9%;职高、技校、中专、大专所占的比例为8.5%;
文盲的比例也较高,为24.4%。从总体来看,文盲所占的比例为26.9%,
为最多;小学和初中教育水平所占比例相当,都达到23%;高中教育水
平和职业高中、大专、技校、中专所占比例相当,为9.4%;本科教育比
例为4.7%;研究生及以上教育比例为0.6%。

在划分的四个地区中,学前教育的比例在总体上较一致,为2%,甘南地
区的学前教育水平所占比例最高,一定程度上是因为入选的夏河属于少数民
族地区,在计划生育政策中孩子数量控制较宽松,所以学前教育的适龄儿童
也较其他地区多;同时也可以反映出学前教育水平在四个地区没有差距。从
表中还可以看出,经济发展水平高的陇中地区的教育水平也远远大于经济发
展落后的甘南地区的教育水平,出现上述情况,一方面是因为教育资源在区
域分布上存在差异;另一方面是教育水平受经济发展水平的影响。

表2—1　　　　　　　　　　　　居民总体教育水平　　　　　　　　(单位:%)

	文盲	学前教育	小学	初中	高中	职高/大专	本科	研究生	合计
总体	26.9	2.0	23.5	23.4	9.4	9.5	4.7	0.6	100.0
陇中地区	21.3	1.7	24.8	24.0	9.1	11.8	5.4	1.9	100.0
河西地区	20.0	0.9	24.3	25.6	12.2	11.8	5.2	0.0	100.0

---

① 席娜:《甘肃省区域协调发展之现状分析》,《牡丹江大学学报》2012年第7期。

续表

	文盲	学前教育	小学	初中	高中	职高/大专	本科	研究生	合计
陇东南地区	24.4	1.8	22.6	26.9	9.9	8.5	5.7	0.2	100.0
甘南地区	44.8	3.7	21.7	15.7	6.1	5.8	2.0	0.2	100.0

二　教育水平的性别、年龄差异

（一）教育水平的性别差异

如表2—2所示，在总体3941个有效样本中，可以明显看出教育水平存在性别差异。女性文盲所占的比例将近为男文盲的两倍，但是在接受教育的人中，二者所占的比例没有很大的差异，尤其是在本科及以上教育程度的比例中，可以看出女性接受高等教育的人数和男性持平，本科教育水平中，女性还略高于男性0.2个百分点。在小学和初中教育水平的人中，男性比女性分别高出6.4和6.6个百分点，男性高中教育水平的人所占比例10.5%，而女性所占的比例为8.3%，在职业高中、中专、技校、大专所占的比例中，男性和女性比例相当。

在分地区的样本中，陇中地区和河西地区在本科的教育程度上，女性比男性分别高出0.5和1.9个百分点，但其他的教育程度比例中，男性占优势的现象在四个地区都不同程度存在着。陇中地区的小学和初中教育水平中，男性比女性分别高出5.3和5.8个百分点，高中和职高、大专教育水平也分别比女性高出0.8和0.6个百分点，同时女性文盲所占的比例要高出男性12.4个百分点。陇东南地区，小学教育水平的人，男性高于女性6.7个百分点，初中教育水平的人，男性高于女性9.3个百分点。甘南地区，文盲所占的比例中，女性高出男性20.1个百分点，但在职高、大专及以上的教育水平中，男性和女性差距不大。

表2—2　　　　　　不同性别的教育水平　　　　（单位:%）

		文盲	学前教育	小学	初中	高中	职高/大专	本科	研究生	总体
总体	男	18.9	2.4	26.5	26.6	10.5	9.8	4.6	0.7	100.0
	女	35.4	1.5	20.1	20.0	8.3	9.3	4.8	0.6	100.0

续表

		文盲	学前教育	小学	初中	高中	职高/大专	本科	研究生	总体
陇中地区	男	15.3	1.9	27.4	26.8	9.5	12.1	5.1	1.9	100.0
	女	27.7	1.5	22.1	21.0	8.7	11.5	5.6	1.9	100.0
河西地区	男	14.3	0.9	26.2	27.5	13.6	13.2	4.3	0.0	100.0
	女	26.2	1.0	22.2	23.6	10.6	10.2	6.2	0.0	100.0
陇东南地区	男	15.3	2.7	25.8	31.2	11.1	7.8	5.9	0.2	100.0
	女	34.4	0.9	19.1	21.9	8.7	9.2	5.6	0.2	100.0
甘南地区	男	34.5	4.5	26.7	18.5	7.3	5.9	2.1	0.5	100.0
	女	54.6	2.9	16.9	13.0	4.9	5.9	1.8	0.0	100.0

有很多学者在探讨导致教育获得性别平等化趋势的原因，关于这一问题，大多已有的研究从宏观的制度或结构性因素出发来理解教育获得性别不平等下降的变化趋势，认为中国教育的持续扩张、再分配时期的性别平权实践、中国的人口政策所造成的人口出生率的下降，以及人口结构的变化是导致中国居民教育获得性别不平等下降的主要因素（吴愈晓，2012）。金一虹的研究指出，在社会主义的性别平等理念的指导下，国家通过颁布政策或社会运动的方式批评父权制，保障女性的受教育权利，同时鼓励女性进入劳动力市场，甚至是进入传统的以男性为主的职业或行业领域，并一度出现了"妇女能顶半边天"、"铁姑娘"的口号和"去性别化"的现象（金一虹，2006）。1978年改革开放以后，中国开始了快速的工业化和现代化进程，父权制等歧视女性的传统观念被进一步冲击，在经济全球化的过程中也涌入了西方的女权主义理论以及性别平等观念。父权制在当代中国逐渐衰落，性别平等的意识和观念逐渐被接受，这种趋势将促进社会各领域的性别平等，包括教育获得的性别平等（吴愈晓，2012）。从我们的数据中也可以看出来，本科以上的教育水平，男性和女性没有差距，甚至女性还高出0.1个百分点，但依旧不可忽视的是，在没有接受教育的文盲比例中，女性所占比例约为男性的两倍。

（二）教育水平的年龄差异

在我们的调查中，不同年龄段的居民其受教育水平呈现出不同的分布特点，这也从一个侧面反映了近代以来，我国社会发展和教育逐步普及的过程；同时，较高教育水平（本科及以上）相比 10 年前，有了大幅度提高，这也得益于 1999 年以来的大学扩招。

如表 2—3 中，每一年龄组的合计显示，在总体样本中，60 岁及以上的人口，小学及以下教育水平（即文盲半文盲）所占比例最多，达到了男性所占比例为 39.8%，女性为 68.7%，超过一半的人口没有接受小学教育；小学教育水平所占的比例仅约为 1/5，其中女性所占的比例约为男性的 1/2，占比 14.7%；初中、高中比例都呈现女性占男性约 1/2 的情况。这反映出在 1954 年以前，女性受教育水平远远低于男性。

在 50—59 岁的年龄组中，小学以下教育水平和小学教育水平的比例则有了明显的下降，分别为 42.3% 和 18.6%，比 60 岁以上年龄组下降了 12.4% 和 2.6%，在该组中，初中和高中教育水平的比例明显增加，其中初中学历的人所占的比例最大，为男性 26.2%，女性 14.8%，高中教育水平所占的比例为 13.1%，比 60 岁以上组高了 8.7 个百分点，本科教育水平反而比 60 岁以上年龄组下降了 1 个百分点。

在 40—49 岁年龄组中，我们同样发现，本科及以上教育程度的人所占比例很小，为 3.9%，从中我们看到了"文化大革命"期间废除高考对居民受教育水平的影响。1977 年恢复高考制度后，我国居民的教育水平有了显著提高，30—39 岁年龄组中，教育水平在本科及以上的比例大幅提高，达到 8.3%，小学以下教育水平的为 23.5%，职高/大专的比例也从 40—49 岁年龄组的 8.6% 大幅增至 15.4%。高等教育水平比例不断增加，小学及以下教育水平不断减少的趋势在 20—29 岁年龄组中呈现的更为明显，这在一定程度上与 1999 年的大学扩招、将精英教育转变为大众教育有关。在这一年龄组中，小学及以下教育水平的比例缩减至 28.6%，本科及以上教育水平的比例也有一定增长，为 8.7%。在 20—29 岁年龄组中，职高/大专的比例也有一定的增加，这在一定程度上体现了在九年义务制教育之后，中国教育的多元化走向，其中职业教育有发展壮大的趋势，这也离不开国家对职业教育的扶持力度。而在 15—19 岁年龄组中，小学以下文化程度的为 8.9%，与 10 年前相比，下降了 11.79%，这可以看出国家扫除青壮年文盲的政策实施效果较好，与 10 年前数据相比较，接受过或正在接受初中教育的比例从 22.1% 升至 57.4%，接受过或正在接受职高/大专教育的比例从 10 年前的 1.3% 升至 4.0%。从这一比例变化中，我们可以看到这一年龄组正在经历着从完成九年义务教育到继续高等教育的升学过程。

表 2—3　　　　　不同性别、年龄的教育水平（总体）　　　　（单位:%）

		文盲	小学	初中	高中	职高/大专	本科	研究生	合计
15—19 岁	男	8.1	20.9	56.5	12.9	1.6	0.0	0.0	100.0
	女	10.3	20.5	58.9	0.0	7.7	2.6	0.0	100.0
	合计	8.9	20.8	57.4	7.9	4.0	1.0	0.0	100.0
20—29 岁	男	6.5	22.1	37.5	8.1	17.7	7.8	0.3	100.0
	女	15.3	13.4	34.3	9.7	18.1	8.6	0.6	100.0
	合计	10.9	17.7	35.9	8.9	17.9	8.2	0.5	100.0
30—39 岁	男	19.3	20.4	28.7	7.7	15.7	5.5	2.7	100.0
	女	28.1	20.0	19.6	8.9	15.0	6.1	2.3	100.0
	合计	23.5	20.2	24.4	8.2	15.4	5.8	2.5	100.0
40—49 岁	男	22.8	23.9	29.7	10.0	9.7	3.6	0.3	100.0
	女	44.2	17.9	19.9	6.6	7.4	4.0	0.0	100.0
	合计	33.3	21.0	24.9	8.3	8.6	3.8	0.1	100.0
50—59 岁	男	30.3	20.4	26.2	17.1	4.9	1.1	0.0	100.0
	女	54.4	16.7	14.8	9.1	4.6	0.4	0.0	100.0
	合计	42.3	18.6	20.5	13.1	4.7	0.8	0.0	100.0
60 岁以上	男	39.8	28.1	17.2	6.6	6.0	2.3	0.0	100.0
	女	68.7	14.7	9.1	2.4	3.7	1.4	0.0	100.0
	合计	54.7	21.2	13.0	4.4	4.9	1.8	0.0	100.0

（三）不同年龄受教育水平的性别差异

从图 2—1 我们可以看到，在年龄较大的分组中，教育水平存在着较为明显的性别差异，越年轻的年龄组，男女之间的教育水平的差异呈现不断缩小的趋势。如表 2—3 所示，在 60 岁及以上年龄组，男性拥有初中及以上教育水平的占 32.1%；女性比男性低了近 16%，仅约占男性的 1/2。

在 50—59 岁年龄组，男性拥有初中及以上教育水平的占 49.3%，女性为 28.9%，仍然有 20.4% 的差距；在 40—49 岁年龄组，有 53.3% 的男性拥有初中及以上教育水平，而女性为 37.9%，两性之间的差距已经缩小至 15.4%。在 30—39 岁年龄组，男性和女性教育水平差距已缩小至 8.4%，而在 20—29 岁和 15—19 岁两个年龄段，男女获得初中及以上学历的比例已相差无几，近乎一样。

这一趋势与已有的研究相一致。吴愈晓的研究指出，中国居民教育获得的性别差异呈现逐年缩小的历史变化趋势，最近甚至开始出现女性超过男性的现象（吴愈晓，2012）。叶华和吴晓刚认为，随着中国生育率的持续下降，年青一代的性别间教育不平等相对老一代降低了。而这一点与国际社会的情况是基本一致的（Buchmannet al.，2008）。对受教育水平性别差异不断缩小的解释也主要是从宏观的制度因素和微观的家庭层面两个维度展开。包括教育机会的增加和扩张，再分配时期的"去性别化"以及生育率下降导致的人口结构的变化等。

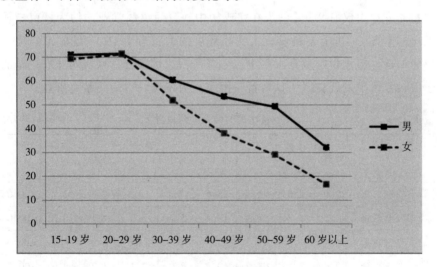

图 2—1　不同年龄受教育水平的性别差异　（单位：%）

三　教育水平的城乡、民族差异

（一）户籍与教育

自 20 世纪 50 年代中期，一直到 1979 年，甚至可以说一直到今天，中国一直奉行着比较严格的户籍制度。按照这种制度，一个人一旦在某地注册了户口，那么，迁居他地就是十分困难的事情了。户籍制度最主要的方面就是将人群分为两类：城市户籍人口和农村户籍人口。中国户籍制度的核心不是居住地的记录，而是和居民的城乡身份相联系的资源配置制度。城镇和农村地区的教育资源差异较大，国家对城市中的教育基础设施投入相当大的财力、物力和人力，而农村中的教育基础设施和师资力量则相对落后和薄弱。因此户籍身份是影响教育水平的重要因素之一。升学是城乡流动的最主要渠道，大多数农村学生考上大学之后，会选择留在城市工作，从而获得城市户口。近年来，国家已经意识到问题的严重性，并努力缩小城乡差距，尤其教育资源方面对农村的扶持力度也有所增大，但户籍仍然是影响教育资源分配和教育获得的重要变量。[1]

从表2—4，我们可以看出城乡教育水平存在的巨大差异。从总体看，非农户籍的人拥有初中及以上学历的比例达到了69.6%，而农村户籍中，这一比例仅为27.8%。在完成初中教育后，城市户籍人口中有44%选择了继续上学，其中本科及以上学历者比例达到了9.3%；相较之下，农村户籍的人口中仅有9.4%的人在完成初中教育后继续学业，约为城市户籍人口的1/5，而拥有本科及以上文化程度的人仅有1.1%，是城市户籍人口的1/9。但在学前教育水平中，二者所占比例相近，这表明非农户籍的学前教育水平发展良好，这得益于国家大力发展农村幼儿教育事业。

表2—4　　　　　　　　教育水平的城乡户籍差异　　　　　　　（单位：%）

		文盲	学前教育	小学	初中	高中	职高/大专	本科	研究生	合计
总体	非农户籍	12.0	2.0	16.4	25.6	15.2	19.5	7.6	1.7	100.0
	农业户籍	41.5	2.3	28.4	18.4	5.3	3.0	1.1	0.0	100.0
陇中	非农户籍	6.4	1.8	16.2	25.3	13.4	24.5	8.0	4.4	100.0
	农业户籍	37.6	2.1	31.7	19.8	5.0	2.1	1.7	0.0	100.0
河西	非农户籍	13.0	1.4	16.0	22.9	19.8	17.3	9.6	4.4	100.0
	农业户籍	27.2	0.8	31.1	26.6	7.9	5.4	1.0	0.0	100.0

---

① 《中国报告——2010民生》，北京大学出版社2010年第1版，第129页。

		文盲	学前教育	小学	初中	高中	职高/大专	本科	研究生	合计
陇东南	非农户籍	13.4	1.7	17.6	30.7	15.1	14.4	7.1	0.0	100.0
	农业户籍	41.3	1.9	28.1	18.8	5.1	3.4	1.4	0.0	100.0
甘南	非农户籍	21.5	4.3	16.0	23.9	11.0	19.0	3.7	0.6	100.0
	农业户籍	57.8	4.0	23.6	9.5	3.3	1.4	0.4	0.0	100.0

从分地区的样本看，教育水平不仅仅存在城乡户籍差异，还存在区域差异。陇中地区（包括安宁区、永登县、永靖县），非农户籍的人拥有初中及以上学历的比例达到75.6%，而农村户籍的这一比例仅为28.6%，二者约为3：1。高中及以上教育水平的比例，农业户籍为8.8%，非农户籍为50.3%，二者差41.5个百分点；河西地区（包括凉州区、瓜州县、玉门市），非农户籍只有小学及以下文化程度的比例为30.4%，而农业户籍小学及以下文化程度的比例达到59.1%，二者约为2：1。高中及以上教育水平，农业户籍的比例为14.3%，非农户籍的比例为46.7%，二者差32.4个百分点；陇东南地区（包括会宁县、张家川县、陇西县），高中及以上教育水平的比例，农户籍为9.9%，非农户籍为36.6%，二者差26.7个百分点。拥有初中及以上学历的非农户籍居民占到了67.3%，而农业户籍拥有初中及以上学历的为28.7%，本科及以上学历的为1.4%，仅约占非农业户籍的1/6。甘南地区（包括夏河县、岷县）中，高中及以上教育水平的比例是四个地区中最低的，其中农业户籍为5.1%，非农户籍为34.3%。拥有初中及以上学历的非农户籍居民占到了58.2%，而农业户籍拥有初中及以上学历的仅为14.6%，不足非农户籍的1/4。在此次调查数据中，四个地区居民拥有农业户籍和非农户籍的比例是不一样的，陇中地区的农业户籍人数与非农户籍人数比接近1：0.75；河西地区，农业户籍人数与非农户籍的比例是1：0.59，陇东南地区，农业户籍人数与非农户籍的比例是1：0.41；甘南地区，农业户籍人数与非农户籍的比例是1：0.29，这一现象与这四个地区的经济发展水平、教育资金投入、观念、城市化发展水平等有一定关系。

户籍制度成为城乡二元分隔的基础，同时也作为中国的基本行政制度之一，不仅仅管理着人口，还发挥着两个最主要的社会功能：第一是使得革命以后的经济分配、资源分享的秩序得以维持。第二是依靠户籍阻止农民进城，在这一前提下，实行了向城市工业发展倾斜的政策，完成了工业发展的原始积累①。因其承担着重要的社会资源配置功能，户籍制度下的城乡二元体制是造成目前诸多社会不平等的原因之一，而其中的教育不平等问题尤为突出。

虽说中国的户籍制度存在延续的历史必然性，但不能忽视的是，在工业化背景下，正是户籍制度中的户口类别（农业户口/非农业户口）与户口所在地的区分，最终形成了城乡之间与地区之间的差异。不可避免地，户籍制度已成为形塑中国社会分层体系的重要力量之一（方长春、蒋萌，2012）。户籍制度带来的是资源分配的不平等与社会身份的不平等，这两者的不平等导致了受教育水平的不平等和教育获得的不平等。张乐天指出，城乡教育的差别主要集中在户籍制度下的城乡二元经济结构造成的城乡教育机会和城乡教育资源配置的差别上（张乐天，2004）。方长春等的研究同时也指出，由于我国教育资源分布不均，发达地区的学生不论是在受教育机会还是录取指标上都比欠发达地区的学生更有优势。而且由于考生具有的户籍不同，其享有的受到高等教育机会也就不同。户籍与教育的附加不仅导致了高等教育机会的不公平，户籍制度也成为实现高等教育公平的一个制度性障碍。

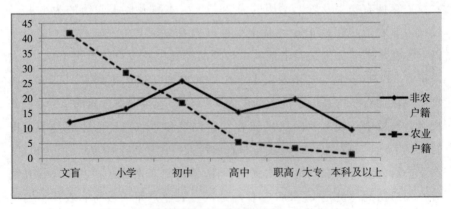

图2—2　教育水平的城乡户籍差异　（单位:%）

---

① 李强：《农民工与中国社会分层》，社会科学文献出版社2012年第2版，第20页。

　　从图2—2可以明显看出，非农户籍和农业户籍的教育水平差异很大。小学以下教育水平中，农业户籍所占的比例是非农户籍的4倍。在初中以上学历中，非农户籍的比例远远大于农业户籍。同时，我们也应该注意，一个人的户籍状态也不是一成不变的，很多人在成长过程中户籍发生了改变，而变化的总体趋势是从农业户籍转变为非农户籍。导致户籍性质改变的原因很多，比如，随着城市的扩张和城市化水平的提高，"村改居"的实行，居住在城市郊区的人们从农业户籍转变为城市户籍；教育也是一个重要因素，农村户籍的孩子通过高考来到城市，毕业后留在城市工作、定居，从而改变了自己的农村户籍；还有因为工作变动导致的迁移也是促使户籍改变的因素；此外，孩子户籍还会因为父母的户籍和居住地改变而随之变化。

　　在这些因素中，教育无疑是一个重要的变量。特别是在改革开放前，高考可能是很多农村人改变自己户籍状况的唯一途径。改革开放后，对于户籍的管理开始逐渐松动，从农村向城市流动的人口开始大规模出现。但是拥有高等教育水平的人更容易在城市找到工作、定居并取得城市户籍；而那些受教育水平较低的人，很多到城市从事体力劳动，却难以获得城市户籍。这一方面有利于提高城市的平均教育水平，而另一方面使得城乡之间的教育水平的差距进一步拉大。

　　（二）民族与教育

　　由于语言、文化、种族、宗教信仰以及自然条件等因素的差异，我国的少数民族教育具有起点低、基础薄弱以及起步晚、发展慢、质量不够高等特点。改革开放以来，在党中央、国务院的深切关怀与正确领导下，少数民族教育事业得到了前所未有的发展。少数民族学校教育在促进民族团结和维护国家稳定中贡献卓著，但现阶段其总体发展水平仍落后于全国平均水平。安应民对甘肃省市场经济发展过程中的非经济因素——民族因素进行了深入分析，研究指出了甘肃省的民族概况及特点。甘肃少数民族地区特指甘南、临夏两个自治州的15个县（市）及张家川、天祝、肃南、肃北和阿克塞5个自治县，共20个县（市），有回、藏、东乡、裕固、哈萨克、蒙古等45个少数民族；民族地区土地面积18万平方公里，占全省总面积的39%。据统计，民族地区总人口为279万人，占全省总人口的12.4%，其中少数民族人口已达185万人，占全省总人口的8.3%。在少数民族中，回、藏、东乡、裕固、保安、蒙古、哈萨克、撒拉、土、满10个民族，不但人口较多，而且都有大小不同的聚居地区，通常称其为甘肃的主要少数民族；东乡、裕固、保安3个民族，在甘肃的人口均占全国本民族人口的85%，故通常又称其为甘肃特有的少数民族（安应民、陈朝阳，1998）。

从表2—5中，我们可以明显看出教育水平存在的民族差异。在总体样本中，汉族人拥有初中及以上学历的比例达到了54.9%，而少数民族中，这一比例仅为27.4%；而在小学及以下文化程度的人中，汉族占43.3%，少数民族占72.6%，其中文盲人口，少数民族是汉族的两倍多。在完成初中教育后，汉族人口中有28.6%选择了继续上学，其中本科及以上学历者比例达到了6.2%；相较之下，少数民族的人口中仅有12%的人在完成初中教育后继续学业，不足汉族人口的2/5，而拥有本科及以上文化程度的人仅有2.8%，不足汉族人口的1/2。

从分地区的样本看，四个地区的教育水平也存在着显著的民族差异。陇中地区，汉族拥有初中及以上学历的比例达到60.1%，而少数民族的这一比例仅为18.9%，不足汉族的1/3。河西地区中，汉族只有小学及以下文化程度的比例为40.6%，而少数民族小学及以下文化程度的比例达到79.2%，约为汉族人口的2倍。与其余的三个地区相比，陇东南地区二者的差异最小。拥有初中及以上学历的汉族人口占到了54.0%，而少数民族拥有初中及以上学历的也占到了43.5%，二者仅相差10.5个百分点，但是在本科及以上教育水平的人中，陇东南地区的少数民族约为汉族的1/2。甘南地区中，拥有初中及以上学历的汉族人口为38.6%，而少数民族拥有初中及以上学历的也为20.6%，约为汉族的1/2。与其他三个地区相比，小学教育水平也是少数民族低于汉族的比例。在此次调查数据中，四地居民拥有汉族和少数民族人数的比例是不一样的，陇中地区的汉族人数与少数民族人数比接近1∶0.24；河西地区，汉族人数与少数民族的比例是1∶0.14，陇东南地区，汉族人数与少数民族的比例是1∶0.39；甘南地区，汉族人数与少数民族人数的比例是1∶0.36，这一现象与甘肃地区的少数民族人口分布有一定关系。

少数民族和汉族教育水平巨大差异，既有历史的原因：如在旧中国，少数民族教育事业落后，民族地区学校很少，几乎没有现代教育，使少数民族群众无法获得受教育的机会；在大多数民族地区，文盲占人口的一半以上，受过高等教育的人，或者说知识分子更是极少；许多少数民族中没有一名大学生，许多民族地区没有一所高等院校，也有少数民族自身的原因：如民族地区自然环境恶劣，地处偏僻，交通不便，还受制于个人教育观念和地方文化传统的影响。另外，长期以来，教育政策存在一定的偏差，明显地带有优先满足城市的倾向，也是一个重要原因。

表 2—5　　　　　　　　　　不同民族的教育水平　　　　　　（单位：%）

		文盲	学前教育	小学	初中	高中	职高大专	本科	研究生	合计
总体	汉族	20.9	1.8	22.4	26.3	10.8	11.6	5.4	0.8	100.0
	少数民族	43.8	2.6	26.2	15.4	5.4	3.8	2.7	0.1	100.0
陇中	汉族	15.0	1.7	23.3	27.7	10.4	14.0	5.7	2.3	100.0
	少数民族	48.1	1.9	31.1	8.5	3.8	2.8	3.8	0.0	100.0
河西	汉族	17.2	0.9	22.5	27.2	13.6	13.1	5.5	0.0	100.0
	少数民族	40.6	0.9	37.7	14.2	1.9	1.9	2.8	0.0	100.0
陇东南	汉族	23.8	1.4	20.8	26.6	10.8	10.0	6.4	0.2	100.0
	少数民族	26.2	3.0	27.4	27.4	7.7	4.5	3.9	0.0	100.0
甘南	汉族	33.9	4.3	23.3	21.3	7.0	7.4	2.7	0.2	100.0
	少数民族	56.4	3.1	19.9	9.7	5.2	4.3	1.2	0.2	100.0

第二节　教育投入

教育是一个民族传承文化、繁荣进步的不竭动力。西部大开发10年以来，教育对个人获得理想工作，提升社会地位的作用也获得了社会各阶层人士的广泛认可。与10年前数据相比，教育水平也有了很大的提高，由此带来的教育投入的趋势性变化也成为本次调查研究的关注重点之一。在本章的讨论中，将教育投入主要集中在经济上的投入。我们将以家庭为单位，以教育文化支出占家庭总支出的比例为主要指标，衡量陇中、河西、陇东南、甘南四地区的家庭经济条件对教育的经济投入的差异，同时尝试分析了在教育的经济投入方面的城乡差异和民族差异。

一 教育的经济投入

教育投资随着家庭对教育回报的期望而成为家庭消费支出的一个热点。在这次调查的家庭问卷中，涉及教育文化支出在家庭总支出中所占的份额。基于陇中地区、河西地区、陇东南地区、甘南地区，共四个地区收集的 1075 份有效家庭样本中，我们根据问卷中的题目设计，分别计算出了家庭平均总支出、家庭平均教育文化支出以及教育文化支出占家庭支出的比例，如图 2—1 所示。

表 2—6   2014 年家庭平均总支出

	总体	陇中	河西	陇东南	甘南
家庭平均总支出（元）	24028	35752	18851	20496	18868
家庭平均教育文化支出（元）	2645	1844	2986	3516	1905
平均教育文化支出占总支出比例(%)	11.01	5.16	15.84	17.15	10.10

从表 2—6 中，我们可以看到在 1075 个有效家庭样本中，四地的平均家庭总支出为 24028 元，其中陇中地区最高，超过平均约 11000 元，陇东南地区为其次，河西地区和甘南地区为最低，且二者几乎没有差异。在家庭平均教育文化支出中，四地的平均教育文化支出为 2645 元，其中陇中地区的平均教育文化支出为最低，是 1844 元，陇东南地区的平均教育文化支出为最高，为 3516 元，甘南地区的教育文化支出也比平均水平低了 740 元。统计检验表明四个地区的平均教育文化支出差异显著。

在教育文化支出绝对值的比较之后，我们考虑了四地不同经济消费水平对教育文化支出的影响，并在表 2—6 中提供家庭教育文化支出占家庭中支出比例的信息。四地教育文化支出占总支出平均为 11.01%，陇东南地区是 17.15% 为最高，其次是河西地区 15.84%，陇中地区 5.16% 排在第四（如果将家庭结构纳入分析，就会发现陇东南在学子女的人数最多，兰州地区在学子女的人数最少，这样便解释了在一定程度的教育文化支出的四个地区比较中，陇东南地区平均支出最多，陇中地区的平均支出最少的原因）。

二　教育经济投入的城乡差异

如表 2—7 所示，在 1075 份有效的家庭样本中，非农户籍的家庭平均总支出为 29565.38 元，比农业户籍的家庭平均总支出多出 9803.3 元，农业户籍与非农户籍的教育文化支出的差异在统计学上显著。非农户籍家庭平均教育文化支出占总支出的比例为 7.26%，农业户籍家庭是 15.19%，这可以看出，农业户籍家庭平均教育文化支出占总支出的比例是非农户籍家庭的 2 倍，因此对农村加大教育投入，减少农业家庭的教育支出是势在必行的一项政策。

研究中国的教育不平等一个主要的视角是区域发展的差异性。许多学者从我国改革与经济发展的制度路径、教育资源配置、教育分权等制度层面进行了实证研究。从经济发展层面上，很多经济学家对此进行了多方面研究，发现政府的发展战略、教育、转移支付、资本投入、劳动力转移、市场化程度、基础设施建设等都对地区经济增长和地区差距有显著的影响（魏延志，2012）。

户籍制度带来的是资源分配的不平等与社会身份的不平等，而这两者的不平等则带来了教育经济投入的不平等。孙委委的研究认为，尽管政府加大了对农村的扶持力度与资源配置比例，但是政府在城市发展与建设方面投入了更多的社会资源。长期以来的二元经济社会发展，体现在教育政策和教育制度的设计上，形成了强烈的"城市偏向"价值取向，城乡教育在目标、地位和体制保证上存在明显的差异，在办学条件和师资待遇上执行着不同的标准（孙委委，2012）。城乡之间由于经济发展水平的不同，导致在校学生人均教育经费产生巨大差异。1993 年，城乡小学生和初中生的人均经费差距分别为 1.9 倍和 2 倍，到 1999 年，两者的差距进一步扩大到 3.1 倍（张玉林，2003）。还有学者的研究指出，地区经济的不平衡发展必然会引起地区间教育投入的严重失衡，这种失衡又势必引致地区间教育发展机会的不平等。目前，中国农村基础教育大多采取"三级办学、两级管理"的分级管理模式（所谓"三级办学"，就是县办高中，乡办初中，村办小学。所谓"两级管理"，就是由县、乡两级政府统一管理。这里所指的"办学"，就是主要负担并筹措学校的经费支出），加大了教育资源的城乡分配差距（魏后凯、杨大利，1997）。

袁诚等学者使用 2002—2006 年 9 个省份的"城镇住户调查"重复横断面数据以及地方财政和在校生数据，在引入地方教育财政支出的分析框架下，分析了地方教育投入对城镇家庭教育支出行为的影响，研究结果发现，政府教育支出对于家庭义务教育学杂费有着显著的"替代效应"，并且"替代效应"在不同收入的家庭之间分布是均匀的，这表明地方政府的用于教育事业费的支出明显地降低了学校通过收取学杂费维持学校运转的倾向。同时，地方教育支出对属于校外教育的家教需求存在一定的"挤出"效应，但是对私立学校学费和择校等行为不存在直接的干预作用（袁诚、张磊、曾颖，2013）。

城乡差距古已有之，且随着经济发展水平的不平衡，这种差距持续扩大。以上通过城乡教育资源分配的不平衡，和这种不平衡对家庭经济投入的影响，解释了为什么农业户籍家庭的平均教育文化支出占总支出的比例，远远高于非农业户籍的家庭。

表 2—7   教育经济投入的户籍差异

	非农户籍	农业户籍
家庭平均总支出（元）	29565.38	19756.08
平均教育文化支出（元）	2145.66	3001.40
平均教育文化支出占总支出比例（%）	7.26	15.19

第三节　家庭教育

虽然学校教育在教育传递的规范性和导向性上、在教学内容的选择和系统性上、在榜样作用和同辈群体的影响上具有不可取代的价值，但对于学校教育起着重要支持和促进作用的家庭，是人在成长过程中的第一受教育场所和永久性受教育场所。家庭教育的核心在于给予个体"如何面对自我"的智慧，即建构个体灵魂的雏形或树立个体生活的最初立场，它不但使个体认识到"我"是什么，如何认识和对待"我"之外的一切，而且培养个体完善的心灵。人类家庭教育的行为，内在地实现着人类对后代的生命之爱、后代的独立生存、家庭生命体的利益和家庭的精神追求，外在地构成了教育大厦的基础，制约着个体人生的教育成败和事业成败，进而影响到人类文明的结构和发展（张进峰，2005）。家庭教育环境、家长的职业、家长的教育理念和方法、家庭的言传身教及家庭的社会资源等，都对子女的教育水平有重大影响。

一 家长的教育期待

如图2—3所示，总体来说，大多数家长都希望自己的孩子能读到大学及以上（所占比例为58.5%）；13.1%的父母希望孩子能读到高中；4.7%的父母希望孩子能读到初中。家长的教育期待、教育理念和教育方式，在一定程度上会影响孩子的教育水平和教育地位获得。

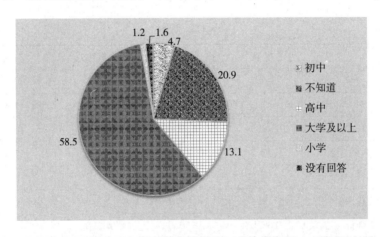

图2—3 家长的教育期待 （单位:%）

如表2—8所示，分户籍来看，农村户籍有48.2%的家长希望孩子读到大学及以上的比例，城镇户籍比农村户籍高出29个百分点，达到77.2%；相应地，希望孩子读到高中的比例，农村户籍是19.0%，而城镇户籍是2.8%；希望孩子读到初中和小学的比例，农村户籍比城镇户籍分别高出2.5和1.1个百分点。很明显看出，城镇户籍家长的教育期待远远高于农村户籍的家长。分族群来看，希望孩子读到大学及以上的比例，少数民族是39.8%，汉族为67.2%，比少数民族高出27.4个百分点；希望孩子读到高中的比例，少数民族比汉族高出8个百分点，二者差距不大；希望读到小学的比例是最低的，少数民族为2.9%，汉族仅为0.7%。从数据可以看出，少数民族家长的教育期待低于汉族家长的教育期待。

王甫勤等学者的研究采用2010年"上海居民家庭生活状况调查"数

据，分析发现，在少年时具有大学教育期望的人，最终获得大学教育的机会明显增加，而个人大学教育期望的产生又主要同家庭背景和父母期望有关。具有优势地位的父母（尤其是接受过高等教育的父母）对子女上大学的期望较高，并激发了子女上大学的期望；同时，具有优势地位的父母能更多地参与到子女的教育过程中，为子女创造更多的支持条件，这些都有助于子女维持和实现较高的教育水平（王甫勤，2014）。杨春华的研究发现，拥有高学历的父母亲，对孩子的教育期望也高。相同职业的父亲和母亲，对孩子的教育期望呈现高度的一致性（杨春华，2006）。这都反映了家庭背景对孩子的教育水平有直接影响。

表 2—8　　　　　　　　　　家长的教育期待　　　　　　　　（单位：%）

	城镇	农村	少数民族	汉族
小学	0.7	1.8	2.9	0.7
初中	2.8	5.3	8.7	2.6
高中	2.8	19.0	18.4	10.4
大学及以上	77.2	48.2	39.8	67.2
不知道	14.5	24.3	26.2	18.3
没有回答	2.1	1.3	3.9	0.7
合计	100.0	100.0	100.0	100.0

由表 2—8 还可以看出，希望孩子读到初中的比例，户籍差异小于族群差异，希望孩子读高中和大学及以上的比例，则刚好相反，户籍差异大于族群差异。

二　家长的职业期待

如表 2—9 所示，在家长的职业期待中，有 14.7% 的父母希望自己的孩子当干部；希望从事专业人员（工程师、医生）的比例为 14.1%；从事教师行业的比例为 12.8%；希望子女当研究人员和当兵的比例分别为 2.5% 和 4.1%；其他的工作，如当牧民、农民、艺术家等比例比较低。其中有 24.7% 的父母还没有想过这个问题。从表中可以发现，城镇户籍的父母和农村户籍的父母在对孩子的职业期待上还是有很大的差距。城镇户籍的父母最希望孩子成为专业人员（工程师、医生），所占比例是22.1%，而期望当干部的比例是6.9%；农村户籍的父母最希望孩子当干部，比例是19.7%，当专业人员（工程师、医生）的比例是9.0%。城镇户籍的父母希望孩子当教师和研究人员的比例分别是14.5%和4.1%，比农村户籍的父母分别高出2.8和2.7个百分点。农村户籍的父母希望孩子当艺术家的比例为0，城镇户籍的父母希望孩子当农/牧民的比例为0。从来没有想过这个问题的父母中，城镇户籍的父母占20.0%，农村户籍的父母占27.8%。

表 2—9　　　　　　　　不同户籍父母的职业期待　　　　　　（单位:%）

	城镇（N1）	农村（N2）	总体（N）
当工人	1.4	0.5	0.8
当农/牧民	0.0	0.9	0.5
当干部	6.9	19.7	14.7
做生意	2.1	0.9	1.4
当专业人员（工程师、医生）	22.1	9.0	14.1
当教师	14.5	11.7	12.8
当研究人员	4.1	1.4	2.5
当兵	4.8	3.6	4.1
当艺术家	0.7	0.0	0.3
其他工作	0.7	0.5	0.5
从来没有想过这个问题	20.0	27.8	24.7
不知道	20.0	23.3	22.0
没有回答	2.8	0.9	1.6
合　计	100.0	100.0	100.0

从图2—4可以看出，期待孩子当干部、当专业人员（工程师、医生），汉族父母和少数民族父母的期待是不一致的，除此以外，汉族父母和少数民族父母对孩子的其他职业期待也是有差异的。汉族父母期待孩子当教师、当研究人员的比例明显高出少数民族父母，分别高出4.3个和3.4个百分点。期待孩子当兵的比例，汉族父母也比少数民族父母高出3

个百分点，这或许是因为少数民族的父母更愿意把他们的孩子送去清真寺念经。而少数民族父母期待孩子当农/牧民、做生意的比例分别高出汉族父母0.6和0.8个百分点，这在一定程度上是因为调查到的地区回族居多，而回族善于经商的缘故，他们也愿意自己的孩子去经商。

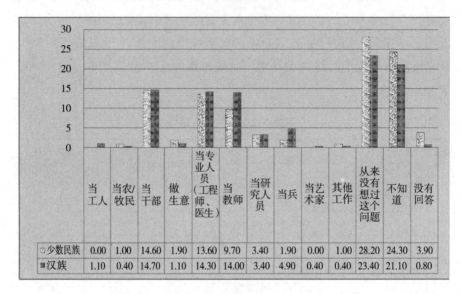

	当工人	当农/牧民	当干部	做生意	当专业人员（工程师、医生）	当教师	当研究人员	当兵	当艺术家	其他工作	从来没有想过这个问题	不知道	没有回答
少数民族	0.00	1.00	14.60	1.90	13.60	9.70	3.40	1.90	0.00	1.00	28.20	24.30	3.90
汉族	1.10	0.40	14.70	1.10	14.30	14.00	3.40	4.90	0.40	0.40	23.40	21.10	0.80

图2—4　不同民族父母的职业期待　　（单位:%）

第四节　教育和社会分层

一　教育和收入

在绝大多数工业化国家，一个人的文化水平往往影响了或在某种程度上决定了这个人的收入高低，文化水平较高的人往往收入较高，文化水平较低的人收入较低。正因如此，人们愿意支付高昂的学费以获得较高的学历文凭（这被称为个人的教育投资），并期望在获取较高的学历文凭之后能获得较高收入的工作（这被称为教育的经济收益）。尽管在各个国家，教育的经济收益率各不相同，但无可争议的是，提高文化水平对于增加个人收入作用明显，这是市场经济和工业化社会的普遍规律（李春玲，2003）。

表2—10所示的收入，是根据问卷的LF15，即在这份工作上最近一周（7天）得到的收入。虽然可以根据最近一周的收入，来换算他的月收

入和年收入，但考虑到一周的收入有很大的偶然性，若进行估算，将产生更大的误差，故没有进行估算。如表2—10所示，小学教育水平的人的人均每周收入为208.13元，是小学以下教育水平的人的1.7倍。初中教育水平的人的人均每周收入为398.35元，大学本科教育水平的人为705.21元，是高中教育水平人的1.6倍。技校、中专、职高、大专教育水平者的收入是664.74元，研究生教育水平的人的人均每周收入是1250.93元，是小学教育水平人的6倍，是高中教育水平的人的3倍。

从表2—10可以看出，教育水平与收入增加成正比。一个人能获得多高的教育水平，除了取决于个体的智力、性别、进取心外，城乡、出生地、民族、家庭社会经济地位、父母受教育水平、父母收入和从事的职业等因素同样对其具有影响作用。我国各地经济、文化发展的巨大差异和不平衡发展造成了教育回报率在性别、城乡、地区和民族之间的巨大差异。

教育回报是指教育在劳动力市场上对收入的回报。在新古典经济学中，人力资本特别是教育，被视为收入配置最重要的影响因素；在社会学家看来，教育也是降低收入分配不平等的重要措施之一，因此，教育对收入的回报成为教育分层研究中的一个重要方面。在我国历史上曾经有过一段时期，教育无法对分配产生较大的作用（Xie & Hannum，1996），在传统的再分配体制下，单位和地区形成隔绝资源流动的壁垒（边燕杰，2006），受教育水平不同的人群，他们之间的收入差异不大。改革开放以来，随着市场化程度的加深，社会分层机制发生了变化。收入对教育的回报开始上升，这即是市场化转型理论的核心观点——市场转型将提高教育投资的回报（Need，1989）。尽管围绕市场转型理论的争论至今延续，但其关于教育回报的论断已经得到许多经验研究的回应[①]。吴愈晓的研究指出，对于高学历劳动者群体，人力资本因素对他们收入的作用非常显著。这一方面表现为他们的教育回报率非常高（约为17%），同时，年资（总体工作资历或现职的工作资历）对他们的收入都存在显著的正面效应。而对于低学历劳动者而言，人力资本因素——教育年限以及年资——对他们收入没有任何帮助。需要特别指出的是，他们的教育回报率非常低（约为4%），而且没有统计显著性（吴愈晓，2011）。

---

① 《中国民生发展报告》，北京大学出版社2013年版，第109页。

　　研究者关注教育回报率的根本原因在于教育对收入不平等的作用。一方面，教育水平的提高可能降低收入不平等程度；另一方面，在市场充分发挥作用时，即收入分配完全按照人力资本来配置时，教育所造成的不平等成为新的不平等形式，即布迪厄的文化再生产理论。该理论认为教育有助于维护一个不平等的、分化为阶级的社会，并使之合法化。他认为，个人在进入学校教育系统之前，便已通过家庭获取了一定数量的与其出身背景相同的文化资本。家庭作为使个人社会化的一个途径，其所传递的文化资本对文化再生产有着重要的意义。文化资本最初获得者借助自身在学校教育体系中的使用和强化，而获得了文化资本的承认和延续，并获得社会的承认从而获得一定的社会等级，使得学校教育的效果与持久性也与个人的家庭背景、社会出身紧密关联（罗玉珍，2009）。即个人拥有的经济资本、文化资本相互转换和相互加强。在美国、西欧和日本这样的富裕国家，教育与其他人力资本之间的差异是收入不平等的重要来源之一。

表 2—10　　　　　　　　　　　不同教育水平的收入

	小学以下	小学	初中	高中	技校、中专、职高、大专	本科	研究生
收入（元）	123.64	208.13	398.35	438.97	664.74	705.21	1250.93
标准误	58.8	29.0	27.9	722.1	182.4	69.3	168.1
样本（份）	660	469	533	174	229	94	15

二　教育和职业

　　如表 2—11 所示，从事国家机关、党群组织、企事业单位负责人中，高中教育水平所占比例是 2.9%，为最低，其次是小学及以下所占的比例是 6.0%，初中教育水平的人所占的比例是 14.7%，技校、职高、中专、大专教育水平的人占的比例是 44.1%，为最高，大学本科及以上所占的比例也高达 32.3%；从事专业技术人员的人中，技校、职高、大专、中专水平的人所占比例最多，为 45.8%，其次是本科及以上教育水平的人，为 40.0%，而小学及以下仅占 0.1%，初中教育水平有 8.3%；从事办事人员和有关人员的人中，初中教育水平的人为 14.1%，仅比高中教育水平的人低 1.1 个百分点，技校、职高、大专、中专的人依旧所占百分比最

高，为 38.1%，本科及以上教育水平为 26.2%，而小学及以下教育水平
的人最少，仅有 6.4%；从事商业、服务业人员的人中，初中教育水平的
人所占比例最多，为 40.6%，而小学及以下有 16.6%，高中教育水平和
技校、职高、中专、大专所占的比例基本相当，分别为 13.8% 和 15.5%，
本科及以上教育水平的人最少，仅有 3.5%；从事农、林、牧、渔、水利
业生产人员的人中，小学及以下教育水平的人最多，高达 78.3%，而本
科及以上教育水平的人最少，仅有 0.1%，初中教育水平的人占 13.6%，
高中教育水平的人占 5.4%；从事生产、运输设备操作人员及有关人员的
人中，初中教育水平的人所占比例最高，达到 36.5%，其次是小学及以
下教育水平的人占的比例也较高，达到 29.2%，技校、中专、职高、大
专教育水平的人所占比例为 15.3%；在不便分类的其他从业人员中，小
学及以下教育水平的人最多，占 39.8%，其次是初中教育水平的人，占
26.8%，高中教育水平的人和技校、中专、职高、大专所占的比例一致，
都为 13.9%，本科及以上教育水平的人占 5.6%。

表 2—11　　　　　　　　不同教育水平的职业　　　　　（单位:%）

	小学以下	小学	初中	高中	技校、中专、职高、大专	本科及以上
国家机关、党群组织、企事业单位负责人	0.1	5.9	14.7	2.9	44.1	32.3
专业技术人员	0.1	0	8.3	5.8	45.8	40.0
办事人员和有关人员	0.3	6.1	14.1	15.2	38.1	26.2
商业、服务业人员	10.0	16.6	40.6	13.8	15.5	3.5
农、林、牧、渔、水利业生产人员	42.1	36.2	13.6	5.4	2.6	0.1
生产、运输设备操作人员及有关人员	7.1	22.1	36.5	14.8	15.3	4.2
不便分类的其他从业人员	1.1	38.7	26.8	13.9	13.9	5.6

张智敏和唐昌海的实证研究指出，小学及以下学历的分别有94.02%和88.33%聚集在农、林、牧、渔业中，初中及以上学历从事农、林、牧、渔业劳动的人口呈阶梯下降；大学专科及以上学历有7.9%从事农、林、牧、渔业。第一产业从业者中，55.68%处在小学及以下水平。而第二、第三产业则只有14.67%和11.92%处于小学及以下水平；第一产业从业者中，高中及以上水平的占5.49%，在第二、第三产业中高中及以上教育水平的就业人口高达38.34%和53.39%（张智敏、唐昌海，2003）。通过他的数据可以看出，第一产业中文盲和小学教育水平的人口居多；第二、第三产业中高中及以上教育水平的人居多。低级次产业就业人口受教育水平低，高级次产业就业人口受教育水平高，二者呈现正相关关系。这说明教育水平不仅影响职业分层，对人口的产业构成也产生明显的影响，进而说明教育水平影响从业者的社会地位。

吴愈晓的研究表明，高学历劳动者与低学历劳动者群体处于两个分割的劳动力市场中，他们的经济地位获得路径完全不同。对于低学历劳动者，职业流动是提升他们收入水平的最重要因素，而人力资本因素（受教育年限和工作经验）对他们的收入没有影响。高学历劳动者的情况刚好相反，职业流动对收入获得没有任何作用，影响他们收入分层的最重要因素是人力资本（吴愈晓，2011）。王超恩的研究发现，农民工的职业分层对其职业流动有显著影响，从事中端职业的农民工职业流动性最强，且其向上流动的动机也最为强烈（王超恩、符平，2013）。从以上可以看出，教育水平使劳动者处于不同的劳动力市场，进而影响他们的职业流动和收入，从而对他们经济社会地位的获得产生巨大影响。

教育水平和职业之间的关系，地位竞争理论对此做了说明。地位竞争理论强调一旦教育开始扩张，毕业证书成为获取权利和高社会地位的工作所必需的证件，就开启了日渐升级的证书扩张运动，曾经获得良好教育的人群为了保住自己的优势地位也不敢停止不前。地位竞争理论的假设是：最好的、最有权势的工作总是留给那些受过最多或最好教育的人。教育扩张造成了某些职位对学校证书需求的膨胀，作为回应，学生往往选择多上几年学，以便对未来的工作有更充分的准备。只要获得好的工作取决于学历的高低，学生们就会通过接受教育增强其竞争力并获取工作所需的文凭。既然社会精英的子女总能做到在校学习的时间多于弱势群体的子女，地位竞争理论总能解释在教育水平逐步提高的前提下社会精英仍能保持其竞争力优于社会弱势群体，虽然后者的教育机会也得到某种改善。弱势阶层的子女似乎更加关心他们接受的教育是否好于自己的父母，而不大在意教育竞争中，他们仍然落后于精英阶层的后代（魏延志，2012）。单纯的教育扩张不会改变社会地位的相对格局，但教育水平和职业、个人收入之间还是呈现一定的正相关性。

教育对阶级、阶层的形成过程有重要影响。柯林斯详细、具体地分析了教育对阶层结构形成的意义。他认为，教育也像一个竞技场，人们所受的教育（以学校证书来体现）被用来限制那些竞争社会和经济领域中，具有优厚报酬职位的竞争者的数量，并帮助那些享有"教育专利"的人垄断这些职位，即存在一种"文凭社会"或文凭主义。文凭制度的主要受益者是那些所谓自由职业者和在庞大的工业、政府、教育和工会等科层制组织中工作的人。所有这些受惠于文凭制度的职业的获得，需要通过对教育文凭的投资，而文凭反过来被用于购买免于劳动力市场竞争的工作职位。教育作为进入社会、经济方面受益阶层的筛选标准，不仅仅存在于市场社会之中，而且作为进入的壁垒设置，教育与阶层或集团的利益自然地联系在一起（刘精明，2011）。

国内相关研究的实证结果表明，在我国各级教育阶段中，地位取向教育获得的阶层排斥性较强，生存取向教育主要是为了教育的平等化。这种通过社会排斥的资源分配机制主要地作用于地位取向教育形式中，生存取向教育机会与资源分配则更多地体现出社会团结机制的作用。生存教育机会更多地面向占人口比例较大的体力劳动者，而地位取向教育机会更多地与阶层资本优势相联系。研究还表明，在不区分教育的生存——地位取向的质性差异时，统一以教育年限这一变量来测量教育获得的情况下，对子代教育获得的影响更主要的是体现为家庭背景中文化资本的作用；在区分教育的等级层次和质性差异的情况下，社会阶层背景对教育机会获得的影响则可能反映出身因素中的社会阶层位置的影响，主要体现为对生存取向和地位取向两种不同类型教育的选择方面（魏延志，2012）。

在布劳和邓肯的经典社会流动模型中，教育在阶层地位的再生产过程中发挥着双重作用。一方面，教育作为自致因素代表着人力资本水平，衡量了人们在劳动力市场上的竞争能力，进而影响着其职业地位获得；另一方面，教育作为中间变量，解释了家庭社会经济地位对子代社会经济地位获得的效应。我们的调查结论也与此相似，对职业获得而言，本人教育和家庭背景都有作用，但在初职的获得中，本人的教育水平作用更大，对现职获得而言，本人的教育水平和初职作用较大，但本人教育水平是最重要的。

本章小结

本章主要描述了性别、年龄、户籍和民族等社会人口因素的四个地区居民教育差异程度。

四个地区居民受教育水平总体分布呈现金字塔形状："小学以下水平"所占比例最高，"小学"和"初中"学历各占1/4，本科以上学历仅为5.3%。

在四个地区的比较中，陇中地区与河西地区居民的受教育水平接近，陇东南地区的受教育水平与前两个地区相比较低，甘南地区的受教育水平为四个地区中最低。陇中地区和河西地区的居民中文盲所占比例最低，分别为21.3%和20.0%；大专及以上所占比例最多，分别为19.1%和17.0%。甘南地区文盲所占比例是44.8%，大专及以上所占的比例是8%。陇东南地区则居于中间。

女性中文盲所占比例约是男性的2倍，但在本科及以上教育水平中，男性和女性几乎没有差距。男女受教育水平在较小年龄组中没有差距，男女受教育水平差距随着年龄组增大而增大。在20—29岁年龄组中，大专及以上教育水平的比例女性首次超过男性。

城乡受教育水平差距明显。在总体样本中，非农户籍的人拥有高中及以上教育水平的比例是44%，农业户籍的这一比例仅为9.4%。非农户籍文盲所占比例是12.0%，农业户籍则达到了41.5%。分地区分户籍看：农业户籍中，甘南地区的文盲率最高，为57.8%；河西地区的这一比例最低为27.2%；甘南地区高中及以上教育水平的比例是5.1%为最低，河西地区的这一比例是14.3%为最高。非农户籍中，陇中地区的受教育水平最高，其次是河西地区、陇东南地区，甘南地区最低。

汉族和少数民族的受教育水平也存在很大差距。汉族中，初中及以上教育水平的比例是54.9%，少数民族的这一比例是27.4%。接受完初中教育后，选择继续上学的人中，汉族的比例是28.6%，少数民族为12.0%。

教育的经济投入中，陇东南地区平均教育文化支出占总支出的比例为四地最高，河西地区次之，再是甘南地区，陇中地区最低。在教育经济投入的城乡差异中，农业户籍平均教育文化支出占总支出的比例为15.19%，是非农户籍的2倍。

在家长的教育期待中，超过一半的家长希望孩子读到大学及以上。分户籍来看，农村户籍有48.2%的家长希望孩子读到大学及以上，城镇户籍的这一比例是77.2%。分民族来看，希望孩子读到大学及以上的比例，少数民族是39.8%，汉族为67.2%。可以发现，家长的教育期待中，农村户籍小于非农户籍，少数民族小于汉族。在家长的职业期待中，汉族和少数民族、农业户籍和非农户籍还是存在很大差异。

在教育和社会分层中，在描述教育水平与收入的关系中发现，二者呈正相关；在描述教育水平与职业的关系中发现，小学及以下教育水平的人主要从事第一产业，大学本科及以上教育水平的主要集中为国家机关、企事业单位负责人和专业技术人员。

本章参考文献

［1］《中国民生发展报告》，北京大学出版社2013年版。

［2］安应民，陈朝阳：《甘肃省市场经济发展过程中的民族因素研究》，《西部民族学院学报》（哲学社会科学版）1998年第4期。

［3］方长春、蒋萌：《户籍制度下的教育不平等研究综述》，《贵州社会科学》2012年第9期。

［4］金一虹：《"铁姑娘"再思考——中国"文化大革命"期间的社会性别与劳动》，《社会学研究》2006年第1期。

［5］李春玲：《文化水平如何影响人们的经济收入——对目前教育的经济收益率的考查》，《社会学研究》2003年第3期。

［6］刘精明：《教育与社会分层结构的变迁——关于中高级白领职业阶层的分析》，《中国人民大学学报》2001年第2期。

［7］罗玉珍：《教育公平视角下的少数民族教育研究——基于教育优惠政策的分析》，硕士学位论文，西南政法大学，2009年，第21页。

[8] 孙委委：《城乡统筹发展视野下教育资源均衡配置研究》，《教学与管理》2012 年。

[9] 王超恩、符平：《农民工的职业流动及其影响因素——基于职业分层与代际差异视角的考察》，《人口与经济》2013 年第 5 期。

[10] 王甫勤、时怡雯：《家庭背景、教育期望与大学教育获得——基于上海市调查数据的实证研究》，《社会》2014 年第 1 期。

[11] 魏后凯、杨大利：《地方分权与中国地区教育差异》，《中国社会科学》1997 年第 1 期。

[12] 魏延志：《转型期中国城市教育不平等与区域差异》，博士学位论文，上海大学，2012 年。

[13] 吴愈晓：《中国城乡居民教育获得的性别差异研究》，《社会》2012 年第 4 期。

[14] 吴愈晓：《劳动力市场分割、职业流动与城市劳动者经济地位获得的二元路径模式》，《中国社会科学》2011 年第 1 期。

[15] 席娜：《甘肃省区域协调发展之现状分析》，《牡丹江大学学报》2012 年第 7 期。

[16] 杨春华：《教育期望中的社会阶层差异：父母的社会地位和子女教育期望的关系》，《清华大学教育研究》2006 年第 8 期。

[17] 袁诚、张磊、曾颖：《地方教育投入对城镇家庭教育支出行为的影响——对我国城镇家庭动态重复截面数据的一个估计》，《经济学动态》2013 年第 3 期。

[18] 张进峰：《家庭教育重要性的哲学新论》，《教育理论与实践》2005 年第 1 期。

[19] 张乐天：《城乡教育差别的制度归因与缩小差别的政策建议》，《南京师大学报》（社会科学版）2004 年第 3 期。

[20] 张玉林：《分级办学制度下的教育资源分配与城乡教育差距——关于教育机会均等问题的政治经济学探讨》，《中国农村观察》2003 年第 1 期。

[21] 张智敏、唐昌海：《教育水平对人口职业分层影响的实证分析——以湖北省为例》，《中国人口科学》2003 年第 3 期。

[22] Buchmann, Claudia, Thomas A. DiPrete & Anne McDaniel. (2008). "Gender Inequalities in Education." *Annual Review of Sociology* (34): 319—337.

第三章 社 区

　　社区，简言之称为区域社会生活共同体。美国社会学家帕克（Robert Park）认为"每一个社区即是一个社会"①。肖林认为，社区活动的日常性、草根性、多样性，社区居民互动的平等性，社区组织内部沟通的非正式性，都让社区成为我们洞察、了解社会的平台和路径②。社区内经济、文化、教育的发展变化，也从侧面反映我国整体经济水平的发展变迁。因此，在2014年《中国西部家户生计与社会变迁调查》中，我们单独设计了一份"社区问卷"，本次使用的社区问卷由编码结构、被访者基本信息、村/居委会基本情况、村委会具体情况四个板块构成。本章共分为四个部分，从社区特征、社区基本设施、社区教育、社区生计四个方面的实际概况以及城乡对比、地域对比等来具体描述。

第一节 社区特征

　　国内外学者对于社区进行深入分析，他们对社区的界定有着不同的解释，但基本认同"社区要素由地域、人口、文化等特征构成"。我们认为社区的概念包含四层含义："占有一定的地域，存在于一定的地理空间中；有一定的人群；有共同的行为规范、生活方式和社区意识；核心内容是社区中人们的各种社会活动及其互动关系。"③ 本节主要从社区类型、社区地域、社区人口、社区文化四个方面来具体阐述。

---

① 参见徐震：《社区与社区发展》，台北正中书局1994年版，第37页。
② 肖林：《"'社区'研究"与"社区研究"——近年来我国城市社区研究述评》，《社会学研究》2011年第4期。
③ 郑杭生：《社会学概论新修（精编版）》，中国人民大学出版社2009年版，第224页。

一　社区类型

社区类型是依据地域群体的不同特质划分的社区类别，大体可分为地理区域的社区和区位体系的社区。美国社会学家雷德菲尔德（Robert Redfield）关注以生活方式为切入点，将社区分为民俗型社区和都市型社区；美国社会学家希勒里（Hillery）则以社区特质作为分类的依据，分为村落社区和都市社区①。郑杭生认为，以空间特征划分的城市—乡村社区连续体一直是社区研究的主要分析单位。② 城市和农村发展不均衡、落差大是西部地区面临的主要问题之一，因此，在本次调查中，我们根据地域特点，依据城乡为划分标准进行分析，以期对比甘肃城乡经济发展的异同。

2000 年民政部发布的文件中提到，"目前我国城市社区的地域范围规定为调整后的居民委员会辖区，我国现阶段狭义的城市社区即为居委会辖区共同体"③。有别于"城市"的农村社区，费孝通将其描述为"礼治秩序，没有陌生人的社会及熟人社会；无为政治，基层社会结构是一根根私人联系构成的网络"④。郑杭生则将农村社区定义为"是指居民以从事农业生产为主要谋生手段的区域社会，具有人口密度低、流动性弱，经济活动简单，组织结构简单，血缘关系浓厚人际关系密切等特点"⑤。传统的农村社区，常常以地缘、血缘、一致的生产方式等因素为由聚居生活在共同的区域内，其特征还表现为拥有显赫的大家族、宗族观念强烈、乡土文化浓厚等。

本次调查共涉及 8 个行政地区/市，兰州市、武威市、临夏市、白银市、酒泉市、定西市、天水市和甘南藏族自治州；11 个市/县/区，安宁区、永登县、凉州区、永靖县、会宁县、玉门市、瓜州县、岷县、陇西县、张家川回族自治县、夏河县；55 个乡/镇/街道的村（居、家）委会，1100 户，共计 4451 人。其中，城市（居委会/社区）23 个，占比

---

① 参见蔡宏进：《社区原理》，台北三民书局 1985 年版，第 18—19 页。

② 郑杭生：《社会学概论新修（精编版）》，中国人民大学出版社 2009 年版，第 226 页。

③ 范中桥、罗明焱：《论社区和城市社区的基本概念》，《大庆高等专科学校学报》2001 年第 7 期。

④ 费孝通：《乡土中国》，上海人民出版社 2006 年版，第 22—23 页。

⑤ 郑杭生：《社会学概论新修（精编版）》，中国人民大学出版社 2009 年版，第 226 页。

41.8%；农村（村委会）32个，占比58.2%，如图3—1所示。从问题设计中，我们选取了地域、人口、教育、经济等角度对样本分城市社区和农村社区进行比对。

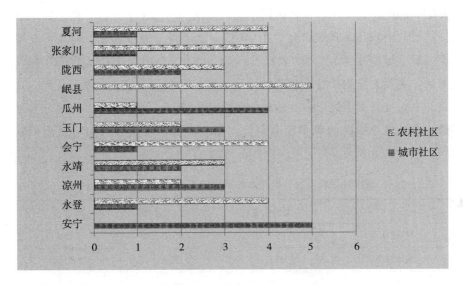

图3—1 分市/县/区城市社区和农村社区样本分布情况 （单位：个）

二 社区地域

地域性是社区最为显著的特征之一，即社区的自然地理要素。在传统的农村社区中，社区成员通过比较光热资源、土壤资源、水资源、矿产资源、动植物资源等自然资源，选择最佳的地理区域来为社区成员的生产生活提供必需的物质生活资料，并在此繁衍生息。在现代城市社区中，社区也为社区居民提供一定区域的活动场所和配套的生活设施，满足社区成员生活所需。本报告中将样本分为城市社区和农村社区，比较其在行政面积、自然资源、社区位置的差异。

（一）行政面积

甘肃省，简称"甘"或"陇"，省会兰州。甘肃辖12个地级市、2个自治州；海拔大多在1000米以上，四周为群山峻岭所环抱①，其境内呈现山地、沙漠、戈壁、绿洲、森林、草地等地貌形态。生活在共同的、

---

① 甘肃省人民政府网站，http：//www.gansu.gov.cn/col/col19/index.html。

一定的区域范围是构成社区的主要要素之一，对此，我们选取了行政面积作为其中测量指标之一。

如表3—1，本次调查涉及的23个城市社区样本的平均行政面积为6.6平方公里；32个农村社区的平均行政面积为131.9平方公里，农村社区的行政面积几乎是城市社区的20倍，远远高于城市社区。但从标准差上来看，城市社区为9.3，农村社区为246.6，高出城市社区数倍。究其原因，主要是受制于甘肃狭长的地形条件，且多是草地、山地、荒漠，甘肃的农村社区多半处于该类地形较为复杂的地域，地广人稀，居民分布分散，不如城市社区的集中和高密度。相对而言，城市社区的行政面积狭小，人口密度较大。

表3—1　　城市社区和农村社区样本的平均行政面积　　（单位：个；平方公里）

	频率	平均行政面积	标准差
城市社区	23	6.6	9.3
农村社区	32	131.9	246.6
合计	55	62.8	173.6

（二）自然资源

构成社区的重要因素还包括自然环境。自然环境又可分为资源因素、地理区位因素两大类。其中，社区内重要的自然资源包括土地资源、水资源、矿产资源、旅游资源等，本节主要从是否属于矿产资源区、是否属于风景区、是否属于自然灾害频发区作为指标来测量甘肃各县区社区、城乡社区之间发展的自然资源优劣。

如表3—2所示，将样本从市/县/区的角度来比较，可以发现，首先，村委会所在地属于矿产资源区的县区有永靖县、张家川、夏河县，这3个县/区恰好也是少数民族聚集区，而这3个县/区又全部都是农村社区，这可能与甘肃农村社区分布偏远有关系，也可能与民族社区当初选择聚落居住地有关，社区中各种矿产资源储藏量与社区居民生活方式有着密切的联系。其次，村委会所在地属于风景区的有凉州、永靖、会宁、张家川、夏河5个县/区，3个民族县/区刚好又在其中。甘肃是一个有着多民族风情的省份，"丝路旅游"、"少数民族风情游"、"红色旅游"等都是甘肃旅游对外开放的亮点，这些风景区也正是甘肃多民族风情的代表。最后，属于自然灾害频发区的市/县/区涉及永登、凉州、永靖、会宁、岷县、陇西、张家川，共 14 个社区。其中，最为显著的当属有着"苦脊甲天下"之称的定西市，一共有 6 个社区都属于"重灾区"。地处黄土高原和青藏高原交汇地带的定西市，苦于自然条件的劣势，定西也被称为中国最贫困的地方之一。2013 年，甘肃定西发生 6.6 级地震，共造成 95 人遇难，1300 余人受伤。岷县是受灾最重的地区，其境内梅川镇永星村、永光村、马家沟村等多个村落几乎被摧毁。定西境内山大沟深、生态脆弱，加之当地暴雨、冰雹、山洪、泥石流灾害频发，使灾后重建工作困难重重，居民居住环境条件得不到及时改善。

表 3—2　　　　调查样本分市/县/区、分城乡自然资源概况　　（单位：个）

	市/县/区	村委会所在地属于矿产资源区	村委会所在地属于风景区	村委会所在地属于自然灾害频发区
市/县/区名称	安宁	0	0	0
	永登	0	0	2
	凉州	0	1	2
	永靖	1	1	1
	会宁	0	1	1
	玉门	0	0	0
	瓜州	0	0	0
	岷县	0	0	4
	陇西	0	0	2
	张家川	1	1	2
	夏河	1	1	0
城/乡	城市	0	3	1
	农村	3	2	13
合计		3	5	14

社区内自然资源的优劣，很大程度上决定着社区发展的契机，"靠山吃山，靠水吃水"、"近水楼台先得月"也正说明于此。我们将本次调查的样本从城市、农村的角度来比较，城市社区有 3 个社区属于风景区，1

个社区属于自然灾害频发区；农村社区有 3 个社区属于矿产资源区，2 个社区属于风景区，13 个社区属于自然灾害频发的地段。数据发现，城市和农村社区样本的发展基础迥异，农村社区发展基础薄弱，拥有有限的自然资源，居住条件原始恶劣，基础条件已经阻碍了社区进一步的发展，这应该引起政府部门足够的重视。

（三）社区位置

乡村社会学家 Redfield 等提出乡村都市间的连续性理论，称"从最乡村至最都市中心地区之间存有许多的社区，如乡镇街、郊区等等，而在这些不同的社区内许多社会经济性质连成一线，越接近都市中心的社区含有较浓厚的都市色彩及气息，越接近农村一端的社区，农村的色彩及气息则越浓厚"①。

社区所在地位置不仅与自然资源的远近相关，还与都市距离的远近相关。社区所在地是位于城市、郊区、城镇，还是选择偏远的农村地区，这都与社区发展相互关联。本节将样本分为城乡社区，比较样本所在地的类型分布，以及衍生的城市化、城中村等问题。

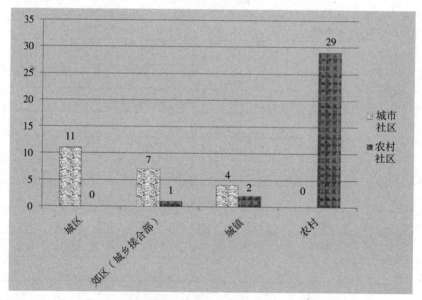

图 3—2　城市社区和农村社区样本所在地类型分布情况　（单位：个）

---

① 参见蔡宏进：《社区原理》，台北三民书局 1985 年版，第 134 页。

如图 3—2 所示，此次调查中涉及的城市社区所在地主要处于城区，为 11 个；7 个位于城乡接合部的郊区；4 个位于城镇。农村社区样本有 1 个社区地处城乡接合部的郊区；2 个社区位于城镇；29 个社区地处农村。近年来，随着都市化发展，城市社区建设日益加快，社区人口激增，让城市不断向周边扩展，城乡接合部的郊区因交通方便、地理条件便捷、租金少等优势成为城市社区青睐的地域。而随着人口流动，新农村建设等政策的实施，农村社区开始向城市中心搬迁，不断向城市"靠拢"，城市也不断向农村"扩张"。

三　社区人口

人是社区的核心，只有具有一定规模的人口数量，才能基本构成社区。传统社区中，人们在社会活动和日常事务中，凭借血缘和地缘关系、一定数量的人口、团体组织在特定区域内共同生活，形成自我管理的体系，并形成固定的生活圈。社区的人口数量、人口流动、人口密度、人口年龄组合、性别组合等都会对社区结构和社区发展产生重要影响。2014 年《中国西部家户生计与社会变迁调查》，我们针对村/居委会（社区）的人口户数、户籍人口、常住人口、外来流动人口、外出务工六月以上人口进行测量。

（一）人口规模

2010 年，由西安交通大学实证社会科学研究所发起和组织了《中国西部社会变迁调查》（China Survey of Social Change）（以下简称"西部调查"），该调查是由甘肃、宁夏、陕西等西部 12 个省、直辖市、自治区的高校共同参与合作完成的。该调查数据，涉及处于中国西部的甘肃的基本面貌，及其社会结构和当地人民生活的基本状态，并将甘肃与西部其他省份进行了比较。本节中，我们将 2014 年《中国西部家户生计与社会变迁调查》社区样本的调查结果，与 2010 年《中国西部社会变迁调查》的社区人口数据进行比对，比较甘肃城市社区和农村社区的发展变迁，如表 3—3 所示。

人口数量。2010 年，甘肃城市社区样本平均户数为 1578.48 户，平均人口数为 4638.957 人，户均人口数为 2.94 人；农村社区样本平均户数为 379.97 户，平均人口数为 1791.375 人，户均人口数为 4.71 人[①]。2014
年，调查涉及甘肃城市社区平均户数增至 2227.4 户，平均人口数增至
8079.1 人，户均人口数为 3.6 人；农村社区样本平均户数增为 466.7 户，
平均人口数为 2101.3 人，户均人口数降至 4.5 人。调查发现，城市社区
和农村社区人口数呈现持续增长，城市社区人口增长的速度明显要快于农
村社区人口的增长速度。2010—2014 年，城市人口增长近 2 倍，相对而
言，农村社区人口增长缓慢。

户均人口。数据显示，农村户均人口数呈递减趋势，由 2010 年 4.71
人/户降至 2014 年 4.5 人/户，这也印证了农村社区人口增长的速度放缓。
该数据显示了中国现代家庭规模的演变历程，随着经济的发展和人们观念
的改变，家庭规模由以前居住在院落 10 多人以上的大家族生活方式，逐
渐缩减为由 2—4 人组成的核心家庭。农村社区由于经济条件限制，传统
的居住方式、家庭支持系统和大家族的生活方式至今也还有所保留，但户
均人口数已较之前有所缩减。城市社区人口的户均数则由 2010 年 2.94
人/户增至 2014 年 3.6 人/户，呈增长之趋势，这与城市社区人口数量激
增有关，但相比较农村社区，城市社区家庭户仍呈现小型化发展趋势，城
市社区家庭支持系统相对弱化。

人口密度。我们常用每平方公里土地上的人口数作为衡量人口密度的
标准，每单位土地面积上人口数越多，表示人口密度越高，反之则表示越
低。由于 2010 年数据报告中没有呈现人口密度，因此在本报告中我们仅
比较 2014 年甘肃城乡社区样本的人口密度。如表 3—3 所示，2014 年城
市社区人口密度为 1224.1 人/平方公里，农村社区人口密度为 15.9 人/平
方公里，城市社区人口密度几乎是农村社区人口密度的 77 倍。这很大程
度上受甘肃地域结构影响，甘肃农村地域辽阔，居民居住分散，而随着现
代生活方式改变，大量农村人口涌入城市，城市社区受制于地域扩张的限
制，在地少人多的境况下，社区人口数量逐渐扩大，人口密度也随着增
加。城市人口密度过高，导致城市出现交通拥堵、资源紧张、环境污染等
诸多问题。

---

① 边燕杰等：《中国西部报告》，中国社会科学出版社 2013 年版，第 74—77 页。

表3—3　　2010年和2014年甘肃城市社区、农村社区概况比较

	城市社区		农村社区	
	2010 年	2014 年	2010 年	2014 年
平均户数（户）	1578.48	2227.4	379.97	466.7
平均人口数（人）	4638.957	8079.1	1791.375	2101.3
户均人口数（人）	2.94	3.6	4.71	4.5
平均行政面积（平方公里）	—	6.6	—	131.9
人口密度（人/平方公里）	—	1224.1	—	15.9

（二）人口流动

人口流动是影响社区发展变迁的重要因素之一。所谓社区间的人口流动，是指"人口由一个社区移入另一个社区的现象，其中前一个社区叫作人口流动的移出社区，后一个社区叫作移入社区"①。社区人口成长可分为正负两大方向，正向的成长表示人口数量增加，负面的成长表示人口数量减少。② 出生、死亡、移动是影响人口增加或减少的重要因素。社区的"移入人口"多于"移出人口"，即该社区有"净移入现象"，有助于人口朝正向成长。如果社区"移入人口"少于"移出人口"，即该社区有"净移出现象"，即人口出现负向成长，有减少的趋势。在本调查中，我们设置了户籍人口、常住人口、外来流动人口、外出务工6个月以上人口等指标，考察甘肃城乡社区人口流动。

户籍制度是"我国城乡社会管理的基础性制度和载体性制度"③，也是中国特有的一项人口管理制度。户籍人口，是"强调以户口所在地为基准，即是户口在本地的人口，具体是指在某地公安机关进行常住户籍登记的人口，该类人口不管其是否外出，也不管外出时间长短，只要在某地注册有常住户口，则为该地区的户籍人口。"④ 常住人口，"强调以常住地为基准，常住在本地的人口，具体是指实际经常居住在某地区一定时间

---

① 陆小伟：《文化变迁的发生与社区间的人口流动》，《社会学研究》1987年第2期。
② 蔡宏进：《社区原理》，台北三民书局1985年版，第100页。
③ 李涛、任远：《城市户籍制度改革与流动人口社会融合》，《南方人口》2011年第3期。
④ 李亚婷等：《中国县域人均粮食占有量的时空格局——基于户籍人口和常住人口的对比分析》，《地理学报》2014年第12期。

（指半年以上）的人口"①。流动人口是指，因为工作、学习、生活等需要，离开户籍所在地而选择异地在他乡居住的人们。

如表3—4，2014年调查涉及城市社区平均户籍人口为5609.4人，平均常住人口为5428.9人，平均外来流动人口为778.2人，平均外出务工6个月以上人口为138.9人。农村社区平均户籍人口为1960.7人，平均常住人口为1657人，平均外来流动人口为94.6人，平均外出务工6个月以上人口为393.6人。数据显示，城市社区平均户籍人口、平均常住人口远超过农村社区，城市社区平均"流入人口"为778.2人，平均"流出人口"为138.9人，流入人口大于流出人口，社区人口呈"净移入现象"，有助于人口朝正向发展，城市人口也将呈现增长趋势。反之，调查涉及农村社区"流入人口"为94.6人，"流出人口"则达到393.6人，流入人口低于流出人口，社区人口呈现"净移出现象"，人口朝负向发展，农村社区人口的增长速度降低。城乡人口的流动对于社区的发展有着重要影响，甘肃城乡社区人口流动的不平衡，与"农村社区的消亡"、"城市新移民"等社会问题存在必然的联系。

农村社区的消亡。2015年"两会"召开期间，中国自然村落的消失成为了媒体关注的焦点。资料统计显示，2000—2010年，中国自然村由363万个锐减至271万个，90多万个自然村消失。② 农村社区人口的增长放慢，一个与国家的计划生育政策、社会观念转变等息息相关；另一个不可否认的事实便是由于人口的大量外流产生的。随着城市化的发展，农村社区居民抛弃了传统劳作方式，选择外出进城务工，甚至迁徙在城市定居，导致中国现今不少村落出现只剩下老人、妇女、小孩留守的"空心村"③。人口结构的改变，导致农村社区结构的改变，农村社区发展变迁的动力也随之减弱，呈现日益衰败的现象，最终导致村落消亡的事实。

城市新移民。随着我国经济水平的提升，城市化进程的加快，一个"迁徙的群体"正日益涌向城市，在城市定居并成为城市常住居民，"进城农民工"正是最为典型的群体，常被称之为"新移民"；他们在

---

① 李亚婷等：《中国县域人均粮食占有量的时空格局——基于户籍人口和常住人口的对比分析》，《地理学报》2014年第12期。

② 中国新闻网，http://www.chinanews.com/cul/2015/03—10/7117801.shtml。

③ 张茜、张俊：《农村"空心化"现象的经济学解释》，《生产力研究》2008年第8期。

寻求机遇和梦想的同时，也面临众多的挑战。现今，新移民不仅面临着地理空间转移，还需要应对来自社会空间、文化背景、生活环境的改变，更需要应对文化认同和地方归属的挑战。① 城市新移民逐渐演变成为不同特征的群体，主要表现为劳力型、智力型和投资型三种，他们在个人特征、社会经济、制度、住房等方面呈现的状态也不一样。② 因此，在城乡发展的同时，政府还应该更加关注这些在城市中求得生存的"新生代移民"。

表3—4　　　　　　　分城市、农村样本社区人口情况　　　　（单位：人）

	平均户籍人口	平均常住人口	平均外来流动人口	平均外出务工6月以上人口
城市社区	5609.4	5428.9	778.2	138.9
农村社区	1960.7	1657.0	94.6	393.6

四　社区文化

(一) 文化与民族

除了有一定的生活、生产设施外，社区内还必须有一套制度和规范，以保证社区居民的物质需求和精神需求能够在社区内得到满足；文化和社区的不可分割性，决定了社区文化研究是社区研究中的重要内容。③

李亚娟等认为，"在中国，民族社区主要指西北和西南少数民族聚集地内，以少数民族成员为主体，以民族社会成员的共同地缘和紧密的日常生活联系为基础的民族区域性社会，是一个兼具社会性和民族性的社会共同体，表现为小型民族社区（即一个村寨）或大型民族社区（多个村寨形成的地域综合体）"。④ 对于民族社区地域属性的强调，意味着它不仅仅是一个地域概念，事实上民族社区更多的是一个文化概念，不同特质的

---

① 赵向光、李志刚：《中国大城市新移民的地方认同与融入》，《城市规划》2013 年第 12 期。

② 同上。

③ 岳天明、高永久：《民族社区文化冲突及其积极意义》，《西北民族研究》2008 年第 3 期。

④ 李亚娟、陈田等：《国内外民族社区研究综述》，《地理科学进展》2013 年第 10 期。

社区文化成为其与邻区不同的文化标记，并以此将该社区和其他社区区分开来①。

岳天明认为民族社区文化，是"在特定的民族社区内长期形成的、在某种意义上可以表征该社区成员特有的行为特征和倾向性的相对稳定的社区文化，它是一定民族社区内的一种具有高度认同和共同、一致的社区文化，是有别于其他文化的独特的行为系统，它有着明显的居住形式、特殊的语言、特定的经济体系和社会组织及某种信仰和价值观念，强有力地约束着民族社区居民的思维和行为方式"。② 甘肃是一个多民族聚居的省份，本次调查涉及回族、藏族、东乡族少数民族聚集区，由此将在社区文化一节中陈述甘肃少数民族社区的相关情况。

甘肃现有 55 个少数民族，少数民族人口 241.05 万人，占全省总人口的 9.43%；人口较多、世居甘肃的少数民族有 10 个，分别是：回族、藏族、东乡族、保安族、裕固族、蒙古族、撒拉族、哈萨克族、土族、满族，其中东乡族、保安、裕固族是甘肃省的独有民族。甘肃省民族地区包括 2 个自治州（甘南藏族自治州和临夏回族自治州）、7 个自治县（张家川回族自治县、天祝藏族自治县、肃北蒙古族自治县、肃南裕固族自治县、阿克塞哈萨克族自治县、东乡族自治县和积石山保安族东乡族撒拉族自治县），总人口 333.1 万人，占全省总人口 13.02%，其中少数民族人口 199.3 万人，面积 18 万平方公里，占全省总面积的 39.8%。③ 另外，甘肃还有 35 个民族乡（镇），其中回族乡 16 个、东乡族乡 8 个、藏族乡 7 个、裕固族乡 1 个、蒙古族乡 2 个、土族乡 1 个，总人口 31.1 万人，其中少数民族人口 20.6 万人。④

从分布情况来看，回族主要聚居在临夏回族自治州和张家川回族自治县，散居在兰州、平凉、定西等地市；藏族主要聚居在甘南藏族自治州和河西走廊祁连山的东、中段地区；东乡、保安、撒拉族主要分布在临夏回族自治州境内；裕固、蒙古、哈萨克族主要分布在河西走廊祁连山的中、

---

① 岳天明、高永久：《民族社区文化冲突及其积极意义》，《西北民族研究》2008 年第 3 期。

② 同上。

③ 甘肃省民族事务委员会官方网站，http://www.gsmw.gov.cn/htm/list/31_1.htm。

④ 同上。

西段地区；全省 86 个县、市、区中，除少数民族聚居的 21 个县、市外，其余 65 个县、市、区中均有散居的少数民族。①

在本次调查中，我们针对甘肃社区中的少数民族聚集区设计了此问题，"您村/居委会（社区）是否是少数民族聚集区"、"少数民族聚集区中人数最多的少数民族"。

如表 3—5 所示，此次调查涉及的城乡社区共 55 个，15 个社区属于少数民族聚集区，有效百分比 27.8%，39 个社区属于非少数民族聚集区，有效百分比达 72.2%。其中，12 个少数民族聚集区属于农村社区，3 个少数民族聚集区属于城市社区。农村少数民族社区有着显著的传统聚居的形态，城市的少数民族社区则容易形成大杂居、小聚居的形态；居住相对封闭，人口流动缓慢，传统聚居形态的农村少数民族社区的传统文化留存和沿袭相对完善。在城市社区，随着民族之间人口流动的普遍化和规模化，民族隔绝状态不断被打破，族体和民族文化特征的完整性保持已十分困难。②

表 3—5　　　　　　　　　少数民族社区　　　　　　（单位：个;%）

	是	否	合计
城市社区	3	19	22
农村社区	12	20	32
合计	15	39	55
百分比	27.8	72.2	100

从少数民族人口数量上来考察，目前，甘肃少数民族社区中少数民族人数较多的民族主要有回族、藏族、东乡族，如表 3—6 所示，15 个少数民族聚集区里，人数最多为藏族的少数民族聚集区有 5 个，人数最多为东乡族的聚集区有 1 个，人数最多的少数民族为回族的聚集区有 7 个。回族和藏族是居住在甘肃人口较多的民族，东乡族则是甘肃独有的民族，本节还将具体介绍这 3 个民族在甘肃的分布情况和独有的民族文化特征。

① 甘肃省民族事务委员会官方网站，http://www.gsmw.gov.cn/htm/list/31_1.htm。
② 王希恩：《关于民族融合的再思考》，《西北师大学报》（社会科学版）2010 年第 1 期。

表 3—6　　　　　　　少数民族社区里人数最多的少数民族　　　（单位：个）

	藏族	东乡族	回族	合计
城市社区	1	0	1	2
农村社区	4	1	6	11
合计	5	1	7	13

　　回族聚集区样本占比 12.7%。回族是我国人口较多的一个少数民族，总人口 981.68 万人（2000 年，不包括中国台湾地区），全国的 31 个省、自治区、直辖市均有分布；在甘肃，回族主要聚居在临夏回族自治州和张家川回族自治县，散居在兰州、平凉、定西等地市；回族分布的特点，有学者将其描述为不规则的"丁"字形，有学者则以"衣"字形来描述。从总体上看，主要表现为"大分散，小聚居"的格局。当代回族通用汉语，不同地区持不同方言，在日常交往及宗教活动中，回族保留了大量的阿拉伯语和波斯语词汇；回族三大节日为开斋节（大尔迪）、宰牲节（小尔迪）、圣纪节，所有节日都与其他穆斯林保持高度一致有着密切的联系。[①]

　　藏族聚集区样本占比 9.1%。我国藏族总人口 541.6 万（2000 年），主要分布在我国西藏自治区和青海、甘肃、四川、云南等省区；藏语对居住在不同地区的人有不同的称谓，居住在西藏阿里地区的人自称为"兑巴"，后藏地区的人自称为"藏巴"，前藏地区的人自称为"卫巴"；居住在西藏东境和四川西部的人自称为"康巴"；居住在西藏北境和四川西北部、甘肃南部、青海地区的人自称为"安多娃"，统称为"博巴"；藏族地区草原辽阔、水草肥美，生产以牧业、农业为主；甘肃甘南藏族自治州有香浪节、晒佛节、采花节、花儿会等几十种民俗节庆活动，被誉为"中国的小西藏，甘肃的后花园"。[②]

　　东乡族聚集区样本占比 1.8%，是甘肃省独有的少数民族之一。东乡族因居住在河州（今临夏）的东乡而得名，东乡族在生活习俗和宗教信仰方面，与西北的回族十分相似，历史文献上也常把它归诸于"回

---

① 甘肃省民族事务委员会官方网站，http：//www.gsmw.gov.cn/htm/20144/33_ 348.htm。
② 同上。

回"民族之内。我国有东乡族51.4万人（2000年），主要聚居在甘肃省临夏回族自治州境内洮河以西、大夏河以东和黄河以南的山麓地带；临夏回族自治州居住着43.8万东乡族，其中以东乡族自治县最为集中，有21.5万人，其余分别聚居在和政县、临夏县和积石山保安族东乡族撒拉族自治县；甘肃兰州市、定西地区和甘南藏族自治州等地，散居着一小部分东乡族；东乡族信仰伊斯兰教，东乡族有民族语言，无民族文字。①

少数民族聚集区独有的民族传统，让民族社区文化得以代代相传并不断延续。同时，少数民族聚居区分布于不同地域和区域中，它们的自然环境、社会文化背景、经济地理条件、社会价值取向、宗教信仰都存在差异，其现代化发展道路与模式必然有所不同。因此，"在少数民族社区社会经济发展规划上，应该要尊重其独特民族性，各取所长，因地制宜，才能有利于西北少数民族现代化推进"②。

（二）文化与姓氏

中国传统宗祠观念、大家族的观念深入人心，姓氏不仅是家族、部落、社区繁衍生息的标志，也是体现传统社区文化发展的特征之一。"中国人的宗族观念根深蒂固，寻根问祖、祭祀祖先、繁衍香火满足了人们内心深处的文化归属感；而姓氏是人类文化进程中标志人群血缘系统的遗传性符号，姓氏文化代表了中华民族大家庭的各条血缘关系的脉络，它在解读中国古代社会结构、标记中国历史上人口迁移、反映时代文化特征、增强中华民族凝聚力等方面具有重要价值。"③ 因此，我们针对姓氏设计了如下问题："您村有几个大姓"、"最大的姓氏人口占总人口的比例"。

如表3—7所示，农村社区样本大姓的平均个数为3.6个，具体有哪些姓氏，调查报告中没有显示，这些最大姓人口占每个农村社区样本平均人口的比例为1.3%。随着经济社会发展、交流互动的频繁，农村传统社

---

① 甘肃省民族事务委员会官方网站，http://www.gsmw.gov.cn/htm/20144/33_346.htm。

② 刘天明：《西北回族社区现代化模式的独特性与多样化》，《宁夏社会科学》2000年第3期。

③ 肖锐：《论中国姓氏文化研究意义》，《中南民族大学学报》（人文社会科学版）2015年第4期。

区中的大家族逐渐削弱，这也显示出社区人口不断流动和变迁发展。

表 3—7　　　　　　　　农村社区样本中大姓状况　　　　（单位：个；%）

大姓平均个数	最大姓氏人口占总人口比例
3.6	1.3

第二节　社区基本设施

社区生活是一种共有的、共享的、共治的生活。结构功能学派认为，社区中必须要有各种不同的功能，所以社区中必须要有拥有这些功能的社会组织、结构或者体系；通常一个社区要有政治、经济、教育、宗教等功能，故社区中也要配备有这些功能的结构、系统或部门的存在[①]。台湾学者徐震认为，社区拥有经济功能、政治功能、教育功能、卫生功能、社会功能、娱乐功能、宗教功能、福利功能，社区不仅是人类聚居之处，也是人类共生之所[②]。社区内基本公共服务设施的完备与否，是否能够满足社区居民的基本生活需求，都是衡量一个社区健康发展的重要影响因素。社区基本设施涉及教育、医疗、交通、理财、生活服务、文化娱乐等各方面，这些便利的公共服务和设施建设，让人类透过聚居、合作、共用的服务体系而得到各自所需。

2014 年《中国西部家户生计与社会变迁调查》中，我们用距离远近来测量社区基本服务设施，考察其便捷性能否满足居民所需。我们设计了以下问题："您村/居委会（社区）离最近的幼儿园、小学、初中、高中、医院、百货商场、邮局、银行、公共汽车站、长途汽车站、火车站有多远"。我们选择的测量单位为"里"，这符合中国居民的使用习惯，他们在出行中对于距离的描述一般通过"里"来计量路程的远近。见表 3—8 所示。

教育设施。社区学校已成为教育社区青少年的主要组织，它不仅有社会知识体系的灌输，还具有社会化的任务。随着人口增加，社区内置办教

---

①　蔡宏进：《社区原理》，台北三民书局 1985 年版，第 64 页。
②　徐震：《社区与社区发展》，台北正中书局 1994 年版，第 42—43 页。

育机构，已经成为社区居民急迫的需求。如表3—8所示，按平均距离算，城市社区离最近的幼儿园为2.6里，农村社区为17.3里；城市社区离最近的小学为2.4里，农村社区则为4.6里；城市社区离最近的初中为5.0里，农村社区为19.3里；城市社区离最近的高中为17.5里，农村社区则为42.5里。数据的比对，凸显了甘肃城乡社区教育设施的不平衡，农村社区的教育设施明显距离遥远，城市社区的教育设施更为便捷。其中，农村社区只有小学的设置离该村委会办公地点较近，其他的距离为17.3里、19.3里、42.5里。这说明，当地居民对于小学教育资源的需求较为强烈，并可以就近满足需求。对于社区幼儿园，因农村社区观念不同，"不让孩子输在起跑线上"，这对于农村社区居民而言是陌生的，幼儿园的需求没有城市社区那么强烈，农村幼儿园也因此设置少而远。另外，对于社区离最近的初中和高中的测量，农村社区明显远远超过城市社区距离学校的路程，这主要是因为农村教育机构和设施较为落后，除了能够勉强支撑小学教育外，没有能力在社区承办初中、高中甚至更高学历的学校，能够承办初中、高中的学校只能集中在农村某个中心区域，或者前往城镇中心就读，因此该学校距离农村社区较为偏远，农村社区的初中、高中也多为寄宿制学校。城市社区的初中、高中一般都设置在城市中心，离居住地址相对较近，交通便捷。

医疗设施。便捷的医疗条件已成为居民选择居住地址的重要标准。数据显示，城市社区离最近的医院（卫生院）的距离为3.9里，农村社区则为13.6里。城市社区就医条件方便，较为成熟的城市社区内便设有社区医院，为社区成员提供预防、医疗、保健、健康教育、康复和计划生育指导等公共卫生和基本医疗服务，目标为"小病到社区，大病到医院"①。相对而言，农村社区的医疗条件设施和医疗人员都极度缺乏，加之农村居民居住分散，交通不便，就医环境恶劣。

生活服务设施。数据显示，农村社区离百货商场、邮局、银行等生活服务设施的平均距离远远超过城市社区，城市社区距离最近的百货商场平均为2.8里，农村社区为27.8里；城市社区距离最近的邮局平均为3.5里，农村社区为27.1里；城市社区距离最近的银行平均为2.8里，农村

---

① 王丽君：《我国社区医院的现状与思考》，《医学信息》2010年第1期。

社区为 12.1 里。一个城市社区的建立，随着人口的增多和需求的不同，会逐渐带动社区周边的商业活动，百货商场、餐饮、经营等服务行业随之成立，形成固定的城市生活圈，进而不断满足社区居民的生活服务需求。农村社区居民居住分散，人口密度低，建设成本高，居民消费能力水平低，生活服务设施的建设显得"心有余而力不足"，邮政、电信、商场等服务设施在农村分布仍旧不足，资源匮乏。

交通设施。在交通出行方面，我们选择了居民常用的出行交通工具：公共汽车、长途汽车、火车。数据显示，按平均距离算，城市社区距离最近的公共汽车站为 25.3 里，农村社区为 35.9 里；城市社区离最近的长途汽车站距离 16.1 里，农村社区为 60.1 里；城市社区距离最近的火车站为 72.2 里，农村社区为 194.4。甘肃农村交通服务设施建设落后，出行十分不便，往往需要"进城"才能享受到这些公共服务设施，满足出行需求。

从表 3—8 该组数据可知，甘肃农村社区在教育、医疗、生活服务、交通出行等公共服务设施资源方面极度匮乏，究其原因，一方面是甘肃农村地域行政面积大、居民居住分散、人口密度稀疏、公共服务设施建设成本较高、服务需求不够强烈等原因所致；另一方面，也由于甘肃多为山地的复杂地形条件，交通服务设施建设的难度较大，本次调研中涉及的部分市/县/区至今还未建有铁路，居民出行不便。

表 3—8　　　　　　离以下设施和机构的平均距离　　　　　（单位：里）

	城市社区	农村社区
最近的幼儿园	2.6	17.3
最近的小学	2.4	4.6
最近的初中	5.0	19.3
最近的高中	17.5	42.5
最近的医院（卫生院）	3.9	13.6
最近的百货商场	2.8	27.8
最近的邮局	3.5	27.1
最近的银行	2.8	12.1
最近的公共汽车站	25.3	35.9
最近的长途汽车站	16.1	60.1
最近的火车站	72.2	194.4

第三节　社区教育

20 世纪初，美国杜威（Deway）提出"社区教育"（Community Education）的概念，他认为"学校是社会的基础"①。厉以贤认为，社区教育即是一种社区性的教育活动和过程，以期提高社区成员的生活质量和个人素质，并促进社区的发展。②

中国西部农村教育一直都是社会各界关注的焦点，西部农村学前教育入园率不足、学校硬件设施缺乏、师资力量薄弱、人才队伍不稳定等因素影响着该地教育的发展。2011 年在甘肃发生的"正宁幼儿园校车事故"，共造成 21 人死亡（其中 19 人是儿童），43 人受伤（其中 18 人重伤，26 人轻伤，全部是儿童），再一次让贫瘠的西部教育引发了全社会的关注和思考。2014 年《中国西部家户生计与社会变迁调查》项目中，我们也特别提及了西部学前教育中的"校车配备情况"，关注甘肃农村学前教育的发展状况。本节分学前教育、小学教育、农村师资、学校建设四个方面来阐述西部甘肃农村教育的现状。

一　学前教育

强国必先强教，强教必重基础。我国基础教育包括幼儿教育、小学教育、普通中等教育。1981 年，联合国教科文组织将学前教育定义为："能够激起出生直至小学的儿童（小学入学年龄因国家不同而有 5—7 岁之间的不同）的学习愿望，给他们学习体验，并有助于他们整体发展的活动总和。"③

学前教育对于幼儿的社会性、人格品质、认知的发展都有着奠基性的作用。④ 2010 年，中国正式发布实施《国家中长期教育改革和发展规划纲要（2010—2020 年）》，要求"积极发展学前教育，到 2020

---

① 朱伟文：《协同治理：完善社区教育治理的新方法》，《成人教育》2014 年第 9 期。
② 厉以贤：《社区教育的理念》，《教育研究》1999 年第 3 期。
③ 于洁：《西部农村学前教育现状与远程培训的思考——以甘肃某县的调查研究为例》，《中国远程教育》2015 年第 4 期。
④ 秦春杰：《论学前教育的重要性和个性发展》，《科技咨询》2012 年第 11 期。

年，普及学前一年教育，基本普及学前两年教育，有条件的地区普及学前三年教育。"① 国务院副总理刘延东曾在 2010 年全国学前教育工作电视电话会议上指出："发展学前教育事关亿万儿童的健康成长，是促进人终身发展的奠基工程，是建设人力资源强国的必然要求；今日之儿童，明日之栋梁；对学前教育的重视程度反映着一个国家的现代化程度，是衡量社会发展水平的重要标志。"② 如表 3—9 所示，本次调查涉及的甘肃农村社区幼儿园现状如下。

幼儿园设置缺乏。如表可知，农村社区样本中设有幼儿园的社区有 14 个，有效百分比为 46.7%，没有幼儿园的社区达 16 个，有效百分比为 53.3%。社区幼儿园学生平均人数为 100.9 人，社区幼儿园中本村以外的学生人数为 25.3 人，占幼儿园总人数的 1/4。数据表明，农村社区样本中超过一半还没有设置幼儿园，想要接受学前教育的儿童只能前往外村就读。一方面，由于甘肃农村社区居住分散，村寨众多，建立幼儿园的投资成本过高；另一方面，农村地区人口密度稀少，入园的幼儿人数难以保证，幼儿园能否持久维持也是值得思考的问题。再者，农村幼儿园设置稀少，还与农村社区居民文化教育水平和思想观念有关。骆婧认为，幼儿园对于不少家长而言，主要表现在"忽视型"、"托儿所型"、"小学化型"三类观念，未能意识到学前教育的重要性③，这些思想观念阻碍了农村学前教育的进一步发展。

校车配置严重不足。设有幼儿园的 14 个农村社区中仅有 1 个社区有校车接送，有效百分比为 7.1%。没有校车接送的社区幼儿园 13 个，有效百分比达 92.9%。2011 年在甘肃发生的"正宁幼儿园校车事故"，再次暴露了中国西部农村幼儿园校车极度缺乏的事实。该事件发生后，甘肃政府推出了多项措施，保证和监督农村幼儿园校车的供给。2012 年 4 月，国务院发布实施《校车安全管理条例》，从总则、学校和校车服务提供者、校车使用许可、校车驾驶人、校车通行安全、校车乘车安全、法律责

---

① 中国网，http：//www.china.com.cn/policy/txt/2010—03/01/content_ 19492625_ 4.htm。

② 中华人民共和国教育部门户网站，http：//www.moe.edu.cn/publicfiles/business/html-files/moe/moe_ 176/201012/112095.html。

③ 骆婧：《西部地区农村学前教育的发展困境与对策》，《人民论坛》2012 年第 20 期。

任、附则等方面来加强校车安全管理。① 可是，2014 年调查显示，农村社区幼儿园校车的配置情况仍旧不足，该问题应尽早得到社会和相关部门的关注。

表 3—9　　　　　　　　　农村社区样本的幼儿园状况

	是否有幼儿园		是否有校车接送		幼儿园学生平均人数	幼儿园中本村以外学生平均人数
	数量(个)	百分比(%)	数量(个)	百分比(%)	（人）	（人）
有	14	46.7	1	7.1		
无	16	53.3	13	92.9	100.9	25.3
合计	30	100	14	100		

二　小学教育

中国的中小学分小学、初级中学和高级中学三个阶段，共 12 年。小学有 5 年制和 6 年制两种，初中多数为 3 年制，普通高中学制 3 年。小学和初中一共 9 年，属义务教育阶段。1986 年《中华人民共和国义务教育法》颁布以来，各级政府依法实施九年义务教育。1987 年，原国家教委和财政部颁发了《关于农村基础教育管理体制改革的若干问题的意见》。1995—2000 年，教育部、财政部实施了"国家贫困地区义务教育工程"，其中中央拨专款 39 亿元，加上地方政府配套资金共 100 亿元，用于改善贫困地区义务教育办学条件。②

2010 年，中国正式发布实施《国家中长期教育改革和发展规划纲要（2010—2020 年）》，要求巩固提高九年义务教育水平，到 2020 年，全面提高普及水平，全面提高教育质量，基本实现区域内均衡发展，确保适龄儿童少年接受良好义务教育；同时，推进义务教育均衡发展，建立城乡一体化义务教育发展机制，在财政拨款、学校建设、教师配置等方面向农村倾斜；率先在县（区）域内实现城乡均衡发展，随后逐步在更大范围内

---

① 中国政府网，http://www.gov.cn/flfg/2012—04/10/content_ 2109899. htm。

② 中华人民共和国教育部门户网站，http://old. moe. gov. cn/publicfiles/business/htmlfiles/moe/moe_ 163/200408/2907. html。

推进；努力缩小区域差距；加大对革命老区、民族地区、边疆地区、贫困地区义务教育的转移支付力度；鼓励发达地区支援欠发达地区。①

本次调查中，我们从小学的建设、学校年级的设置、学校学生人数的分布等来分析农村社区小学教育的现状。如表3—10所示，农村社区样本小学生平均人数为136.0人；其中，本村以外的学生平均人数为46.7人；本村在外地借读的学生平均人数为44.3人。

表3—10　　　　　　　农村社区小学的在校学生人数情况　　　　（单位：人）

	人数
小学生平均人数	136.0
小学中本村以外的学生平均人数	46.7
本村在外地借读学生平均人数	44.3

表3—11所示，农村社区样本中小学年级的设置，70.4%的学校设有1—6年级；3.7%的小学设有1—2年级；14.8%的小学设有1—3年级；7.4%的小学设有1—4年级；3.7%的小学设有1—5年级。

表3—11　　　　　　农村社区样本小学的年级设置情况　　　　（单位:%）

年级设置	频率	有效百分比
1 年级	—	—
1—2 年级	1	3.7
1—3 年级	4	14.8
1—4 年级	2	7.4
1—5 年级	1	3.7
1—6 年级	19	70.4
合计	27	100

如图3—3所示，数据显示，农村社区样本中设有小学的社区有27个，百分比为84.4%；没有小学的社区4个，百分比为12.5%。

调查发现，相对而言此次调查涉及的甘肃农村小学的设置分布情况比

---

① 中国网，http://www.china.com.cn/policy/txt/2010—03/01/content_19492625_4.htm。

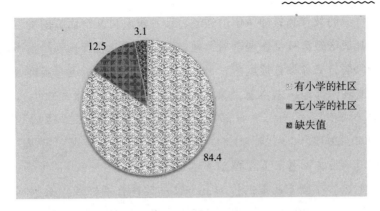

3.1
12.5
84.4

有小学的社区
无小学的社区
缺失值

图 3—3　农村社区样本小学建设情况　　（单位：%）

幼儿园要完备，84.4%的村落设有小学，70.4%设有完备的6年制小学，九年义务教育的理念在农村逐渐被接受，农村社区孩童接受教育的机会也逐渐增多，但同时还有29.6%的农村社区样本小学年级的设置仍旧不够完备。另外，甘肃农村居住分散，小学存在"在外村借读"的情况，甚至不少农村学生从小学就开始了寄宿制的求学生涯。

三　农村师资

韩愈《师说》："古之学者必有师。师者，所以传道授业解惑也。"在求学生涯中，教师成为引领学生求索的重要启蒙人物，也是让教育事业得以延续的重要力量。"改革开放30多年来，中央政府大力支持农村教育事业发展，出台一系列加强农村教育的文件，改变了农村教育的落后面貌，但在城镇化快速发展的进程中，一些农村地区的教育事业被忽视，发展速度落后于时代进步。"[1] 教师作为农村教育的实施者，却不得不面临着现实的双重挑战："既要接受教育课程改革的压力，又要面对工资收入偏低、任务繁重、缺乏专业培训、政府对教师基本权利的保障不足的现实困难。"[2] 现实的考验，让优秀的教育专业人才对于前往农村施展才能犹豫不决，也让很多优秀的农村教师不愿意留下来，致使农村教育事业无法

①　本报评论员：《推进乡村教育发展的关键举措》，《光明日报》2015年6月9日第1版。

②　孙德芳、林正范：《农村教师的生存发展现状及政策建议》，《教师教育研究》2014年第6期。

延续。贫瘠的教育和教师队伍的缺乏，让甘肃农村教育面临困境。

西部地区经济社会发展落后，地方财政困难，教育投入严重不足，教育基础薄弱，义务教育远远落后于全国平均水平。为了进一步推进西部大开发，实现西部地区基本普及九年义务教育、基本扫除青壮年文盲（以下简称"两基"）目标，教育部制订了《国家西部地区"两基"攻坚计划（2004—2007 年）》，要求 2000 年在全国范围内实现"两基"目标，到 2002 年底，"两基"人口覆盖率达到 91%。①

师生比。在国家政策的推动下，农村教育有了好转。秦玉友、赵忠平根据对 2001—2012 年《中国教育统计年鉴》数据分析和对全国 10 省 20 市（县）的深入走访和调查，数据发现，"近年来农村地区的师生比总体呈上升趋势，农村（乡村）小学和初中学校的师生比从 2001 年的 1∶22.7 和 1∶20.1，分别上升到 2012 年的 1∶16.9 和 1∶12.5"。② 2014 年本次调查数据显示，农村社区样本小学任课教师平均人数为 16 人，农村社区样本小学学生平均人数为 136 人，农村学校教师和学生的配比为 1∶8.5。数据表明，此次调查涉及的甘肃农村小学的师生比提高了，但从学校师生总体人数而言，农村社区学校教师的数量，仍旧匮乏。

教师稳定性。如表 3—12 所示，从教师来源类别看，农村社区样本中，就在本村的小学教师为 3.3 人，来自本乡/镇、但不在本村的教师为

表 3—12　　　　　　农村社区小学的教师来源状况　　　　（单位：人）

	平均人数
小学任课教师	16.0
来自本村的教师	3.3
来自本乡/镇但不在本村的教师	5.4
来自本乡/镇以外的教师	5.5

5.4 人，来自本乡/镇以外的教师为 5.5 人。农村小学教师来源以本乡/镇

---

① 中华人民共和国教育部网站，http：//www.moe.edu.cn/publicfiles/business/htmlfiles/moe/moe_ 5/200501/5429.html。

② 秦玉友、赵忠平：《农村教育发展状况调查（上）》，《中国教育报》2014 年 1 月 13 日第 3 版。

的教师为主，本乡/镇外的教师人数相对偏低。农村教育基础薄弱，"人才引进困难"也是现今甘肃农村教育的最大硬伤。

教师文化程度。如图3—4所示，农村社区样本中小学学历教师平均人数为0人，初中学历教师为0.8人，高中/中专学历为3.8人，大专学历为9.4人，本科及以上学历为4人。农村教师学历普遍集中在大专学历，相对城市社区而言，农村社区教师队伍文化程度偏低，职业技能和职业素养还有待进一步提升。

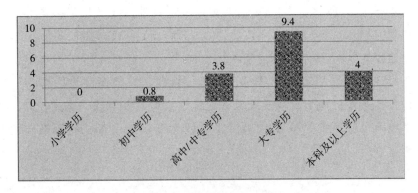

图3—4　农村社区小学教师的学历情况　（单位：人）

2015年6月，教育部全面实施《乡村教师支持计划（2015—2020）》政策，确保各项支持政策落地生根，力争使乡村学校优质教师来源得到多渠道扩充，乡村教师资源配置得到改善，教育教学能力水平稳步提升，各方面合理待遇依法得到较好保障，职业吸引力明显增强，让乡村教师"下得去、留得住、教得好"，让每个乡村学子都能享有获得知识、接受教育的机会。[①] 该政策的实施，希望能让甘肃农村教育水平得到提高，让更多优秀人才在甘肃播撒教育的种子。

四　学校建设

学校建设是学校教育的基石。"1949年以前，中国的基础教育十分薄弱，教育发展最高年的1946年，全国只有幼儿园1300所，小学28.9

――――――――――

① 中华人民共和国教育部门户网站：http://old. moe. gov. cn/publicfiles/business/htmlfiles/ moe/moe_ 1485/201506/189234. html。

万所，中学 4266 所；1949 年中华人民共和国成立后，中央和地方各级政府非常重视发展基础教育，投入大量的人力和财力普及教育；特别是1978 年改革开放以来，中国的基础教育事业进入了一个新的发展时期。"①

在 2014 年《中国西部家户生计与社会变迁调查》项目中，我们从学校修建年份、目前教室的供给量、农村社区学校关停等来分析农村学校的现状，探讨农村社区教育的现实需求和未来出路。

如图 3—5 所示，本次调查涉及的甘肃农村修建学校最多的年代集中在 20 世纪 50 年代。30 年代，建校 2 所；50 年代，建校 8 所；60 年代，建校 3 所；70 年代，建校 4 所；80 年代，建校 4 所；90 年代，建校 2 所；2000 年以后，新建学校 2 所。新建学校的高潮集中在 50—80 年代，甘肃农村逐渐重视学校教育建设，大力兴办学校，迅速扭转了农村学校不足的现实。90 年代以后，学校建设逐渐放缓，间隔数年之后才新建一所。

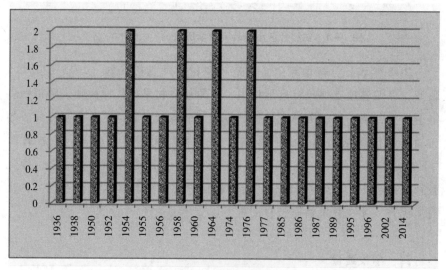

图 3—5　农村社区样本的学校修建年份情况　（单位：个）

---

① 中华人民共和国教育部门户网站，http：//old. moe. gov. cn/publicfiles/business/html-files/moe/moe_ 163/200408/2907. html。

对于农村社区学校硬件设施的建设与需求，此次调查设计了"在未来 5 年时间里，你觉得目前教室数量能否满足办学需求"的问题。如图 3—6,调查结果显示，37.5% 的人认为目前学校教室"远远足够了"；还有 18.8% 的人认为"还行，基本可以满足需求"；还有 18.8% 的人认为"有些紧张"、"非常紧张了"。

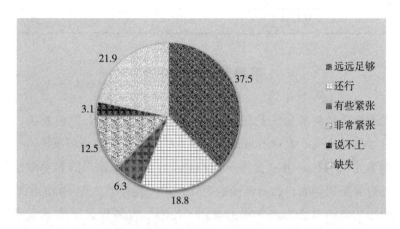

图 3—6 农村社区的学校教室需求情况 （单位:%）

表 3—13 所示，1994 年，由于学校基础设施过于落后，不再能满足办学条件，该农村社区关停了学校。1995 年，由于农村社区学生人数太少，也因此关停了一所学校。该组数据说明，在甘肃农村推行义务教育，不仅存在硬件设施的配备不足，还存在严重的思想观念落后的困境，这需要当地政府部门从"硬件"和"软件"入手，为农村教育投入更多的资源，进一步完善和跟进，让更多儿童接受教育。

2014 年"两会"期间，国务院总理李克强在十二届全国人大二次会议上作政府工作报告：要加强教育、卫生、文化等社会建设；促进教育事业优先发展、公平发展；继续加大教育资源向中西部和农村倾斜，促进义务教育均衡发展；加强农村特别是边远贫困地区教师队伍建设，扩大优质教育资源覆盖面。[①] 对于甘肃而言，这些也都是极为迫切需要解决的问题，应该引起当地政府和社会的关注和重视。

---

① 新华网，http://news. xinhuanet. com/politics/2014—03/14/c_ 119779247_ 5. htm。

表 3—13　　　　　　　　农村社区的学校关停情况　　　　　（单位：个；年）

	关停学校个数	关停年份
学生人数太少，没有必要	1	1995
师资力量太弱，无法维持学校正常运转	0	—
学校基础设施过于落后，不再能满足办学条件	1	1994
其　他	0	—

第四节　社区生计

随着经济社会的变迁发展，昔日"面朝黄土背朝天"的农民，生计方式已经悄然改变，农业不再是农户唯一的谋生手段和经济来源。生计方式呈现多元化特征，由过去单一的种植业，拓展为现今的养殖业、果蔬业、经商等形式。农户选择不同的生计方式，其对于自然环境的影响也是不同的，生计的概念，将农村的贫困、生态、发展等议题紧紧联系在一起。[①]

生计，即是一种谋生的手段和方式，该方式是建立在个体的能力、资产、活动基础之上的，包括自然资本、金融资本、物资资本、人力资本和社会资本 5 个部分。[②] 在本节中，我们主要从农村社区经济的角度出发，从自然资本、生计方式、社会保障三个方面具体展开。

一　自然资本

自然资本，"是以生存为目的，用于生产产品的自然资源，具体指能从中导出有利于生计的资源流和服务的自然资源的储存（如土地、水）和环境服务（如水循环）。"[③] 赵雪雁认为自然资本是有利于生计的自然资源存量和环境服务，耕地资源和草地资源对甘南高原农户生计活动影响深

---

① 李继刚、毛阳海：《可持续生计分析框架下西藏农牧区贫困人口生计状况分析》，《西北人口》2012 年第 1 期。

② 李斌、李小云、左停：《农村发展中的生计途径研究与实践》，《农业技术经济》2004 年第 4 期。

③ 同上。

远，农户拥有的人均耕地面积、人均草地面积反映其自然资本情况。[①]

本次调查中，我们设计了人均耕地面积、人均山地面积、人均林地面积、人均水面面积、人均牧场面积等指标，测量目前甘肃农村社区农户人均拥有的自然资本现状。

如表3—14所示，农村社区样本人均耕地面积1.7亩，人均山地面积为0.4亩，人均林地面积为0.1亩，人均水面面积为0.1亩，人均牧场面积12.2亩。甘肃农村社区样本中人均拥有较为丰富的自然资本为耕地和山地，而拥有一定牧场面积的农户则主要集中在甘肃省甘南藏族自治州夏河县。夏河县有着得天独厚的资源优势，是"甘肃省牛羊产业大县、甘南州主要牧业县之一，拥有草场面积800万亩，绿色畜牧产业开发生产潜力巨大"[②]。同时，本次调查涉及夏河县的3个农村社区人均牧场面积分别为46.5亩/人、56.4亩/人、225亩/人；而非牧区的其他农村社区样本，或者没有牧场，或者拥有人均牧场面积不足1亩/人。地域分布不同，甘肃农村社区人均自然资本情况也不同。

表3—14　　　　　　　农村社区样本人均自然资本　　　　　（单位：亩/人）

人均耕地面积	人均山地面积	人均林地面积	人均水面面积	人均牧场面积
1.7	0.4	0.1	0.1	12.2

二　生计方式

生计策略是通过系列生计活动方式来实现的，具体是指人们对资产配置的利用和经营活动组合的选择，以此来实现他们的生计目标，包括生产活动、投资策略等。[③] 2014年，此次调查中，我们从农村劳动力分布情况和集体经济来具体阐述。如表3—15所示，目前，农、林、牧、渔等传统的生计活动方式仍旧是甘肃农村重要的生计活动之一，与此同时，外出务

---

① 赵雪雁等：《生计资本对甘南高原农牧民生计活动的影响》，《中国人口·资源与环境》2011年第4期。

② 甘南藏族自治州人民政府网站，http://www.gn.gansu.gov.cn/html/2013/xsgs_0320/569.html。

③ 陈泽健、卢阳春：《"三村建设"对农户生计状况的影响与作用分析——以四川省宣汉县为例》，《农村经济》2011年第10期。

工等其他活动也成为甘肃农村农民另一种形式的谋生方式。本次调查涉及
的甘肃农村社区中，农村从事农业（包括农、林、牧、渔）劳动的劳动
力占劳动力总数的比例达52%，其中女性农业劳动力占农业劳动力的比
例达45%；农村外出务工的劳动力占劳动力总数的比例达36%。

表3—15　　　　　　　农村社区样本劳动力情况分布　　　　　（单位:%）

	占比
从事农业（包括农、林、牧、渔）劳动的劳动力占劳动力总数的比例	52
女性农业劳动力占农业劳动力的比例	45
外出务工的劳动力占劳动力总数的比例	36

"在封闭、经济水平低下的地区，农户更多地选择依赖自然资源来维
持生计"[1]。甘肃农户生计依赖耕地、草场等自然资源，传统农业依旧占
据一定地位。但是，"依靠自然资源生产出的产品并不足以维持生计，迫
使农户采用其他不依赖自然资源的生计方式，例如，外出务工等活动"[2]。
近年来，甘肃农村选择外出务工的年轻人越来越多，这也直接导致了从事
传统农业劳动力的丧失。其中，我们还可以发现，女性也是农业活动中的
主要劳动力，占比45%。随着经济发展和思想观念的开放，一部分女性
选择跟随家人外出务工；另一部分女性、老人、孩童成为了农村中的留守
成员。

数据发现，甘肃农民的生计方式已悄然改变，虽然来自农业的收入仍
旧占据一席之地，但显然农业收入已经不再占据主导地位，农民的收入还
由其他收入构成。农民也不再将劳动力全部投入农业，他们开始选择其他
的谋生途径，例如从事非农业生产活动，外出打工、创业等等。该生计方
式一方面为农民带来了可观的经济收入维持家庭收支平衡；另一方面也造
成了农村青壮年纷纷进城务工，导致农村农业劳动力的缺失，导致农村
"空心家庭"不断加剧。对此，"加大对于偏远农村农户的技术培训指导、
改进传统生计方式、建立合作组织等，以此来让农民寻求新的生计途径是

---

① 赵雪雁等：《生计资本对甘南高原农牧民生计活动的影响》，《中国人口·资源与环境》
2011年第4期。

② 同上。

紧迫而必要的"。①

2005 年 10 月，党的十六届五中全会通过《十一五规划纲要建议》，提出要按照"生产发展、生活宽裕、乡风文明、村容整洁、管理民主"的要求，推进社会主义新农村建设。② 生产发展是新农村建设的中心环节，而农村集体经济以其特有的属性及本质，决定了它在带领农民实现共同富裕、农业实现现代化、农村实现繁荣进程中的重要地位及作用。

新型农村集体经济，是"指与社会主义市场经济体制相适应，实行基本生产资料和资产的共同所有和按份所有，农民根据一定区域与产业按照自愿互利原则组织起来，在生产和流通环节实行某种程度的合作，组织内实行民主管理，组织外采用市场化运作，实现统一经营与承包经营的有机结合，所得收益实行按劳分配与按要素分配相结合，在集体财产保值增值中实现集体成员利益共享的公有制经济。"③ 集体经济的实现形式一般有农村社区股份合作社、土地股份合作社、农民专业合作社、企业化合作等。

村级集体经济，主要包括："以村办企业为核心的经济实体，集体所有的土地、山林、水面、滩涂等为经营对象的资源禀赋，以村级集体经济组织或村民委员会为依托的长期形成的集体资产，村级集体经济成为农村基本的经济组成部分之一。"④

表 3—16　　　　　　农村社区样本集体经济情况　　（单位：万元/年；个）

	个数/产值
村办集体企业个数	0
村办集体企业年均总产值	0

目前，农村社区集体经济的发展形式在甘肃暂时还没有得到很好地实

---

① 赵雪雁等：《生计资本对甘南高原农牧民生计活动的影响》，《中国人口·资源与环境》2011 年第 4 期。

② 人民网，http://cpc.people.com.cn/GB/64162/134580/141447/。

③ 冯蕾：《中国农村集体经济实现形式研究》，博士学位论文，吉林大学，2014 年，第 22 页。

④ 彭海红：《当前中国农村集体经济的特点及其发展条件、途径》，《理论导刊》2011 年第 11 期。

现。如表 3—16 所示，在甘肃农村社区中，还没有形成社区集体经济模式，社区农民仍旧以个体经济为主体，自负盈亏为主的生产方式。数据表明，甘肃农村还需进一步整合农村资源，创新农村集体经济的实现形式，让农民可以通过参与集体经济增加收入，扩充农民收入的渠道。

与此同时，2013 年中央"一号文件"中指出，2013 年农业农村工作的总体要求是：围绕现代农业建设，充分发挥农村基本经营制度的优越性，着力构建集约化、专业化、组织化、社会化相结合的新型农业经营体系。同时，要大力支持发展多种形式的新型农民合作组织，农民合作社是带动农户进入市场的基本主体，是发展农村集体经济的新型实体，是创新农村社会管理的有效载体。此外，还要采取奖励补助等多种办法，扶持联户经营、专业大户、家庭农场。① 因此，甘肃应该在此发展契机下，结合农村本土资源特色，创新适合本省发展的集体经济模式。

三 社会保障

社会保障是指"通过提供经济和物质帮助及服务，帮助因年老、疾病、伤残、失业、生育、死亡、灾害等原因丧失劳动能力、无生活来源的社会成员，并增进全体劳动者和公民的物质和文化福利，以期使社会经济稳定发展"②。社会保障分为社会保险、社会救济、社会福利、优抚安置、社会互助、个人储蓄积累等。③

1978 年，我国农村开始实行以家庭联产承包责任制为主要内容的农村经济体制改革，我国农村社会保障制度的发展进程可以分为两个阶段：第一阶段，1978 年至 2002 年，为农村社会保障制度的探索阶段；第二阶段，2002 年至今，为农村社会保障制度取得实质性发展的阶段。截至 2012 年，全国开展新型农村合作医疗的县（市、区）达 2566 个，参加新农合人口 8.05 亿人，参合率达 98.3%。④

总体来说，2002 年以来我国农村社会养老保险制度产生了一场巨大

---

① 中国政府网，http：//www.gov.cn/jrzg/2013—01/31/content_ 2324293. htm。
② 参见边燕杰等：《中国西部报告》，中国社会科学出版社 2013 年版，第 126 页。
③ 同上。
④ 陈赤平、丰倩：《动态视角下我国农村社会保障制度变革对农村居民消费的影响》，《消费经济》2014 年第 6 期。

的变革，让原本基本缺失社会保障制度的农村迎来了社会保障的实质性变化和发展。一个以新型农村合作医疗、农村居民最低生活保障制度、新型农村社会养老保险为主体，辅以其他社会保障或政策措施（如政府救灾、医疗救助、教育救助等）的农村社会保障制度正在加速形成。[①]

目前，甘肃农村社区社会保障覆盖率偏低。如表 3—17 所示，农村社区样本平均人口数为 2101.3 人，参加新型农村合作医疗平均人数 1719.3 人，占总人口比例为 81.8%；参加基本养老保险人数为 997.6 人，占比 47.5%，参保率偏低。张艳认为，这缘于"我国农民经济收入水平低，来源不稳定，受到传统养儿防老观念的影响，文化水平不高，导致农民保险意识淡薄，出现保险覆盖面过窄的状况"[②]。同时，我们还发现，农村参加医保的比例比参加养老保险的高，一方面说明农村居民医疗的需求大；另一方面也是观念和宣传的问题，新型农村合作医疗让农村居民可以立即享受到政策优惠，参与人数偏多；而要让农民接受新型的养老观念和消费观念，则还需要"政府和社会的大力宣传，让农民具体了解政府在农村社会保障制度建设中的目标、补贴政策、参保的益处，引导其自觉主动参保"[③]。

表 3—17　　　　　　　农村社区样本社会保障服务状况　　　　（单位：人;%）

	平均人数	占总人口比例
参加新型农村合作医疗	1719.3	81.8
参加基本养老保险	997.6	47.5
社区人口	2101.3	100

本章小结

本次调查共涉及 8 个行政地区/市，11 个市/县/区，55 个乡/镇/街道

① 陈赤平、丰倩：《动态视角下我国农村社会保障制度变革对农村居民消费的影响》，《消费经济》2014 年第 6 期。

② 张艳、王慧敏：《农村社会保障制度发展的障碍因素分析》，《法制与社会》2006 年第 18 期。

③ 陈赤平、丰倩：《动态视角下我国农村社会保障制度变革对农村居民消费的影响》，《消费经济》2014 年第 6 期。

的村（居、家）委会，其中，城市（居委会/社区）23 个，占比 41.8%；农村（村委会）32 个，占比 58.2%。

社区地域。23 个城市社区样本的平均行政面积为 6.6 平方公里，32 个农村社区的平均行政面积为 131.9 平方公里。城市和农村社区样本拥有的自然资源不同，城市社区中 3 个社区属于风景区，1 个社区属于自然灾害频发区；农村社区中 3 个社区属于矿产资源区，2 个社区属于风景区，13 个社区属于自然灾害频发的地段。社区位置，11 个城市社区地处城区，7 个位于城乡接合部的郊区，4 个位于城镇；农村社区中 1 个社区地处郊区，2 个社区位于城镇，29 个社区地处农村，农村社区不断向城市"靠拢"，城市社区不断向农村"扩张"。

社区人口。2014 年调查涉及甘肃城市社区平均户数增加至 2227.4 户，平均人口数增加至 8079.1 人，户均人口数为 3.6 人；农村社区样本平均户数增加为 466.7 户，平均人口数为 2101.3 人，户均人口数降低至 4.5 人。2010—2014 年，城市人口增长近 2 倍，农村社区人口增长缓慢。城市社区人口密度为 1224.1 人/平方公里，农村社区人口密度为 15.9 人/平方公里，城市社区人口密度是农村社区人口密度的 77 倍。城市社区流入人口大于流出人口，社区人口呈现"净移入现象"，有助于人口朝正向发展；农村社区流入人口低于流出人口，社区人口呈现"净移出现象"，人口朝负向发展，农村社区人口的增长速度降低。

社区文化。民族社区地域属性的强调，意味着它不仅仅是一个地域概念，民族社区更多的是一个文化概念。15 个社区属于少数民族聚集区；其中，12 个属于农村社区，3 个属于城市社区。人数最多为藏族的少数民族社区 5 个，人数最多为东乡族的社区有 1 个，人数最多为回族的聚集区有 7 个。

社区基本设施。甘肃农村社区在教育、医疗、生活服务、交通出行等公共服务设施资源极度匮乏，本次调研中涉及的部分市/县/区至今还未建铁路，居民出行不便。

农村社区教育。学前教育重视不够，农村幼儿园设置缺乏，设有幼儿园的社区 14 个，有效百分比 46.7%，没有幼儿园的社区 16 个，有效百分比为 53.3%；校车配置严重不足，设有幼儿园的 14 个农村社区中仅有 1 个社区有校车接送。小学教育，相对而言调查涉及的甘肃农村小学的设

置分布情况比幼儿园要完备，84.4% 的村落设有小学，70.4% 设有完备的
6 年制小学，但同时还有 29.6% 的农村社区样本小学年级的设置仍不够完
备。农村师资和学校建设不足，教师队伍来源多为本地、文化程度偏低、
职业技能和职业素养有待提升，学校硬件设施和教室缺乏。

　　社区生计。甘肃农村社区样本人均耕地面积 1.7 亩，人均山地面积为
0.4 亩，人均林地面积为 0.1 亩，人均水面面积为 0.1 亩，人均牧场面积
为 12.2 亩。甘肃农民生计方式发生改变，农业不再是农户唯一的谋生手
段和经济来源，外出务工成为另一种生计方式；但现今甘肃农民仍旧以个
体经济为主体、自负盈亏为主的生产方式，甘肃农村社区集体经济模式还
没有很好地实现。甘肃农村社区社会保障覆盖率偏低，农民主动参保的意
识还有待提升。

本章参考文献

1. 中文专著

[1] 边燕杰等：《中国西部报告》，中国社会科学出版社 2013 年版。

[2] 蔡宏进：《社区原理》，台北三民书局 1985 年版。

[3] 费孝通：《乡土中国》，上海人民出版社 2006 年版。

[4] 徐震：《社区与社区发展》，台北正中书局 1994 年版。

[5] 郑杭生：《社会学概论新修（精编版）》，中国人民大学出版社 2009 年版。

2. 期刊

[6] 陈赤平、丰倩：《动态视角下我国农村社会保障制度变革对农村居民消费的
影响》，《消费经济》2014 年第 6 期。

[7] 陈文江、周亚平：《西部问题与"东部主义"——一种基于"依附理论"的
分析视角》，《北京工业大学学报》（社会科学版）2010 年第 2 期。

[8] 陈泽健、卢阳春：《"三村建设"对农户生计状况的影响与作用分析——以
四川省宣汉县为例》，《农村经济》2011 年第 10 期。

[9] 范中桥、罗明焱：《论社区和城市社区的基本概念》，《大庆高等专科学校学
报》2001 年第 7 期。

[10] 李斌、李小云、左停：《农村发展中的生计途径研究与实践》，《农业技术
经济》2004 年第 4 期。

[11] 岳天明、高永久：《民族社区文化冲突及其积极意义》，《西北民族研究》
2008 年第 3 期。

[12] 骆婧：《西部地区农村学前教育的发展困境与对策》，《人民论坛》2012 年第 20 期。

[13] 李继刚、毛阳海：《可持续生计分析框架下西藏农牧区贫困人口生计状况分析》，《西北人口》2012 年第 1 期。

[14] 李涛、任远：《城市户籍制度改革与流动人口社会融合》，《南方人口》2011 年第 3 期。

[15] 刘天明：《西北回族社区现代化模式的独特性与多样化》，《宁夏社会科学》2000 年第 3 期。

[16] 陆小伟：《文化变迁的发生与社区间的人口流动》，《社会学研究》1987 年第 2 期。

[17] 李亚婷等：《中国县域人均粮食占有量的时空格局——基于户籍人口和常住人口的对比分析》，《地理学报》2014 年第 12 期。

[18] 李亚娟、陈田等：《国内外民族社区研究综述》，《地理科学进展》2013 年第 10 期。

[19] 厉以贤：《社区教育的理念》，《教育研究》1999 年第 3 期。

[20] 彭海红：《当前中国农村集体经济的特点及其发展条件、途径》，《理论导刊》2011 年第 11 期。

[21] 秦春杰：《论学前教育的重要性和个性发展》，《科技咨询》2012 年第 11 期。

[22] 孙德芳、林正范：《农村教师的生存发展现状及政策建议》，《教师教育研究》2014 年第 6 期。

[23] 王丽君：《我国社区医院的现状与思考》，《医学信息》2010 年第 1 期。

[24] 肖林：《"'社区'研究"与"社区研究"——近年来我国城市社区研究述评》，《社会学研究》2011 年第 4 期。

[25] 肖锐：《论中国姓氏文化研究意义》，《中南民族大学学报》（人文社会科学版）2015 年第 4 期。

[26] 于洁：《西部农村学前教育现状与远程培训的思考——以甘肃某县的调查研究为例》，《中国远程教育》2015 年第 4 期。

[27] 朱伟文：《协同治理：完善社区教育治理的新方法》，《成人教育》2014 年第 9 期。

[28] 赵向光、李志刚：《中国大城市新移民的地方认同与融入》，《城市规划》2013 年第 12 期。

[29] 赵雪雁等：《生计资本对甘南高原农牧民生计活动的影响》，《中国人口·资源与环境》2011 年第 4 期。

［30］张艳、王慧敏：《农村社会保障制度发展的障碍因素分析》，《法制与社会》2006 年第 18 期。

［31］张茜、张俊：《农村"空心化"现象的经济学解释》，《生产力研究》2008 年第 8 期。

3. 报纸

［32］本报评论员：《推进乡村教育发展的关键举措》，《光明日报》2015 年 6 月 9 日。

［33］秦玉友、赵忠平：《农村教育发展状况调查（上）》，《中国教育报》2014 年 1 月 13 日。

4. 学位论文

［34］冯蕾：《中国农村集体经济实现形式研究》，博士学位论文，吉林大学，2014 年，第 22 页。

5. 电子文献

［35］甘南藏族自治州人民政府网站，http：//www. gn. gansu. gov. cn/html/2013/xsgs_ 0320/569. html。

［36］甘肃省民族事务委员会官方网站，http：//www. gsmw. gov. cn/htm/list/31_ 1. htm。

［37］甘肃省人民政府网站，http：//www. gansu. gov. cn/col/col19/index. html。

［38］人民网，http：//cpc. people. com. cn/GB/64162/134580/141447/。

［39］新华网，http：//news. xinhuanet. com/politics/2014—03/14/c_ 119779247_ 5. htm。

［40］中华人民共和国教育部门户网站，http：//www. moe. edu. cn/publicfiles/business/htmlfiles/moe/moe_ 176/201012/112095. html。

［41］中国新闻网，http：//www. chinanews. com/cul/2015/03—10/7117801. shtml。

［42］中国网，http：//www. china. com. cn/policy/txt/2010—03/01/content_ 19492625_ 4. htm。

［43］中国政府网，http：//www. gov. cn/flfg/2012—04/10/content_2109899.　htm。

第四章　经济生活

20 世纪 90 年代以来，随着市场经济体制改革的不断深化，我国经济建设取得了重大成就，与此同时，社会矛盾逐渐凸显，就业难、上学难、看病难、住房难等一系列现实问题越来越困扰着社会发展，民生问题逐渐成为社会的关注热点。民生建设也逐步成为我国社会建设的重要组成部分。经济生活作为民生建设的基本内容，在一定程度上反映了人民的基本生活状况，自然也就成为了本次调查的关注点。

本章主要从家计调查、贫困监测和就业三个方面来研究居民的经济生活，家计调查主要包括家庭收入、家庭支出和家庭债务；贫困监测主要包括前五年内家庭经济状况、家庭紧急资金的筹集能力、居民对政府改善生活的期待、五年后家庭经济状况变化预期以及居民对日常生活的负担程度；就业和职业主要包括就业状态、职业状况和劳动权益与技能。

第一节　家计调查

家计调查又称居民家庭收支调查，它一般可分为城市家庭收支调查和农村家庭收支调查。家计调查除了解家庭组成成员的基本情况和成员人数、就业等情况外，还要掌握家庭的一切货币收支情况。家计调查资料是政府安排人民生活，组织商品供应和研究货币流通的重要依据，也是分析城乡人民生活水平，研究国民收入分配和劳动资源利用情况的重要参考。[1]

新中国成立后，特别是改革开放以来，我国经济飞速发展。2010 年，中国国内生产总值超过日本，成为世界第二大经济体。在此基础上，改革

---

[1]　《家计调查》，《河南金融研究》1984 年第 4 期。

开放 30 年也是我国城乡居民收入增长最快、得到实惠最多的时期。从 1978 年到 2008 年，全国城镇居民人均可支配收入由 343 元增加到 15781 元；农民人均纯收入由 134 元增加到 4761 元。城市人均住宅建筑面积和农村人均住房面积成倍增加。人民群众的消费水平显著提高，生活质量进一步提高。①

本节将从家庭收入和家庭支出两个方面分析和描述调查地区城乡以及不同区域的家庭收支水平与结构。

一　家庭收入

（一）家庭收入水平

家庭收入是家庭经济活动的基础，是家庭消费的前提和物质基础。②在本节中，家庭总收入包括了现金收入和非现金收入。本次研究中现金收入主要包括个人的工资收入、补助收入、个人积蓄、经营收入、房屋土地以及其他租金收入、养老金、退休金、政府救济和优抚等补助收入、礼金收入、借贷收入以及财物出售收入等。非现金收入主要包括单位发放的奖励的物品和补助品，国家发放的补助品，家庭藏品等。家庭人均收入则等于家庭总收入除以在该户居住满六个月的直系家属数。

1. 城乡家庭人均年收入状况

表 4—1 列出了城乡家庭户均年收入和人均年收入情况。数据显示，以户为单位来看户均年收入情况时，有效样本为 1051 户，其中农村 593 户，城市 458 户。农村家庭的户均收入是 35280 元，中位数为 26320 元；城市家庭的户均收入是 56347 元，中位数为 49200 元，总体来说，城乡户均收入是 51972 元，中位数是 39220 元。以个人为单位来看人均年收入情况时，有效样本为 4331 人，其中农村有 2736 人，城镇有 1595 人。农村家庭人均收入是 8091 元，中位数为 6000 元；城市家庭的户均收入是 17953 元，中位数为 16450 元。数据表明，有 50% 的农村家庭的户均年收入在 26320 元及以下，有 50% 的城镇家庭的户均年收入在 49200 元及以下；有一半的农村家庭的人均年收入在 8091 元及以下，有一半的城镇家

① 李培林：《当代中国民生》，社会科学文献出版社 2010 年版，第 5—6 页。
② 《中国报告·民生》，北京大学中国社会科学研究调查中心 2009 年版，第 3 页。

庭的人均年收入在 17953 元及以下。

表 4—1　　　　　　　城乡家庭户均年收入和人均年收入情况　　　　（单位：元）

	户均年收入			人均年收入		
	样本数（户）	均值	中位数	样本数（人）	均值	中位数
总体	1051	51972	39220	4331	14365	9692
农村	593	35280	26320	2736	8091	6000
城镇	458	56347	49200	1595	17953	16450

（二）不同地区家庭人均年收入状况

根据甘肃的地理位置、地貌和经济发展水平，我们将样本划分为兰州周边地区（安宁区、永登县、永靖县），河西地区（凉州区、瓜州县、玉门市），陇东南（会宁县、张家川县、陇西县）、两州两市（夏河县、岷县）四个地区，通过对这四个地区样本的分析，了解这四个地区的收入状况。

表 4—2 列出了甘肃省不同地区家庭户均年收入和人均年收入情况。数据显示，以户为单位来看户均年收入情况时，兰州周边地区的有效样本为300 户，其户均年收入是 53251 元，中位数是 48000 元；河西地区的有效样本为 280 户，户均年收入是 47866 元，中位数是 41980 元；陇东南地区的有效样本为 299 户，户均年收入是 48606 元，中位数为 43200 元；两州两市地区的有效样本为 196 户，户年均收入为 21180 元，中位数为 13650 元。以个人为单位来看人均年收入情况时，兰州周边地区的有效样本为 1203 人，人均年收入是 15275 元，中位数是 13633 元；河西地区的有效样本为 961 人，人均年收入是 15343 元，中位数是 12980 元；陇东南地区的有效样本为 1319人，人均年收入是 11375 元，中位数为 9897 元；两州两市地区的有效样本为 968 人，人均年收入为 4799 元，中位数为 3029 元。数据表明，兰州周边地区有一半的家庭户均年收入是 48000 元及以下，一半的人均年收入是13633 元及以下；河西地区有一半的家庭户均年收入是 41980 元及以下，一半的人均年收入是 12980 元及以下；陇东南地区有一半的家庭户均年收入是43200 元及以下，一半的人均年收入是 9897 元及以下；两州两市地区有一半的家庭户均年收入为 13650 元及以下，一半的人均年收入是 3029 元及以

下。由此可以看出，兰州周边地区无论是户均年收入还是人均年收入都是四个地区中最高的，而两州两市地区户均年收入和人均年收入是四个地区中最低的。河西地区和陇东南地区的户均年收入和人均年收入基本持平。两州两市地区的户均年收入和人均年收入水平远低于其他三个地方，兰州周边地区的户均年收入是两州两市地区的两倍左右，人均年收入是两州两市地区的三倍左右。由此说明，这四个地区收入差距明显。

表4—2　　　　　不同地区家庭户均年收入和人均年收入情况　　　　（单位：元）

	户均年收入			人均年收入		
	样本数（户）	均值	中位数	样本数（人）	均值	中位数
兰州周边地区	300	53251	48000	1203	15275	13633
河西地区	280	47866	41980	961	15343	12980
陇东南	299	48606	43200	1319	11375	9897
两州两市	196	21180	13650	968	4799	3029

1. 家庭收入结构

随着市场经济的不断发展，家庭的收入结构越来越趋于复杂。在有关居民收入的统计中，常将家庭的收入结构分为经营性收入[①]、工资性收入[②]、转移性收入[③]和财产性收入[④]四个部分。各项收入是根据受访家庭估算得出的自调查之日起到过去一年的收入。

[①] 此次调查中我们将家庭经营性收入定义为以家庭为单位，至少有两位以上的家庭成员共同参与的经营活动，如做小生意、小买卖，或者经营家庭企业等，不包括农业部分提到的农、林、牧（养殖）、渔以及采集狩猎等家庭经营活动。

[②] 此次调查中我们将工资性收入定义为个人直接从事工作或劳动以及以家庭为单位进行的可以计算的家庭经营活动或农业活动获得的实物和现金收入，包括工资、奖金等各类现金收入和非现金收入。

[③] 此次调查中我们将转移性收入定义为政府或原单位发放的养老金或离退休金、失业津贴或生活费，一次性的辞退金或赔偿费，最低生活保障补助，因贫困、受灾等得到的政府、集体或其他机构的救济或捐赠，政府津贴、退伍津贴、抚恤金，因婚丧嫁娶、子女满月、生日祝寿等而得到的礼金和礼品以及亲戚朋友间的捐赠等。包括定期领取和不定期发放的以及现金和实物等形式的收入。

[④] 此次调查中我们将财产性收入定义为家庭拥有的动产和不动产所获得的收入。包括向外出租房屋、土地或其他物品实际得到的收入以及变卖原本用于自家使用的物品，不包括那些以出售为目的而生产或购入的物品或废品。

　　表4—3列出了城乡家庭的户均收入结构。数据显示，农村地区总体的户均收入是18033元，其中经营性收入有880元，工资性收入有13394元，转移性收入有3619元，财产性收入有140元。城市地区的总体户均收入是35679元，其中经营性收入有2500元，工资性收入有17871元，转移性收入有14735元，财产性收入有572元。总体来看城乡的户均总收入为25524元，其中经营性收入有1636元，工资性收入有15180元，转移性收入有8364元，财产性收入有344元。由此可以看出，在农村户均收入结构中，工资性收入是最高的。而在城市收入结构中，工资性收入和转移性收入基本持平，城镇的转移性收入是农村转移性收入的四倍左右，工资性收入相差不大。另外，从城乡家庭整体的户均收入结构来看，城乡的工资性收入和转移性收入都是最高的，财产性收入最低。

表4—3　　　　　　　　　　城乡家庭户均收入结构　　　　　　　（单位：元）

	经营性收入	工资性收入	转移性收入	财产性收入	合计
总体	1636	15180	8364	344	25524
农村	880	13394	3619	140	18033
城镇	2500	17871	14735	572	35679

　　从图4—1可以看出，本次中国西部家户生计调查中，城乡居民的主要收入来源是工资性收入和转移性收入。其中，农村家庭收入结构中，工资性收入占74.3%，转移性收入占20.1%，经营性收入占4.9%，财产性收入占0.8%。城镇家庭收入结构中，工资性收入占50.1%，转移性收入占41.3%，经营性收入占7%，财产性收入占5%。从城乡家庭整体的户均收入比重来看，工资性收入占59.5%，转移性收入占32.8%，经营性收入占6.4%，财产性收入占1.3%。由此可见，工资性收入是农村收入的主要来源，而在城镇家庭中，工资性收入和转移性收入都是其主要来源。另外，通过对比可以看出，农村的工资收入比重远高于城镇，而城镇工资性收入和转移性收入基本持平的状况也反映出农村收入结构的单一性。

二　家庭支出

（一）家庭支出水平

家庭支出主要是对受访家庭自调查之日起至过去一年的支出情况的估

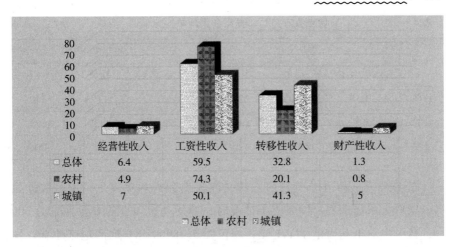

	经营性收入	工资性收入	转移性收入	财产性收入
总体	6.4	59.5	32.8	1.3
农村	4.9	74.3	20.1	0.8
城镇	7	50.1	41.3	5

图4—1　城乡家庭户均收入比重　（单位：%）

算。其中食品支出调查的是过去一周的支出水平，我们将食品支出乘以51周得到最近一年的食品总支出水平。日常用品支出、交通支出、通信支出、赡养支出和家庭按揭均为上月的支出水平，我们将上述各项分别乘以12个月得到最近一年的各类别的总支出。

表4—4列出了城乡家庭户均年支出和人均年支出情况。数据显示，以户为单位来看户均支出情况时，有效样本数为1051户，其中农村593户，城市458户。农村家庭的户均年支出是30473元，中位数为24580元；城市家庭的户均年支出是51911元，中位数为42658元；总体来说，城乡户均年支出是39462元，中位数是32540元。以个人为单位来看人均年支出情况时，有效样本数为4331人，其中农村有2736人，城镇有1595人。农村家庭的人均年支出是7339元，中位数为5682元；城市家庭的人均年支出是16729元，中位数是13512元；总体来说，城乡人均年支出是11193元，中位数为8248元。数据显示，有50%的农村家庭户均年支出在24580元及以下，有50%的城市家庭的户均年支出在42658元及以下。有一半的农村家庭人均年支出在5682元及以下，有一半的城市家庭的人均年支出在13512元及以下。城市的户均年支出是农村的户均年支出的两倍左右，而城市的人均年支出是农村人均年支出的1.5倍左右。

表4—4　　　　　　城乡家庭户均年支出和人均年支出情况　　　　（单位：元）

	户均年支出			人均年支出		
	样本数（户）	均值	中位数	样本数（人）	均值	中位数
总体	1051	39462	32540	4331	11193	8348
农村	593	30473	24580	2736	7339	5682
城镇	458	51911	42658	1595	16729	13512

　　表4—5列出了不同地区家庭户均年支出和人均年支出情况。数据显示，以户为单位来看户均年支出情况时，兰州周边地区的有效样本为300户，其中户均年支出是47421元，中位数是38900元；河西地区的有效样本为280户，户均年支出是48275元，中位数是41705元；陇东南地区的有效样本是299户，户均年支出是31322元，中位数是25800元；两州两市地区的有效样本是196户，户均年支出是30210元，中位数是23805元。以个人为单位来看人均年支出的情况，兰州周边地区的有效样本为1203人，其中人均年支出是13862元，中位数为9821元；河西地区的有效样本为961人，人均年支出是15521元，中位数是12880元；陇东南地区的有效样本为1319人，人均年支出是7994元，中位数是6576元；两州两市地区的有效样本为968人，人均年支出是7073元，中位数是5080元。数据表明，有50%的兰州周边地区家庭户均年支出是38900元及以下，人均年收入是9821元及以下；河西地区有50%的家庭户均年收入是41705元及以下，人均年收入是12880元及以下；陇东南地区有50%的家庭户均年收入是25800元及以下，人均年收入是6576元及以下；两州两

表4—5　　　　　不同地区家庭户均年支出和人均年支出情况　　　　（单位：元）

	户均年支出			人均年支出		
	样本数（户）	均值	中位数	样本数（人）	均值	中位数
兰州周边地区	300	47421	38900	1203	13862	9821
河西地区	280	48275	41705	961	15521	12880
陇东南	299	31322	25800	1319	7994	6576
两州两市	196	30210	23805	968	7073	5080

市地区有 50% 的家庭户均年收入为 23805 元及以下，人均年收入是 5080 元及以下。由此可以看出，河西地区无论是从户均年支出还是人均年支出都是四个地区中最高的，兰州周边地区位居第二，陇东南地区和两州两市地区基本持平。河西地区的户均年支出和人均年支出是陇东南地区和两州两市地区的两倍左右。

（二）家庭支出结构

1. 城乡家庭户均支出结构

本次调查中将家庭支出结构分为日常消费性支出和非日常消费性支出（非消费性支出）两个部分。日常消费性支出是指调查户用于本家庭日常生活的全部支出。本次调查中的日常消费性支出包括食品（生存食品）、日用品、衣着服饰、交通、通信、医疗保健、教育文化、娱乐休闲、家庭居住支出（如物业、房租、取暖等，不含房贷）、家庭杂项商品和服务支出这十个方面。非消费性支出则包括赡养、按揭、家电、购房和建房支出、商业保险类支出、婚丧嫁娶费以及其他服务（家庭捐赠和家庭其他支出）。

表4—6 列出了城乡家庭户均日常消费性支出结构。数据显示，农村地区总体的户均日常消费性支出是 29517 元，其中食品的支出是 13961 元（生存食物的支出是 11004 元），日用品的支出是 1349 元，交通的支出是 1411 元，通信支出是 1311 元，衣着服饰的支出是 1273 元，教育文化支出是 3001 元，医疗保健支出是 5019 元，休闲娱乐支出是 71 元，家庭居住支出是 1432 元，家庭杂项商品和服务的支出是 689 元。城镇地区总体的户均日常消费性支出是 48782 元，其中食品的支出是 26787 元（生存食物的支出是 17639 元），日用品的支出是 4326 元，交通的支出是 2231 元，通信支出是 1807 元，衣着服饰的支出是 2565 元，教育文化支出是 2150 元，医疗保健支出是 4722 元，休闲娱乐支出是 800 元，家庭居住支出是 2739 元，家庭杂项商品和服务的支出是 655 元。总体来看，城乡总的户均日常消费性支出是 38020 元，其中食品的支出是 19477 元（生存食物的支出是 13820 元），日用品的支出是 2644 元，交通的支出是 1882 元，通信支出是 1521 元，衣着服饰的支出是 1825 元，教育文化支出是 2637 元，医疗保健支出是 4965 元，休闲娱乐支出是 386 元，家庭居住支出是 2022 元，家庭杂项商品和服务的支出是 661 元。

表4—6　　　　　　　　城乡家庭户均日常消费性支出结构　　　　（单位：元）

	食品（生存食品）	日用品	交通	通信	衣着服饰	教育文化
总体	19477（13820）	2644	1882	1521	1825	2637
农村	13961（11004）	1349	1411	1311	1273	3001
城镇	26787（17639）	4326	2231	1807	2565	2150

	医疗保健	娱乐休闲	家庭居住支出	家庭杂项商品和服务支出	合计
总体	4965	386	2022	661	38020
农村	5019	71	1432	689	29517
城镇	4722	800	2739	655	48782

从图4—2可以看出，本次中国西部家户生计调查中，食品是家庭的主要的消费性支出，其次是医疗保健支出。其中，农村家庭户均日常消费性支出结构中，食品性支出占47.2%，日用品支出占4.6%，交通方面的支出占4.8%，通信支出占4.4%，衣着服饰方面的支出占4.3%，教育文化支出占10.2%，医疗保健支出占17%，休闲娱乐支出占0.2%，家庭居住支出（如物业、房租、取暖等，不含房贷）占4.9%，家庭杂项商品和服务支出占2.3%。城镇家庭户均日常消费性支出结构中，食品性支出占54.9%，日用品支出占8.9%，交通方面的支出占4.6%，通信支出占3.7%，衣着服饰方面的支出占5.3%，教育文化支出占7.3%，医疗保健支出占9.7%，休闲娱乐支出占1.6%，家庭居住支出（如物业、房租、取暖等，不含房贷）占5.6%，家庭杂项商品和服务支出占1.3%。由此可以看出，在农村家庭的户均日常消费性支出中，食品方面的支出最多。教育文化和医疗保健方面的支出次之。在城镇家庭户均日常消费性支出中，食品方面的支出最多，日用品、教育文化和医疗保健方面的支出次之。从城乡总体的户均日常消费性支出来看，食品方面的支出最多，医疗保健支出次之，休闲娱乐、家庭杂项商品和服务方面的支出最少，其他各项支出基本持平。另外，通过对比可以发现，城镇的日用品消费支出是农村的两倍左右，这反映出城镇的消费结构较农村要复杂。

此外，教育和医疗保健支出对于城乡家庭的消费来说是必不可少的，同时，也是民生的重要问题，这两方面的支出是需要我们重点注意的。

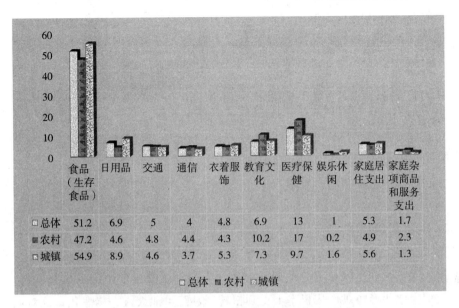

以下为图表数据：

	食品（生存食品）	日用品	交通	通信	衣着服饰	教育文化	医疗保健	娱乐休闲	家庭居住支出	家庭杂项商品和服务支出
总体	51.2	6.9	5	4	4.8	6.9	13	1	5.3	1.7
农村	47.2	4.6	4.8	4.4	4.3	10.2	17	0.2	4.9	2.3
城镇	54.9	8.9	4.6	3.7	5.3	7.3	9.7	1.6	5.6	1.3

□总体 ■农村 □城镇

图4—2 城乡家庭户均日常消费性支出比例 （单位:%）

第一，医疗保健支出。党的十八大指出，健康是促进人的全面发展的必然要求，要坚持为人民健康服务的方向，表明了政府对健康工作的认识有了新高度。但是随着经济社会的发展，人民生活水平的提高，我国的医疗卫生领域面临的"看病难看病贵"，医疗资源分配不均，机构重复，效率低下，医疗技术和服务质量不高，药价虚高，医疗腐败等问题。这些问题的解决关系着民生问题解决的成败与否。

第二，文化教育支出。20世纪60年代，美国经济学家舒尔茨、贝克尔创立了人力资本理论。该理论认为，人力资本的关键是提高人口质量，教育投资应是人力投资的主要部分，人力资本的再生产不仅是一种消费，而应视为一种投资，且其经济效益远大于物质投资的经济效益。教育是提高人力资本最基本的主要手段，所以也可以把人力投资视为教育投资问题。这一思想的诞生使得教育的投资性质逐步被人们广泛接受。[1] 党的十八大报告中提出，要"努力办好人民满意的教育"。教育是中华民族振兴和社会进步的基石。要坚持教育优先发展，为社会主义现代化服务，培养德、智、体、美全面发展的社会主义建设者和接班人。全面实施素

---

[1] 温海滢：《中国城乡家庭子女教育支出研究述评》，《广东商学院学报》2009年第5期。

质教育，深化教育领域综合改革，着力提高教育质量，培养学生创新精神。办好学前教育，均衡发展九年义务教育，完善终身教育体系，建设学习型社会。大力促进教育公平，合理配置教育资源，重点向农村、边远、贫困、民族地区倾斜，支持特殊教育，提高家庭经济困难学生资助水平，积极推动农民工子女平等接受教育，让每个孩子都能成为有用之才。把教育放在改善民生和加强社会建设之首，充分体现了党中央对教育事业的高度重视。[①]

长期以来，我国教育投入主体呈现多元化特点，国家、社会和家庭在不同时期分别承担了不同的角色。1985 年基础教育财政分权政策的实施和 20 世纪 90 年代以来高等教育收费制度的改革，使私人分担的教育成本比重逐步上升，贫困家庭子女"上学难"问题日益凸显。随着高校的扩招，大学毕业生就业难的呼声不绝于耳，特别是受全球金融危机的影响，大学生就业形势难以从根本上得到扭转，甚至可能会进一步恶化，这对城乡家庭居民的教育投资意愿可能会产生新的不利影响。有学者认为，农户受传统观念及自身能力的影响，教育投资意愿可能更易受到外部环境的干扰。刘纯阳也认为，虽然贫困地区大部分农户已经具备了教育的投资性理念，但是受成本和收益双重悲观预期的影响，农户仍然缺乏教育投资的积极性。[②] 但是本次调查结果显示，在文化教育支出方面，调查地区 2013 年农村居民人均文化教育支出 650 元，城镇居民人均文化教育支出 617 元，农村居民人均文化教育支出高于城镇居民，这表明农村家庭对教育文化的投入并不低于城镇家庭，农村家庭仍然重视教育的投资作用。

刘纯阳通过对湖南西部贫困县的分析发现，贫困地区大部分农户已经具备了教育的投资性理念，即大多数农户已经意识到教育作为一种投资机会而存在。[③] 张俊浦通过对甘肃省 300 个家长的随机抽样调查表明，

① 安然：《教育公平视角下对农民工随迁子女教育问题的对策思考》，《学理论》2013 年第 3 期。

② 刘纯阳：《贫困地区农户教育投资行为的经济学分析》，《当代教育科学》2005 年第 21 期。

③ 刘纯阳：《贫困地区农户教育投资行为的经济学分析》，《当代教育科学》2005 年第 21 期。

66.3%的人把教育看作潜在的投资，仅有9.7%的人把教育看成是费用。[①]总的来看，教育支出具有消费性支出和投资性支出的"双重属性"且投资属性仍为人所认可；但是，由于城乡居民自身的教育投资理论知识有限，易受各种外界因素的干扰，对子女进行教育投资时带有很强的主观色彩。投资过程中不尊重子女意愿，漠视子女的教育权力，凭主观意识任意做出投资决策，不顾家庭实际经济实力盲目加大投资等原因，使得这种投资的风险大大增加。[②]

表4—7列出了城乡家庭户均日常非消费性支出结构。数据显示，农村地区总体的户均日常非消费性支出是44826元，其中赡养支出是446元，按揭支出是9222元，家电支出是548元，购房和建房支出是31080元，商业保险类支出是813元，婚丧嫁娶的支出是2376元，家庭捐赠的支出是118元，家庭其他支出是223元。城镇地区总体的户均日常非消费性支出是29462元，其中赡养支出是2372元，按揭支出是6100元，家电支出是899元，购房和建房支出是11755元，商业保险类支出是1961元，婚丧嫁娶的支出是5393元，家庭捐赠的支出是665元，家庭其他支出是317元。总体来看，城乡总体的户均日常非消费性支出是36636元，其中赡养支出是1273元，按揭支出是7659元，家电支出是699元，购房和建房支出是21175元，商业保险类支出是1366元，婚丧嫁娶的支出是3831元，家庭捐赠的支出是347元，家庭其他支出是286元。

表4—7　　　　　城乡家庭户均日常非消费性支出结构　　　　（单位：元）

	赡养	按揭	家电	购房和建房支出	商业保险类支出	婚丧嫁娶费	家庭捐赠	家庭其他支出	合计
总体	1273	7659	699	21175	1366	3831	347	286	36636
农村	446	9222	548	31080	813	2376	118	223	44826
城镇	2372	6100	899	11755	1961	5393	665	317	29462

①　张俊浦：《甘肃农村家庭教育投资状况报告》，《青年研究》2007年第1期。

②　潘燕：《论家庭子女教育投资中的非理性行为》，《西南师范大学学报》（人文社会科学版）2004年第11期。

图4—3为城乡家庭户均日常非消费性支出比例，数据显示，本次中国西部家户生计调查中，购房、建房和按揭是家庭主要的非消费性支出。其中，农村家庭户均日常非消费性支出结构中，赡养方面的支出占1%，按揭方面的支出占20.6%，家电支出占1.2%，购房和建房方面的支出占69.3%，商业保险类支出占1.8%，婚丧嫁娶方面的支出占5.3%，家庭捐赠支出占0.3%，家庭其他支出占0.5%。城镇家庭户均日常非消费性支出结构中，赡养方面的支出占8.1%，按揭方面的支出占20.7%，家电支出占3.1%，购房和建房方面的支出占39.9%，商业保险类支出占6.7%，婚丧嫁娶方面的支出占18.3%，家庭捐赠支出占2.3%，家庭其他支出占1.1%。由此可以看出，在农村家庭户均日常非消费性支出中，购房和建房支出是最多的，按揭方面的支出次之，家庭捐赠和家庭其他支出最少。在城镇家庭户均日常非消费性支出中，购房、建房支出和按揭支出是最多的，婚丧嫁娶方面的支出次之，家庭其他支出最低。从城乡总体的户均日常非消费性支出来看，购房和建房支出最多，按揭和婚丧嫁娶的支出次之，其他支出基本持平。另外，通过对比发现，除了按揭类支出的城乡支出基本持平外，农村购房和建房方面的支出是城镇支出的两倍左右，而在其他支出方面，城镇家庭户均日常非消费性支出都远高于农村。

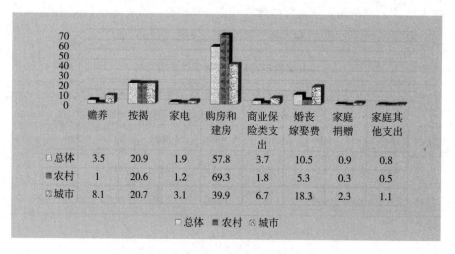

	赡养	按揭	家电	购房和建房	商业保险类支出	婚丧嫁娶费	家庭捐赠	家庭其他支出
总体	3.5	20.9	1.9	57.8	3.7	10.5	0.9	0.8
农村	1	20.6	1.2	69.3	1.8	5.3	0.3	0.5
城市	8.1	20.7	3.1	39.9	6.7	18.3	2.3	1.1

图4—3 城乡家庭户均日常非消费性支出比例 （单位:%）

从上述分析可以看出，购房、建房和按揭作为非消费性支出的主要部分，也是很值得我们关注的部分。改革开放以来，特别是20世纪90年代以来，随着经济社会的快速发展，我国人民的消费结构发生很大转变。近年来，随着房价的不断上涨，居民购房支出在家庭总支出中的比例中不断提高。根据有关数据统计，全国城镇居民购房支出占总消费支出的比重从1993年的5.4%提高到2013年14.8%，占人均可支配收入的比重从4.6%提高到9.7%。房屋作为居民资产和财富的重要组成部分，其价格上涨代表着其所有者资产和财富的增加，对于一个家庭而言，既可以将其所购置的房产用于自己居住，也可以将房产出租以获取租金，或出售以赚取差价，因此房产具有很强的投资功能。

三　家庭债务

(一) 城乡及不同地区的家庭债务状况

家庭债务是经济活动中的重要现象。家庭债务是指家庭为了平滑消费而产生的债务，来源主要有两种：向银行与非银行金融机构借贷以及以人脉关系为基础的民间借贷。20世纪80年代以来，西方发达国家或者地区的家庭债务无论绝对值还是家庭债务——收入比均出现了显著上升。1997年以来，由于政府一系列刺激消费政策的推动、银行业竞争的加剧以及居民消费观念的改变，我国家庭债务规模增长迅猛。[①] 家庭负债占GDP的比例从1999年的9.87%上升到2008年的18.5%。近十年来，我国GDP增长率稳步上升，而家庭负债增长率总体却呈现下降趋势。因此，我国的GDP虽然增速快，但并非消费主导，中国家庭的消费和消费信贷具有很大的上升空间。[②]

表4—8列出了城乡及不同地区家庭户均欠债金额和欠债家庭所占的百分比。数据显示，2014年，51.7%的农村家庭有债务，其中农村家庭户均欠债金额是39229元；而城市家庭有债务的家庭占28.4%，户均欠债金额是75728元。2004年，57.8%的农村家庭有债务，其中农村家庭户均欠债金额是7704元；而城市家庭有债务的家庭占29.5%，户均欠债金额是19598元。由此可以看出，农村有债务的家庭是城市有债务家庭的

---

① 郭新华：《中国家庭债务——消费与经济增长关系的实证分析》，《统计与决策》2010年第22期。

② 何丽芬：《中国家庭负债状况、结构及其影响因素分析》，《华中师范大学学报》（人文社会科学版）2012年第1期。

两倍左右，但城市家庭户均欠债金额是农村家庭户均欠债金额的两倍左右。另外，农村家庭的欠债比例较十年前有明显的下降，而城镇家庭的欠债比例则略有上升。伴随着居民收入的增加和物价的上涨，城乡家庭的户均债务量均有大幅的上升。

表4—8　不同时期城乡家庭户均欠债金额和欠债家庭所占百分比　　（单位：元;%）

年份	城乡	户均欠债金额	欠债家庭所占百分比
2014	农村	39229	51.7
	城市	75728	28.4
2004	农村	7704	57.8
	城市	19598	29.5

在人口统计学因素中，收入是影响家庭负债的一个重要因素。① 调查地区农村家庭的户均收入是 35280 元，城镇家庭的户均收入是 56347 元。收入水平对负债的影响取决于收入在家庭部门的分配和家庭的消费习惯。虽然高收入家庭更倾向贷款，但总体收入增加时，高收入家庭增加的收入往往转化为上升的储蓄率，而低收入家庭增加的负债才会成为家庭负债总水平增加的部分。而当收入降低的时候，低收入家庭的负债由于家庭消费习惯会产生棘轮效应；而高收入家庭的收入虽然降低，但其储蓄会对降低的收入进行缓冲。②

表4—9 列出了不同地区家庭户均欠债金额和欠债家庭所占的百分比。数据显示，兰州周边地区有 33% 的家庭负有债务，户均欠债金额是 51602 元；河西地区有 36.8% 的家庭负有债务，户均欠债金额是 67958 元；陇东南地区有 46.5% 的家庭负有债务，户均欠债金额是 38514 元；两州两市地区有 52.6% 的家庭负有债务，户均欠债金额是 39492 元。由此可以看出，这四个被调查地区中，两州两市地区和陇东南地区欠债家庭的比例相对比较高，但户均欠债金额相对较低。河西地区和兰州周边地区户均欠债金额基本是另外两个地区的两倍左右，但其欠债家庭的比例相对比较

① 何丽芬：《中国家庭负债状况、结构及其影响因素分析》，《华中师范大学学报》（人文社会科学版）2012 年第 1 期。

② 同上。

低。

表4—9　　　不同地区家庭户均欠债金额和欠债家庭所占百分比　　（单位：元；%）

地区	户均欠债金额	欠债家庭所占百分比
兰州周边地区	51602	33.0
河西地区	67958	36.8
陇东南地区	38514	46.5
两州两市	39492	52.6

（二）城乡家庭的融资渠道

通常情况下，家庭的融资渠道主要有银行（信用社）、组织、亲戚、朋友、熟人等。据2004年的数据调查结果显示，家庭融资的对象主要是亲戚朋友，比例高达73.8%，而银行和信用社比例是37.5%。

图4—4描述了本次调查中城乡家庭的融资渠道。农村家庭融资渠道中，银行、信用社占42.6%，组织占2.4%，亲戚占42.6%，朋友占7.1%，熟人占3.3%，其他占2.1%；城镇家庭融资渠道中，银行、信用社占44.2%，组织占0.8%，亲戚占38.3%，朋友占12.5%，熟人占3.3%，其他占0.8%；城乡总体的融资渠道中，银行、信用社占43%，组织占1.9%，亲戚占41.5%，朋友占8.5%，熟人占3.3%，其他占1.7%。可以看出，亲戚朋友和银行、信用社是农村家庭融资的主要渠道，城镇家庭更愿意选择银行、信用社融资。从总体来看，城乡家庭的主要融资渠道是银行、信用社和亲戚，朋友、组织和熟人等占比较低。另外，与2004年的数据比较，朋友作为融资渠道的比例有显著的下降（2004年农村家庭中选择向亲朋好友融资所占的比例是73.4%；城镇家庭中选择向亲朋好友融资所占的比例是75.7%），但由于亲朋好友之间的借贷无任何手续，操作简单，借款期限或长或短，借款利率或高或低，只凭借双方关系的深浅而定，所以亲朋好友仍然是家庭融资渠道的必选项。

（三）城乡家庭的债务水平

图4—5描述了本次调查中城乡家庭的债务水平。图表显示，农村家庭中，有8.7%的家庭债务水平在5000元及以下，有14.7%的家庭债务水平在5001—10000元之间，有32.5%的家庭债务水平在10001—30000

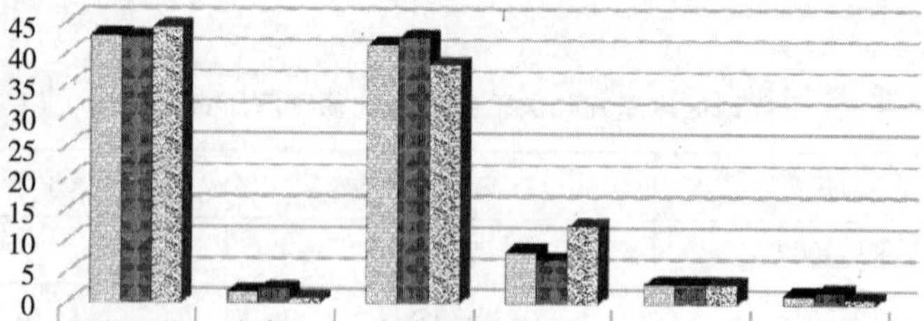

	银行、信用社	组织	亲戚	朋友	熟人	其他
总体	43	1.9	41.5	8.5	3.3	1.7
农村家庭	42.6	2.4	42.6	7.1	3.3	2.1
城镇家庭	44.2	0.8	38.3	12.5	3.3	0.8

■总体　■农村家庭　▨城镇家庭

图 4—4　城乡家庭融资渠道　（单位:%）

元之间，有 17.7% 的家庭债务水平在 30001—50000 之间，有 19% 的家庭债务水平在 50001—100000 元之间，有 7.4% 的家庭债务水平在 10 万元及以上；在城镇家庭中，有 9.3% 的家庭债务水平在 5000 元及以下，有 7% 的家庭债务水平在 5001—10000 元之间，有 18.6 的家庭债务水平在 10001—30000 元之间，有 17.4% 的家庭债务水平在 30001—50000 之间，有 18.6% 的家庭债务水平在 50001—100000 元之间，有 29.1% 的家庭债务水平在 10 万元及以上；从城乡家庭整体状况来看，有 8.8% 的家庭债务水平在 5000 元及以下，有 12.6% 的家庭债务水平在 5001—10000 元之间，有 28.7% 的家庭债务水平在 10001—30000 元之间，有 17.7% 的家庭债务水平在 30001—50000 之间，有 18.9% 的家庭债务水平在 50001—100000 元之间，有 13.2% 的家庭债务水平在 10 万元及以上。由此可以看出，城乡家庭整体的债务水平基本在 1 万到 3 万之间，农村的家庭债务水平和总体保持一致，但城市大部分家庭的债务水平基本在 10 万以上，城乡在债务水平上有较大的差异。

（四）城乡家庭的债务用途

图 4—6 描述了本次调查中城乡家庭债务的用途。图表显示，在农村家庭债务用途中，买粮食、食物和耐用消费品占 4.9%，看病占 23.1%，婚丧、礼金、社会交往活动占 6.9%，交学费占 10.3%，农业产品消费占 13.3%，税费和还债占 3.9%，做生意占 3.4%，买房和修房占 28.3%，

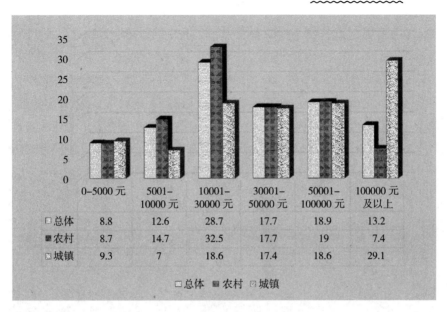

	0-5000元	5001-10000元	10001-30000元	30001-50000元	50001-100000元	100000元及以上
□总体	8.8	12.6	28.7	17.7	18.9	13.2
■农村	8.7	14.7	32.5	17.7	19	7.4
▨城镇	9.3	7	18.6	17.4	18.6	29.1

□总体 ■农村 ▨城镇

图4—5 城乡家庭债务水平 （单位:%）

其他占5.8%；在城镇家庭债务用途中，买粮食、食物和耐用消费品占3.1%，看病占8.3%，婚丧、礼金、社会交往活动占8.3%，交学费占3%，农业产品消费占5.3%，税费和还债占2.3%，做生意占21.1%，买房和修房占45.1%，其他占3.9%；从城乡家庭整体债务用途来看，买粮食、食物和耐用消费品占4.5%，看病占19.4%，婚丧、礼金、社会交往活动占7.2%，交学费占8.5%，农业产品消费占11.3%，税费和还债占3.5%，做生意占7.8%，买房和修房占32.4%，其他占5.4%。由此可以看出，城乡大部分家庭的债务主要是用来买房和修房。农村家庭债务除了买房和修房外，大部分债务被用于交学费和农业产品的消费，而城镇大部分家庭的债务主要用来买房、修房以及做生意。

从上述分析得出，不论农村还是城镇，债务的主要用途为买房、修房，这意味着房产的持有状况是影响家庭负债的重要因素。出现这种现象的原因主要有两个方面：第一，家庭借贷行为在推动家庭住房、汽车消费方面作用显著；第二，中国的家庭债务积累起步晚，但增速迅猛，给宏观经济的稳定运行也带来隐忧。因此，推动家庭债务规模合理发展、充分发挥家庭信贷在促进经济增长方式转变及经济结构调整中的作用十分必要。通过提高居民（尤其是中低收入者）的收入水平、合理调控抑制房价过

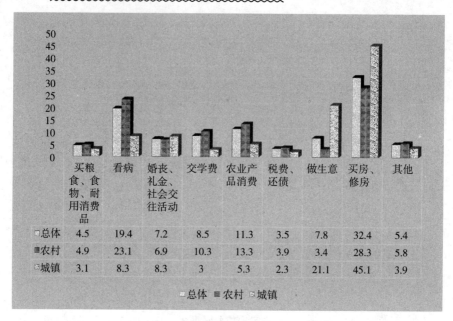

图4—6　城乡家庭的债务用途　　（单位:%）

快增长、倡导构建理性的住房消费观，特别是进一步完善保障房、廉租房的供给机制、分配机制，强化对保障房和廉租房分配、使用、退回的监督管理，尽可能减少保障房和廉租房分配不公、低效使用、不合理使用的情况，达到优化城镇居民消费结构，促进经济、社会的可持续发展。①

　　另外，对家庭来说，住房既是消费品，又是投资品。家庭可以通过借款而进行住房投资。Debelle 的研究发现，北欧国家和英国家庭拥有住房所有权的比率越高，负债水平也越高；住房所有权与负债的这种关系主要决定于购房成本，收入一定，房价越高，购买住房的债务负担越重。房价上升，家庭所居住的房屋价值增加，潜在抵押价值增加，房价上升对负债增长具有促进作用。② 最后，城市家庭的债务用途与农村家庭有明显的不同，这也反映出不同的收入结构和消费结构对于城乡人民生活的影响有所不同。

　　看病是农村家庭仅次于买房、修房的借债原因。城镇居民的借债原

---

　　①　朱小燕：《论城镇居民购房支出对家庭一般性消费的影响》，《消费经济》2014 年第 5期。

　　②　何丽芬：《中国家庭负债状况、结构及其影响因素分析》，《华中师范大学学报》（人文社会科学版）2012 年第 1 期。

因中看病仅占 8.3%，而农村家庭因看病而借债的原因所占比例为 23.1%。农村居民医疗保健方面的支付能力要低于城镇居民。造成这种状况的主要原因有两个方面：一方面，国家推行的医疗保障体制改革对减轻农民负担、缩小城乡差距起了明显作用；另一方面，城镇内部收入不平等导致的消费不平等和医疗保健不平等较农村内部严重，但城镇医疗体制改革政策降低了城镇居民的医疗负担也减轻了内部不平等。因此，我国医疗保健支出不平等的重点还是在农村：农村资源分布的不平衡使农村居民不易取得需要的医疗服务且医疗价格变动对农村居民的影响较城镇居民大。[①]

第二节　贫困监测

2011 年，中国将农村贫困标准从人均年收入 2300 元提高到 2800 元，按购买力平价计算相当于每天 2.2 美元，略高于世界银行制定的每天 1.9 美元的贫困标准。2014 年国家统计局数据监测显示，现行标准下中国还有 7017 万贫困人口，中国还面临着严峻的扶贫考验。[②] 本次调查中，我们以主观自评的方式进行了贫困监测。

一　上五年内家庭经济状况变化感知

表 4—10　　　　　上五年内家庭经济状况变化感知　　　　（单位：%）

	整体	农村	城镇
变好了很多	28.4	31.7	24.2
好了一些	38.7	40.8	36
基本没有变化	19.4	15.7	24.2

---

① 罗丽娟：《现行医疗保障体制下我国居民医疗保健支出的研究》，硕士学位论文，西南财经大学，2012 年。

② 资料来源：新华网，《国务院扶贫办：我国现行贫困标准已高于世行标准》，2015 年 12 月 16 日。

续表

	整体	农村	城镇
差了一些	8.3	6.1	11.2
变差了很多	4.6	5.5	3.6

表4—11是经济状况变差的原因选择情况。认为自己家庭经济状况变差的这部分人在选择上五年内家庭经济状况变差的原因时，"家有长期患病者，医药负担加重"、"工资收入低"和"家庭劳动力变少，需要养活的人口多"位列家庭经济状况变差的原因的前三位。这其中，农村家庭经济状况变差的首要原因为"家有长期患病者，医药负担加重"，"家庭劳动力变少，需要养活的人口多"、"孩子上学费用增高"和"工资低"位列农村家庭经济状况变差的原因的二、三位；城镇家庭经济状况变差的首要原因为"工资收入低"，"家有长期患病者，医药负担加重"、"主要劳动力失业，下岗，找工作很难"为城镇家庭经济状况变差的二、三位原因。从以上原因解释可以看出，家庭医疗负担和工作情况变化在城市和农村中都成为主要的致贫风险。

表4—11　　　　　　经济状况变差的原因选择　　　　（单位：%）

	整体	农村	城镇
有长期患病者	29.2	36.5	22
有残疾人或精神病人	4.7	7	2.5
孩子上学费用增高	11.6	9.6	13.6
劳动力失业	9.9	4.3	15.3
工资低	21	9.6	32.2
劳动力减少	18.5	24.3	12.7
自然灾害等使丧失经济来源	5.2	8.7	1.7

二　家庭紧急资金的筹集能力

表4—12是家庭紧急资金的筹集能力的情况，资金额度分为大额度15000元和小额度300元，时间为一星期。在大额度15000元的筹集情况中，21.7%的人可以使用家庭储蓄筹集到；27.1%的人需要通过别人的帮

助才能筹集到；13.4%的人不确定是否能够筹集到；35.5%的人选择了
"根本不能"筹集到。在农村中，44.3%的人认为自己根本不能在一星期
内筹集到15000元；认为能筹集到的人，28.3%的人需要通过别人的帮
助，11.4%的人有可以使用的积蓄。在城镇中，34.8%的人可以用积蓄；
25.5%的人需要通过别人的帮助才能筹集到；24.3%的人认为根本不能在
一星期内筹集到15000元。当额度为300元时，基本上不存在筹集不到的
情况。从以上分析可以看出，当家庭需要大额的紧急资金时，城市的筹集
能力要强于农村。

表4—12　　　　　　　　　　家庭紧急资金的筹集能力　　　　　　　（单位:%）

		能，用自己的积蓄	能，通过别人的帮助	也许能，但不一定	根本不能	不知道
能在一星期筹到15000元	总体	21.7	27.1	13.4	35.5	1.9
	农村	11.4	28.3	13.7	44.3	1.8
	城镇	34.8	25.5	13.1	24.3	1.9
能在一星期筹到300元	总体	80.8	13.1	3.8	1.9	0.2
	农村	78	15.7	3.5	2.4	0.4
	城镇	85.5	8.7	4.2	1	0

三　居民对政府改善生活的期待

　　表4—13是居民对政府改善生活计划的期待，从本次调查的情况来
看，受访者最希望政府在医疗健康和就业方面改善本地居民的生活，这一
结果符合之前自评中我们得出的高致贫风险因素：医疗和工作情况变化。
农村受访者中，32.6%的受访者希望在医疗健康方面有所改善，受访者希
望在就业、交通和教育/培训方面有所改善的比例分别为19.5%、16.4%
和14.2%，希望在住房方面改善的受访者仅占8.9%。城镇受访者中，
36.5%的受访者希望在医疗健康方面有所改善，就业是城镇受访者第二个
想要改变的方面，占比20.7%，希望住房、教育/培训有所改善的比例分
别是15.6%和13.3%，而交通方面希望改善的受访者仅占8%。从以上结
果可以看出，医疗和就业是居民最关注的两大问题，虽然城乡医疗合作制
度已经实现了全覆盖，但是从居民的期待来看，政府还需在制度完善和调

整方面做出更多努力来更好地服务大众。关于就业问题，结合前文的分析，农村的问题主要存在于劳动力变少，可能的原因是大量劳动力外出打工，这对于我国家庭农业生产方式的影响是巨大的。城镇的问题在于下岗、失业、找工作难和工资低。

表4—13　　　　　　　居民对政府改善生活的期待　　　　　　（单位：%）

	整体	农村	城镇
交通	12.7	16.4	8
教育/培训	13.8	14.2	13.3
医疗健康	34.3	32.6	36.5
住房	11.9	8.9	15.6
就业	20	19.5	20.7
其他	7.2	8.3	5.9
合计	100	100	100

四　五年后家庭经济状况变化预期

表4—14是对居民对五年后家庭经济状况变化的预期。从本次调查数据来看，55%的家庭认为家庭经济状况在五年后"会有所改善"；24.1%的家庭认为家庭经济状况在五年后"说不清"；14.5%的家庭认为家庭经济状况在五年后"会差不多"；认为家庭经济状况在五年后"会变得更差"的家庭占5.7%。农村家庭中，59.6%的家庭认为家庭经济状况在五年后"会有所改善"；20.7%的家庭认为家庭经济状况在五年后"说不清"；13%的家庭认为家庭经济状况在五年后"会差不多"；认为家庭经济状况在五年后"会变得更差"的家庭占6%。城镇家庭中，49.3%的家庭认为家庭经济状况在五年后"会有所改善"；28.4%的家庭认为家庭经济状况在五年后"说不清"；16.4%的家庭认为家庭经济状况在五年后"会差不多"；认为家庭经济状况在五年后"会变得更差"的家庭占5.3%。可以看出，更多的农村居民对未来的生活选择了好的预期，更多的城镇居民选择了无法对未来的生活作出预期。

表4—14　　　　　　　　五年后家庭经济状况变化预期　　　　（单位:%）

	整体	农村	城镇
会有所改善	55	59.6	49.3
会差不多	14.5	13	16.4
会变得更差	5.7	6	5.3
说不清	24.1	20.7	28.4
没有回答	0.7	0.7	0.6
合计	100	100	100

五　居民对日常生活的负担程度

表4—15是居民日常生活的负担程度，包括日常医疗、教育投资、生活品质三个方面共5个问题，依次为：得了小病就能去看、送孩子上初中、每年置办几件新衣服、买一些必要的家具、一周至少吃3次肉、鸡或鱼。"得了小病就能去看"，92.3%的人选择了能负担，7.3%的人认为自己不能负担；分城乡来看，城市中6.3%的人选择了不能负担，农村中这一比例为8.1%。"送孩子上初中"，87.9%的人选择了可以负担，7%的人认为自己不可以负担；分城乡来看，城市中4.3%的人选择不能负担，农村中这一比例为9%。"每年置办几件新衣服"，86.7%的人选择了能负担，11.4%的人认为自己不能负担；分城乡来看，城市中7.2%的人认为自己不能负担，农村中这一比例为14.7%，农村高于城市。"买一些必要的家具"，67.7%的人认为自己可以负担，27.4%的人选择了不能负担；分城乡来看，城市中20.7%的人认为自己不能负担，农村中这一比例为32.5%。"一周至少吃3次肉、鸡或鱼"，62.1%的人选择能负担，33.9%的人认为自己不能负担；分城乡来看，城市中19.9%的人选择不能负担，农村中这一比例为44.8%，农村明显高于城市。

从以上结果可以看出，整体来看，不能负担表4—15中的五项内容的大致呈现比例依次增多的趋势，也就是说，对居民来说，日常生活中下列五项的负担是依次加重的，对于居民来说，"得了小病就能去看"是负担最小的，"一周至少吃3次肉、鸡或鱼"是负担最重的。同时，上述趋势在城乡中都适用。

表 4—15　　　　　　　　　　日常生活的负担程度　　　　　　　（单位：%）

	能负担			不能负担		
	总体	城市	农村	总体	城市	农村
得了小病就能去看	92.3	93.4	91.4	7.3	6.3	8.1
送孩子上初中	87.9	90.3	86	7	4.3	9
每年置办几件新衣服	86.7	90.8	83.4	11.4	7.2	14.7
买一些必要的家具	67.7	76	61.2	27.4	20.7	32.5
一周至少吃3次肉、鸡或鱼	62.1	75.8	51.4	33.9	19.9	44.8

第三节　就业与职业

　　就业是民生之本，是人民改善生活的基本前提和基本途径。中国有近13亿人口，是世界上人口最多的国家。就业不仅涉及一个人的生计问题，还影响到一个人是否可以有尊严地活着。[①] 在中国，解决就业问题任务繁重、艰巨、紧迫。中国劳动年龄人口众多，国民教育水平较低，就业矛盾十分突出。解决就业和再就业问题之所以重要，是因为它关系人民群众的切身利益，关系改革发展稳定的大局，关系全面建设小康社会宏伟目标的实现。群众的利益是具体的，就业是民生之本。只有通过就业，一个人才能获得收入、安居乐业、实现价值，社会才能不断发展和进步。扩大就业、促进再就业，也是调整经济结构、深化国有企业改革、推动农村城镇化建设的关键。当前，就业问题已对我国经济社会的发展构成重大挑战，只有扩大就业、促进再就业，才能为经济社会的持续健康发展提供必要的前提和基础。在我国这样一个有着近13亿人口的发展中国家，不能较好地解决就业问题，许多愿望和目标都将无法实现。为准确全面了解西部大开发政策实施以来，甘肃省的劳动力资源和就业情况，本次调查延续了2004年的调查指标，主要包括年龄、性别、受教育程度、就业状况、工作意愿、收入等项内容。

---

　　① 《总理精彩问答解读：就业关系到人的生计和尊严》，新华网，http：//news. xinhuanet. com/politics/2009—03/01/content_ 10918558. htm。

一 就业状态

（一）16岁及以上人口就业状态

一般而言，通常将16岁以上具有劳动能力，参加或要求参加社会经济活动的人口称之为劳动人口。对该群体进行就业率和失业率的统计，有助于更好地了解国家的经济发展状况和民生情况。本次调查中的就业状态是根据受访者在接受调查时的最近七天内参加社会经济活动的情况，处于劳动年龄（16周岁及以上）的人口可以分为工作、失业和不在劳动力市场三种状态。以下为甘肃省2014年和2004年家户生计调查中16岁及以上人口就业状态的调查数据。

从表4—16可以看出，2014年城镇就业率为56.8%，失业率为6.6%，不在劳动力市场的比率在此次调查中为36.6%。农村就业率为73.5%，失业率为5.0%，不在劳动力市场的比率在此次调查中为21.5%。从表4—16可以看出，2004年城镇就业率为61.6%，失业率为3.1%，不在劳动力市场的比率在此次调查中为35.3%。农村就业率为86.6%，失业率为0.4%，不在劳动力市场的比率在此次调查中为13.0%。2014年无论是城镇的就业率还是农村的就业率较2004的数据都有所下降。

表4—16　　　　　　16岁及以上人口就业状态　　　　（单位：%）

		就业率	失业率	不在劳动力市场
2014年	城镇	56.8	6.6	36.6
	农村	73.5	5.0	21.5
2004年	城镇	61.6	3.1	35.3
	农村	86.6	0.4	13.0

（二）不同年龄段劳动人口就业状态

不同年龄段劳动人口的就业率与失业率能够很好地反映不同年龄层次的就业状况。以下为本次调查中，不同年龄段受访对象就业与失业情况。

从表4—17我们可以看出16—19岁就业百分比是31.0%，失业百分比是69.0%；20—24岁就业百分比是63.0%，失业百分比是37.0%；25—29岁就业百分比是83.2%，失业百分比是16.8%；30—34岁就业百分比是 84.7%，失业百分比是 15.3%；35—39 岁就业百分比是 85.6%，失业百分比是 14.4%；40—44 岁就业百分比是 87.5%，失业百分比是 12.5%；45—49 岁就业百分比是 80.4%，失业百分比是 19.6%；50—54 岁就业百分比是 70.9%，失业百分比是 29.1%；55—59 岁就业百分比是 67.3%，失业百分比是 32.7%；60—64 岁就业百分比是 56.4%，失业百分比是 43.6%；65—69 岁就业百分比是 48.2%，失业百分比是 51.8%；70—74 岁就业百分比是 21.1%，失业百分比是 78.9%；75 岁及以上就业百分比是 36.0%，失业百分比是 64.0%。我们可以明显看出，年龄为 40—44 岁间的人们就业百分比最高，为 87.5%。其次是 35—39 岁间的人们，就业百分比为 85.6%。

表 4—17　　　　　　　　不同年龄段劳动人口就业状态　　　　（单位：%）

	就 业	失 业
16—19 岁	31.0	69.0
20—24 岁	63.0	37.0
25—29 岁	83.2	16.8
30—34 岁	84.7	15.3
35—39 岁	85.6	14.4
40—44 岁	87.5	12.5
45—49 岁	80.4	19.6
50—54 岁	70.9	29.1
55—59 岁	67.3	32.7
60—64 岁	56.4	43.6
65—69 岁	48.2	51.8
70—74 岁	21.1	78.9
75 岁及以上	36.0	64.0

（三）工作意愿

通常，学界一般将失业分为三种类型，即摩擦性失业、结构性失业和周期性失业。[①] 而就业意愿通常是影响摩擦性失业和结构性失业的重要因

————————————

① 《周期性失业需要政府行为》，腾讯网，http://finance.qq.com/a/20100820/003338.htm。

素。本次对就业意愿的调查包括最近 7 天是否愿意工作、不想工作的最主要原因等内容。受访者回答情况如图所示：

从表 4—18 中可以看出，最近 7 天城镇中愿意去工作的人数占总人数的 11.6%；不愿意去工作的占总人数的 82.8%；不知道的占 3.4%；没有回答的占 2.2%。农村中最近 7 天愿意去工作的占总人数的 12.0%；不愿意去工作的占总人数的 83.7%；不知道的占总人数的 4.0%；没有回答的占总人数的 0.3%。

表 4—18　　　　　　最近七天工作意愿　　　　　（单位:%）

	愿意工作	不愿意工作	不知道	没有回答
城镇	11.6	82.8	3.4	2.2
农村	12.0	83.7	4.0	0.3

对于不想工作的最主要原因，从表 4—19 中，我们可以看出，排名前三的原因是退休了/年纪太大了、是在校生、全天做家务劳动，结合表 4—18，我们也可以推测本次调查受访对象老人、学生、留守妇女所占比例较多，而青壮年劳动人口所占较少。

表 4—19　　最近 7 天不想工作/不能工作/没有找工作的最主要原因　（单位:%）

最近 7 天不想工作/不能工作/没有找工作的最主要原因	百分比
已经找好了工作，但还没有开始工作	0.9
可以找到工作，但收入不理想	0.3
可以找到工作，但工作条件不理想	0.3
找不到与自己的知识能力相适应的工作	1.2
找不到合适的工作，失去找工作的希望	1.2
是在校学生	20.3
全天做家务劳动	11.5
参与社会活动或照料他人	4.7
不需要工作，有独立的经济来源	0.4
残疾或生病等生理原因	7.9
退休了/年纪太大了	41.3

续表

家里人不同意/不符合当地风俗	0.5
其他原因	7.6
不知道	1.2
没有回答	0.8
合计	100.0

（四）就业与受教育程度的关系

教育与人们就业的关系一直是教育经济学学科十分重要的研究课题。20 世纪 90 年代，随着社会主义市场经济体制的确立和劳动就业制度改革的不断深入，教育在解决社会就业问题、提高个人工作收入中的作用不断显现出来。下表为就业人口中，不同教育程度所占比例。

从表 4—20 可以看出，在业人口中没上过学的占总人数的 14.8%，小学或未读完小学学历的占总人数的 18.9%，初中学历的占总人数的 32.7%，高中学历的占总人数的 16.1%，大专及以上学历的占总人数的 17.5%。在此次调查的数据中，我们可以看出，当前就业人口中，高中及以上所占比例仅为 33.6%，劳动者受教育程度普遍偏低。从当前的经济形势来看，未来一段时期内我国要面临经济结构和产业结构转型升级加快的问题。在转型中，那些学历较低、掌握的技术比较单一的劳动者，很难适应产业转型后新兴产业的技术需求，从而较难在新兴产业中就业。所以产业结构转型升级造成的失业率上升也将是未来各级政府和社会可能面对的新问题。

表 4—20　　　　　劳动就业人口受教育程度　　　　单位:%

	没上过学	小学或未读完	初中	高中	大专及以上	合计
在业	14.8	18.9	32.7	16.1	17.5	100.0

二　职业状况

职业是参与社会分工，利用专门的知识和技能，为社会创造物质财富和精神财富，获取合理报酬作为物质生活来源、并满足精神需求的工作。社会分工是职业分类的依据。在分工体系的每一个环节上，劳动对象、劳动工具以及劳动的支出形式都各有特殊性，这种特殊性决定了各种职业之间的区别。[①] 本次调查借鉴国际通用的职业分类标准，将劳动就业人口的工作领域划分为九个大类：没有单位（自雇佣/农民）、国有企业、城市集体企业、乡镇集体企业、私营/民营企业、三资企业/外资企业（含港澳台投资）、个体经营（含个体工商户/个人合伙）、事业单位、国家机关/政党机关、工青妇/文联/作协/科协等人民团体、社会团体/基金会/民间组织、居委会/村委会。

（一）就业人口的单位性质

就业人口的单位性质反映了职业的社会属性，在职业状况中在业人口的单位性质是较为重要的指标之一。

在从表4—21可以看出，城镇居民没有单位的人数占总就业人口的18%；单位性质为国有企业的占14.5%；单位性质为城市集体企业的占0.3%；单位性质为乡镇集体企业的占0.1%；单位性质为私营/民营企业的占25.7%；单位性质为三资企业/外资企业（含港澳台投资）的占0.8%；单位性质为个体经营（含个体工商户/个人合伙）的占17.3%；单位性质为事业单位的占14.1%；单位性质为国家机关/政党机关的占4.7%；单位性质为工青妇/文联/作协/科协等人民团体的占0.1%；单位性质为社会团体、基金会、民间组织的占0.1%；单位性质为居委会/村委会的占1.1%；其他的占3.0%。而在农村没有单位（自雇佣/农民）所占的比例为70.5%；其次为私企/民营企业的就业人员，占到17.0%。

表4—21	就业人口的单位性质	（单位:%）
	城镇	农村
没有单位（自雇佣/农民）	18.0	70.5
国有企业	14.5	1.9
城市集体企业	0.3	0.1
乡镇集体企业	0.1	0.1
私营/民营企业	25.7	17.0
三资企业/外资企业（含港澳台投资）	0.8	0.4

① 陈姗姗，吴华宇：《大学生职业生涯规划与就业创业指导》，中国经济出版社2012年版。

续表

	城镇	农村
个体经营（含个体工商户/个人合伙）	17.3	4.4
事业单位	14.1	1.3
国家机关/政党机关	4.7	0.4
工青妇/文联/作协/科协等人民团体	0.1	0.1
社会团体、基金会、民间组织	0.1	0.1
居委会/村委会	1.1	0.4
其他	3.0	3.1
合计	100.0	100.0

（二）就业人口对工作的满意度

就业人口对从事工作的满意度，反映了个人的职业兴趣。本次调查将个人对工作的满意度分为4个指标：特别满意、比较满意、不太满意、很不满意。

从表4—22可以看出，城镇受访对象对工作特别满意的占受访人数的6.5%；比较满意的占受访人数的63.9%；不太满意的占总人数的23.6%；很不满意的占总人数的6.0%。农村受访对象中对工作特别满意的占受访人数的7.8%；比较满意的占受访人数的59.5%；不太满意的占总人数的29.3%；很不满意的占总人数的3.4%。

表4—22　　　　城乡就业人口的工作满意度　　　　（单位：%）

	特别满意	比较满意	不太满意	很不满意	合计
城镇	6.5	63.9	23.6	6.0	100.0
农村	7.8	59.5	29.3	3.4	100.0

（三）职工福利

《中华人民共和国劳动法》规定，用人单位应当创造条件，改善集体福利，提高劳动者的福利待遇[1]。但是目前，对于职工福利（也可称之为

---

① 资料来源：中华人民共和国中央人民政府门户网，http：//www.gov.cn/banshi/200505/25/content_ 905.htm。

职业福利），我国立法尚没有作出清晰的界定。西方有劳动福利一说，它是企业为满足劳动者的生活需要，在工资和奖金收入之外，向员工本人及其家庭提供的货币、实物及其他服务的劳动报酬。劳动福利是薪酬组成的一个重要部分，是工资和奖金等现金收入之外的一个重要补充，也是目前在西方发达国家推行的全面薪酬战略中的一个关键环节。但是，目前，在职工福利的落实上，东部地区与西部地区、事业单位与企业之间也存在较大差异。从表4—23我们可以看出"是否因干这份工作得到过福利"的情况。

该问题有效的回答人数是1354人，占受访者人数的25.6%。从具体的福利情况来看，因干这份工作得到过免费午餐福利的人数占受访人数的11.4%；得到过免费住宿福利的占总受访人数的10.9%；得到过住房补贴福利的占总受访人数的4.4%；得到过医疗福利的占受访人数的6.7%；得到过免费打电话/手机福利的占受访人数的1.3%；得到过配专车福利

表 4—23　　　　　　　职业福利情况　　　　　　（单位：次；%）

职业福利	频次	百分比
免费工作餐	154	11.4
免费住宿	148	10.9
住房补贴	59	4.4
医疗福利	91	6.7
免费打电话/手机	18	1.3
配专车	5	0.4
上下班或工作中的免费交通	10	0.7
免费度假、旅游或娱乐	19	1.4
没有与这份工作相关福利	751	55.5
不知道	80	5.9
没有回答	19	1.4
总计	1354	100.0

的占受访人数的 0.4%；得到过上下班或工作中的免费交通福利的占受访人数的 0.7%；得到过免费度假、旅游或娱乐福利的占受访人数的 1.4%；回答是没有与这份工作相关福利的人数占受访人数的 55.5%；回答为不知道的占总受访人数的 5.9%；没有回答的占总受访人数的 1.4%。从受访情况我们可以看出，仍有一半的从业者，没有享受过任何职业福利。在落实企业员工福利的道路上，与东部地区仍有很长的路要走。

三　劳动权益与技能

（一）劳动合同签订情况

《中华人民共和国劳动法》中认为，合同是指劳动者与用人单位之间确立劳动关系，明确双方权利和义务的协议①。劳动合同是劳动者与用工单位之间确立劳动关系，明确双方权利和义务的协议。根据这个协议，劳动者加入企业、个体经济组织、事业组织、国家机关、社会团体等用人单位，成为该单位的一员，承担一定的工种、岗位或职务工作，并遵守所在单位的内部劳动规则和其他规章制度；用人单位应及时安排被录用的劳动者工作，按照劳动者提供劳动的数量和质量支付劳动报酬，并且根据劳动法律、法规规定和劳动合同的约定提供必要的劳动条件，保证劳动者享有劳动保护及社会保险、福利等权利和待遇。

从长远来看，签订劳动合同可以有效维护用人单位与劳动者双方的合法权益：一方面，在合同期内，用人单位和劳动者都不能随意解除劳动合同（即劳动关系），这就在法律层面保护了双方的利益；合同期满后，用人单位与劳动者可就是否继续签订劳动合同进行商议，保证了用人单位用人以及劳动者求职的灵活性；当然，签订劳动合同更有利于妥善处理劳动争议，维护劳动者的合法权益。从法理上来讲，如果没有劳动合同，劳动者在与劳动用人单位发生争议（工资收入、工作时间、工作条件）时，由于没有证据而遭受损失。以下是本次家户生计调查时，随机受访个人与单位/雇主签订书面合同的情况。

表 4—24 有效回答人数是 175，占受访人数的 16.2%。其中 2014 年

---

① 《中华人民共和国劳动法》，中华人民共和国中央人民政府门户网站，http://www.gov.cn/banshi/2005—05/25/content_ 905. htm。

户籍为城镇的员工与单位/雇主签订合同的比例是57.3%，没有签订的比例是42.7%。农村的在业人员签订合同的比例是24.0%，没有签订合同的比例是76.0%。

而2004年与2014年签订书面合同比例的比较（表4—25），2004年签订合同的比例是37.3%，而2014年随机受访个人签订合同的比例是52.6%。2014年与2004年相比，随机受访个人与单位/雇主签订合同的比例明显增高。由此可以看出，随着法治理念的深入人心，就业群体对于签订合同意识也有所提高。依靠合同来维护自身合法权益，也逐渐为人们所认同。①

表4—24　　　　2014年城镇及农村与雇主签订书面合同情况　　　（单位:%）

	签订合同	没有签订合同	合计
城镇	57.3	42.7	100.0
农村	24.0	76.0	100.0

表4—25　　　　2004年和2014年受访者与雇主签订书面合同情况　　　（单位:%）

	签订合同	没有签订合同	合计
2004年	37.3	62.7	100.0
2014年	52.6	47.4	100.0

（二）女职工产假权

产假，是指在职妇女产期前后的休假待遇。《中华人民共和国劳动法》和《女职工劳动保护特别规定（草案）》中，对女性劳动者产假均作出了明确规定。以《女职工劳动保护特别规定（草案）》为例，该条例规定：女职工生育享受98天产假，其中产前可以休假15天；难产的，增加产假15天；生育多胞胎的，每多生育1个婴儿，增加产假15天。女职工怀孕未满4个月流产的，享受15天产假；怀孕满4个月流产的，享受42天产假。女职工产假期间的生育津贴，对已经参加生育保险的，按照用人单位上年度职工月平均工资的标准由生育保险基金支付；对未参加生育保险的，按照女职工产假前工资的标准由用人单位支付。女职工生育或者流

_____

① 从数据上我们也可以看出农村签订就业合同的比率较低，但是农村以自雇佣为主，故在此没有进行分析。

产的医疗费用，按照生育保险规定的项目和标准，对已经参加生育保险的，由生育保险基金支付；对未参加生育保险的，由用人单位支付①。以下是甘肃随机受访个人所在单位女职工怀孕后休产假的情况。

从表4—26可以看出，2014年城镇随机受访者所在单位女职工怀孕后都会有带工资的产假的百分比是71.5%，都会有无工资产假的百分比是5.1%，会失去工作的百分比是15.3%，其他/不一定百分比是8.0%。2014年随机受访农村个人所在单位女职工怀孕后都会有带工资的产假的百分比是26.3%，都会有无工资产假的百分比是15.8%，会失去工作的百分比是57.9%，其他/不一定百分比是0%。

表4—26　　城镇和农村不同户籍受访者所在单位享受带薪产假情况　（单位:%）

	都会有带工资的产假	都会有无工资的产假	会失去工作	其他/不一定	合计
城镇	71.5	5.1	15.3	8.0	100.0
农村	26.3	15.8	57.9	0.0	100.0

从表4—27可以看出，2004年随机受访个人所在单位女职工怀孕后都会有带工资的产假的百分比是48.0%，都会有无工资产假的百分比是14.3%，会失去工作的百分比是19.8%，其他/不一定百分比是17.9%。而2014年随机受访个人所在单位女职工怀孕后都会有带工资的产假的百分比是66.0%，都会有无工资产假的百分比是6.4%，会失去工作的百分比是20.5%，其他/不一定百分比是7.1%。

从受访数据来看，城镇女性就业劳动者的产假权益得到了较好的维护，而农村女性劳动者生育时可能面临产后失业的危机。

表4—27　　　2004年和2014年受访者所在单位带薪休产假情况　（单位:%）

	都会有带工资的产假	都会有无工资的产假	会失去工作	其他/不一定	合计
2004年	48.0	14.3	19.8	17.9	100.0
2014年	66.0	6.4	20.5	7.1	100.0

---

① 资料来源：中华人民共和国中央人民政府门户网站，http://www.gov.cn/zwgk/201205/07/content_ 2131567. htm。

（三）休假情况

休息休假权指劳动者在参加一定时间的劳动、工作之后所获得的休息休假权利。我国劳动法和多部法律对劳动者的休息休假权都作出了详细的规定。《中华人民共和国劳动法》第四章关于工作时间和休息休假作了"国家实行劳动者每日工作时间不超过八小时、平均每周工作时间不超过四十四小时的工时制度"等十余条规定；第六章关于"女职工和未成年工特殊保护"对用人单位必须遵守的有关工作时间和女职工、未成年职工的休息休假的标准、劳动者享有的休息休假权等作了规定①。同时，为了保证这些规定的实施，我国法律还对有关条款执行的监督检查和法律责任作了明确规定。这些规定不仅旨在保证劳动者实现好休息权，保护劳动者身体健康，提高工作效率；同时也保证了劳动者有充分的自由支配时间，便于参加科学技术文化教育，构建和谐家庭生活，从而充分调动劳动者的积极性和创造性。

从表4—28可以看出2014年城镇随机受访个人有带薪休假的人数占随机受访人数的49.0%，有不带薪休假的占10.5%，没有休假的占40.5%。而2014年农村随机受访个人有带薪休假的人数占随机受访人数的19.2%，有不带薪休假的占30.8%，没有休假的占50.0%。而对2004年与2014年受访者享受带薪休假情况进行对比，其中2004年随机受访个人有带薪休假的人数占随机受访人数的31.4%，有不带薪休假的占24.2%，没有休假的占44.4%；2014年随机受访个人有带薪休假的人数占随机受访人数的44.7%，有不带薪休假的占13.4%，没有休假的占41.9%。

整体上可以看出，从2004年到2014年十年间，甘肃省城乡劳动者的带薪休假比例从31.4%提高到了44.7%。但是我们也应看到，在广大农村，仅有19.2%的劳动者享受到了带薪休假；城乡和农村的差异之大，这需要引起政府和企业给予反思与关注。

---

① 《中华人民共和国劳动法》，中华人民共和国中央人民政府门户网站，http://www.gov.cn/banshi/2005—05/25/content_ 905. htm。

表4—28　　　　　　　　受访者享受带薪休假情况　　　　　　　（单位:%）

		带薪休假	不带薪休假	没有休假	合计
2004 年	整体	31.4	24.2	44.4	100.0
2014 年	整体	44.7	13.4	41.9	100.0
	城镇	49.0	10.5	40.5	100.0
	农村	19.2	30.8	50.0	100.0

（四）工资拖欠情况

2003年10月24日，一则"农妇熊德明找总理讨薪"的新闻火遍了大江南北，"总理帮忙农民工讨薪"也成为了人们热议的话题。然而十余年过去了，拖欠工资尤其是拖欠农民工工资的新闻却仍然不时被曝出。甘肃作为我国劳动力输出大省，劳动者尤其是农村外出务工人员有无工资拖欠情况？本次调查设计了"您有没有遇到过单位/雇主拖欠工资"这一指标。

从表4—29可以看出2004年随机受访个人所在单位/雇主拖欠工资的比例是17.9%，不欠工资的比例是82.1%。而2014年随机受访个人所在单位/雇主拖欠工资的比例是3.8%，不欠工资的比例是96.2%。而就分户籍受访者我们可以看出2014年城镇随机受访个人所在单位/雇主拖欠工资的比例是3.8%，不欠工资的比例是96.2%；农村随机受访个人所在单位/雇主拖欠工资的比例是3.7%，不欠工资的比例是96.3%。

从数据中我们可以看出，十年来随着社会经济不断发展，法制体系不断完善，大部分城镇就业者和农村务工者都能拿到自己的"血汗钱"。

表4—29　　　　　　　　　　工资拖欠情况　　　　　　　　　（单位:%）

		欠工资	不欠工资	合计
2004 年	整体	17.9	82.1	100.0
2014 年	整体	3.8	96.2	100.0
	城镇	3.9	96.1	100.0
	农村	3.7	96.3	100.0

（五）职业技能培训

职业培训是直接为适应经济和社会发展的需要，对要求就业和在职劳动者以培养和提高素质及职业能力为目的的教育和训练活动。其目标在于提高劳动者的就业能力、工作能力和职业转换能力，促使劳动者顺利地实现就业和再就业。职业培训是提高劳动者素质的需要，是缓解就业压力的需要，同时也是提升企业竞争力的需要。从法律的角度讲，接受职业技能培训，是劳动者的重要权利。

从表4—30我们可以看出2004年随机受访个人所在单位/雇主出钱提供正式培训的百分比占37.1%，没有提供过正式培训的占62.9%。而2014年随机受访个人所在单位/雇主出钱提供正式培训的百分比占54.1%，没有提供过正式培训的占45.9%。就受访者户籍分类来看，2014年城镇随机受访个人所在单位/雇主出钱提供正式培训的百分比占60.4%，没有提供过正式培训的占39.6%。农村随机受访个人所在单位/雇主出钱提供正式培训的百分比占18.5%，没有提供过正式培训的占81.5%。但是，农民工作为我国当前就业和社会建设的主力军，其参加过正式劳动就业培训的比例仅为18.5%，因此，在加强职业培训上，需要企业、国家和社会三方的共同努力。

表4—30　　　　　　　　　提供正式培训情况　　　　　　　　（单位:%）

		提供过正式培训	没有提供过正式培训	合计
2004 年	整体	37.1	62.9	100.0
2014 年	整体	54.1	45.9	100.0
	城镇	60.4	39.6	100.0
	农村	18.5	81.5	100.0

本章小结

本次家计调查中，总的样本量是1051户，总共4331人，44%的城市样本，56%的农村样本。

从户均年收入和人均年收入可以看出，有50%的农村家庭的户均年收入在26320元及以下，有50%的城镇家庭的户均年收入在49200元及以下；有一半的农村家庭的人均年收入在8091元及以下，有一半的城镇家庭的人均年收入在17953元及以下。从户均年支出和人均年支出可以看出，有 50% 的农村家庭户均年支出在 24580 元及以下，有 50% 的城镇家庭的户均年支出在 42658 元及以下。有一半的农村家庭人均年支出在 5682 元及以下，有一半的城镇家庭的人均年支出在 13512 元及以下。城镇的户均年支出是农村的户均年支出的两倍左右，而城镇的人均年支出是农村人均年支出的 1.5 倍左右。

在对不同地区的调查中，总的样本量是 1075 户，总共 4451 人，兰州周边地区占 28%，河西地区占 26%，陇东南地区占 28%，两州两市占 18%。从户均年收入和人均年收入可以看出，这四个地方有明显的收入差距。兰州无论是户均年收入还是人均年收入都是四个地区中最高的，而两州两市地区户均年收入和人均年收入是四个地区中最低的。河西地区和陇东南地区的户均年收入和人均年收入基本持平。两州两市地区的户均年收入和人均年收入水平远低于其他三个地方，兰州周边地区的户均年收入是两州两市地区的两倍左右，人均年收入是两州两市地区的三倍左右。从户均年支出和人均年支出可以看出，河西地区无论是从户均年支出还是人均年支出都是四个地区中最高的，兰州周边地区位居第二，陇东南地区和两州两市地区基本持平。河西地区的户均年支出和人均年支出是陇东南地区和两州两市地区的两倍左右。

样本的收支结构，样本的收入结构主要分为经营性收入、工资性收入、转移性收入和财产性收入四个部分。其中从城乡家庭整体的户均收入结构来看，城乡的工资性收入和转移性收入都是最高的，财产性收入最低。支出结构主要分为日常消费性支出和非日常消费性支出（非消费性支出）两个部分。从城乡总体的支出结构来看，在消费性支出中，食品方面的支出最多。非消费性支出中购房和建房支出最多。

家庭债务方面，伴随着居民收入的增加和物价的上涨，城乡家庭的户均债务量均有大幅的上升，城乡大部分家庭将这些债务用来买房和修房。调查中，家庭的融资渠道主要有银行（信用社）、组织、亲戚、朋友、熟人。其中，银行、信用社以及亲戚是家庭最主要的融资渠道。

本次调查主要从以下五个方面进行贫困监测，依次是：对上五年内家庭经济状况变化感知、家庭紧急资金的筹集能力、居民对政府改善生活的期待、五年后家庭经济状况变化预期、居民对日常生活的负担程度。

就业状况，2014 年无论是城镇还是农村 16 岁及以上人口的就业率较

2004 的数据都有所下降。不同年龄段的就业状况也有明显的不同，40—44 岁间的人们就业百分比最高，为 87.5%；其次是 35—39 岁间的人们，就业百分比为 85.6%。当前就业人口中，高中及以上所占比例仅为 33.6%，劳动者受教育程度普遍偏低。从当前的经济形势来看，未来一段时期内我国要面临经济结构和产业结构转型升级加快的问题。在转型中，那些学历较低，掌握的技术比较单一的劳动者，很难适应产业转型后新兴产业的技术需求，从而较难在新兴产业中就业。所以产业结构转型升级造成的失业率上升也将是未来各级政府和社会可能面对的新问题。

本章参考文献

［1］《中国报告·民生》，北京大学中国社会科学研究调查中心 2009 年版，第 3 页。

［2］陈姗姗，吴华宇：《大学生职业生涯规划与就业创业指导》，中国经济出版社 2012 年版。

［3］安然：《教育公平视角下对农民工随迁子女教育问题的对策思考》，《学理论》2013 年第 3 期。

［4］郭新华：《中国家庭债务——消费与经济增长关系的实证分析》，《统计与决策》2010 年第 22 期。

［5］何丽芬：《中国家庭负债状况、结构及其影响因素分析》，《华中师范大学学报》（人文社会科学版）2012 年第 1 期。

［6］《家计调查》，《河南金融研究》1983 年第 4 期。

［7］李培林：《当代中国民生》，社会科学文献出版社 2010 年版，第 5—6 页。

［8］刘纯阳：《贫困地区农户教育投资行为的经济学分析》，《当代教育科学》2005 年第 21 期。

［9］罗丽娟：《现行医疗保障体制下我国居民医疗保健支出的研究》，硕士学位论文，西南财经大学，2012 年。

［10］潘燕：《论家庭子女教育投资中的非理性行为》，《西南师范大学学报》（人文社会科学版）2004 年第 11 期。

［11］温海滢：《中国城乡家庭子女教育支出研究述评》，《广东商学院学报》2009 年第 5 期。

［12］张俊浦：《甘肃农村家庭教育投资状况报告》，《青年研究》2007 年第 1 期。

［13］朱小燕：《论城镇居民购房支出对家庭一般性消费的影响》，《消费经济》2014 年第 5 期。

[14] 资料来源：新华网，《国务院扶贫办：我国现行贫困标准已高于世行标准》，2015 年 12 月 16 日。

[15] 《总理精彩问答解读：就业关系到人的生计和尊严》，新华网，http：//news. xinhuanet. com/politics/2009—03/01/content_ 10918558. htm。

[16] 《中华人民共和国劳动法》，中华人民共和国中央人民政府门户网站，ht-tp：//www. gov. cn/banshi/2005—05/25/content_ 905. htm。

第五章　农业生产

　　"西部家户生计与社会变迁"调查报告的农业生产部分旨在分析西部大开发以来甘肃省居民在农业生产方面的变化，希望通过对数据的客观分析从中发现优势与不足，为甘肃地区乃至西部地区更上一层的发展提供参考。落后与贫穷一直是甘肃省给人留下的印象，但是西部大开发的十多年间，甘肃省一直力争改变自己的面貌。虽然现在没有完全揭掉以往的贫穷落后的标签，但经过甘肃省多年努力，与甘肃省居民共同分享尽收眼底的成果。政府政策的支持给甘肃人民克服困难提供了后盾，不断提高的农业生产水平和农村居民的生活质量给居民增加了实现美好生活的信心。

　　甘肃农业生产一直不容乐观，虽然西部大开发带来了一些令人欣喜的改善，但是，甘肃省依然处于比较落后的地位，尤其是恶劣的自然条件极大地限制了甘肃省农业生产的发展。在调研走访的过程中可以直观感受到甘肃地区的农业发展举步维艰的现状。相对而言，甘肃地区的农业产业结构在不断提升、耕作模式逐步在优化、农作物产量在进一步提高，同时，政府也在实施"粮补"等惠农政策作为支持。然而，甘肃地区"天生"的劣势与"恶性循环"的处境令人堪忧。耕地贫瘠不利于农作物生长、土地零散不适合机械作业，以及旱灾频发与"靠天"灌溉形成鲜明的对比，这些问题都成为制约甘肃省农业发展的重要因素。而甘肃省农业生产条件相对优越的地区，也因为不是属于粗放型农业，就是处于转型过程当中，存在农业产业结构不合理、现代农业技术应用少、农产品商品化程度低等不同层次的问题，这些问题成为了当地居民缺乏收益和少收益的直接原因，挫伤农民的积极性。另外，农业发展滞后的现状引起劳动力的转移无疑是雪上加霜，其主要表现在农村向城市转移与农业向其他产业转移，很多地区留守从事农业生产的人员主要是妇女和老人，直接导致甘肃省农业生产劳动力不足，由此可见，农业从业人员精力投入不足，也是甘肃地区农业长期不能显著发展的重要因素。

实施"西部大开发"战略十多年以来，甘肃省农业生产发生了显著地变化，这对于甘肃省的经济生活产生了重要的影响。2015 年中央发布的一号文件再次聚焦"三农"，内容包括：建设现代农业，加快转变农业发展方式；围绕促进农民增收，加大惠农政策力度；围绕城乡发展一体化，深入推进新农村建设；围绕增添农村发展活力，全面深化农村改革；围绕做好"三农"工作，加强农村法治建设。农业自古以来是安身立命之本，而农业生产在社会安定和经济生活中占有举足轻重的地位，同时也为发展其他产业提供必要条件和保障，因此，重视农业生产对于推动社会发展具有非凡的意义。

总而言之，甘肃省的农业生产发展正处于有成就也有突出问题的阶段。成就主要是西部大开发以来针对甘肃省农业采取改善措施所取得的成绩，而其中的问题主要是遗留下来的历史难题和后来社会不断发展所衍生出来的新问题。本部分主要总结和分析甘肃省农业生产中的问题与成就，以及所呈现出的特征，并且，通过从纵向和横向两个角度与其他研究数据进行比对，以期得出真实有效的结论。

第一节　耕　地

"土地，作为自然经济综合体，既是生态环境各要素相互作用的联结纽带，又是人类生活、生产的空间载体，是人类社会赖以生存发展的最基本的自然资源"。[1] "民以食为天，食以土为源"，这里的"土"的含义主要是指：经过人类活动开垦并且常年种植生产农作物的耕地。目前人类生存所需蛋白质 95% 以上来自于耕地，可以说耕地资源是人类赖以生存的基础，也是土地资源中最为重要的一种利用类型。[2] 农业的发展和人们物质生活水平的提高，乃至整个国民经济的发展直接或间接依赖耕地数量的多寡和质量的好坏。重视保护耕地质量与数量对发展农业生产、维护社会

---

[1]　David Rhine. *Ray Hudson Land Use*. London：Methuen，1980，p. 3.

[2]　甘肃省土地管理局：《甘肃土地资源》，甘肃科学技术出版社 2000 年版，第 181 页。

稳定、促进整个国民经济持续发展，都有特别重要的意义。

一直以来我国对农业耕地非常重视，从数量上讲，我国人均耕地少。根据 2013 年底国土资源部与国家统计局联合公布的第二次全国土地调查结果，全国耕地面积总计 203077 万亩。相比之前全国耕地面积的数据要多出 2 亿亩，虽然耕地面积相比之前有所增多，但总体来讲还是很少。甘肃省政府新闻办 2014 年 6 月 3 日召开新闻发布会，根据甘肃省第二次土地调查数据，甘肃省耕地面积总量有所增加，达 8115.35 万亩，但其中 1500 万亩因生产力比较低下，已不适宜继续耕种，目前实际耕种的耕地面积为 6615.35 万亩。随着现代化、工业化、城镇化水平的不断提高，耕地减少的趋势更加不可逆转。从质量上看，耕地负载逐年加大，区域性退化问题日益严重。[1]"而甘肃地处我国西北部，受自然条件制约和影响，社会经济欠发达，粮食还不能稳定自给，农村贫困面较大"。[2] 作为重要生产资料的农业耕地，当前面临的主要问题就是规模有限且不断被占用、优质耕地少且耕地整体质量差，由此可见，耕地作为人类获取生产资料的源泉在各类用地中显得更为重要。尤其近些年西部大开发的步伐不断加快，城镇化建设与生态建设力度不断加大，对于土地的需求呈上升趋势，导致耕地不断流失，耕地的流失加重了西部乃至全国农业生产落后的情况。

一 甘肃省生态区和样本区划分

甘肃省地处我国东部季风区、西北干旱区和青藏高原三大自然地理区的交汇处，全省自然生态环境复杂。受生态环境的影响，甘肃省不同地区的耕地规模与质量也是存在本质上的差异。进一步说，耕地的规模与质量又直接影响农业的投入产出比，甚至影响到当地农业经济的整体发展，因此，对甘肃省生态区和不同生态区的耕地进行划分区别，对分析甘肃省现阶段农业发展具有重要意义。为了保证行政区划的完整性，甘肃省可划分为五大类型生态区：河西区、陇东黄土高原沟壑区、陇中黄土丘陵沟壑

---

[1] 江宜航、刘瑾：《耕地现状调查：我国耕地质量现状堪忧》，2014 年 9 月，http://www.cssn.cn/dybg/201409/t20140927_1345037.shtml。

[2] 孟凡娥：《甘肃省后备耕地资源可持续利用方略探讨》，《甘肃农业》2007 年第 10 期。

区、甘南高原区和陇南天水区。① 出于对样本数据分析准确性和整体性的考虑，现将调查地划分如下：陇中区包括兰州、永靖、永登；河西区包括凉州、玉门、瓜州；甘南区包括夏河、岷县；陇东区及陇南区包括会宁、陇西、张家川，因陇东和陇南地区的会宁、陇西、张家川无论从地理区位上还是气候与地理环境方面都比较相近，故将其归划到一起。

二 甘肃省耕地分布

根据甘肃省第二次全国土地调查主要数据，分地区来看。

"陇中黄土高原区耕地面积达 308.01 万公顷（4620.29 万亩），占甘肃省总耕地面积的 56.93%，陇南山区耕地面积达 87.67 万公顷（1314.99 万亩），占甘肃省总耕地面积的 16.21%；甘南高原区耕地面积达 19.43 万公顷（291.48 万亩），占甘肃省总耕地面积的 3.59%；河西区耕地面积达 125.91 万公顷（1888.59 万亩），占甘肃省总耕地面积的 23.27%。全省耕地中，有灌溉设施的耕地面积达 135.59 万公顷（2033.94 万亩），占总耕地面积的比重 25.06%，无灌溉设施的耕地面积达 405.43 万公顷（6081.42 万亩），比重为占总耕地面积的比重 74.94%；分地区来看，河西区有灌溉设施耕地比重大，陇南山区和甘南高原区的无灌溉设施耕地比重大"。②

依照不同的地理环境更可以看出，不同地区的耕地质量也参差不齐。数据显示，陇中地区以及河西地区的耕地面积远远要大于其他地区，而且耕地也更加优质，灌溉更加的方便。甘肃省第二次全国土地调查关于耕地的数据不仅为此次调查报告提供了佐证和依据，同时为数据报告中数据的说明提供了重要的借鉴和帮助。

（一）人均耕地的比较

1. 2004 年与 2014 年甘肃省人均耕地面积的比较

如表 5—1 所示，截至 2014 年甘肃省人均耕地面积为 2.5 亩，与十年前甘肃省 2.1 亩的人均耕地面积比较上升了 0.4 亩。从人均耕地面积来

---

① 周俊菊、石培基、王静爱、乔汝霞：《基于耕地资源的甘肃省人口承载潜力研究》，《干旱区资源与环境》2007 年第 6 期。

② 资料来源：中华人民共和国国土资源部，http://www.mlr.gov.cn/tdzt/tdgl/decdc/dccg/gscg/201406/t20140605_ 1319632.htm。

看，2014 年全国人均耕地面积 0.101 公顷（1.52 亩），较 1996 年一次调查时的人均耕地 0.106 公顷（1.59 亩）有所下降，不到世界人均水平的一半。虽然甘肃省的人均耕地面积要高于全国人均耕地面积，但是依然低于世界水平线。

2014 年第二次甘肃省土地普查数据显示：甘肃省无论是总耕地面积还是人均耕地面积都有所增加。

甘肃省第二次调查领导小组办公室主任、省国土资源厅副厅长包自吉说："之所以多出耕地，一是田坎系数的计算更加合理，耕地中因扣除田坎系数减小而新增耕地 778.26 万亩；二是调查标准、技术方法的改进，使大量一调时上不了图的小面积耕地得以上图入库，增加了耕地面积；三是农民自主开发和近年来甘肃省连续多年实现耕地占补平衡有余，净增耕地面积 40 多万亩。前两项增加的耕地实际上早已存在，因此，全省耕地的增加主要是账面和数据上的增加。"[①]

基于甘肃省耕地现有的实际情况，甘肃省国土资源管理部门表示要加强落实最严格的耕地保护制度，严守土地红线，要集约利用土地资源，对于甘肃耕地保护和农业的进一步发展提供保障。

表 5—1　　　　2004 年与 2014 年甘肃省人均耕地面积　　　　（单位：亩）

年　份	均值	中位数
2004	2.1	1.5
2014	2.5	1.5

2. 甘肃省各生态区 2014 年人均耕地面积比较

"西部家户生计与社会变迁"调查显示，分地区来看甘肃省人均耕地面积，面积比较大的分别是陇中地区和河西地区。陇东及陇南地区的陇西、会宁、张家川 3.2734 亩和河西地区凉州、玉门、瓜州 3.4298 亩的人均耕地面积尤其大。从调查结果中可知，相对于甘肃的其他地区，陇东及陇南地区与河西地区因具有天生较优越的自然地理条件（数据证明），耕地总体面积应该更大。陇中地区及甘南地区调查地的人均耕地面积基本相

① 资料来源：中华人民共和国国土资源部，http://www.mlr.gov.cn/xwdt/mtsy/people/201406/t20140603_1319383.htm。

近，都集中在 1.4 亩左右。

通过分析表5—2得知，河西和陇东及陇南地区呈现出的样本离散程度比较高，说明居民之间耕地拥有量差异比较大，同时，也间接地表明耕地分布不均。耕地分布不均主要表现在两个方面：其一，耕地面积单纯数量上的不均；其二，耕地质量的不等。这两方面都直接决定农村居民最终的收入。近年来，国家尤其对农业大力扶持，农民在土地上的收益逐渐提高，如此收益对于农民的重要性是不言而喻的。导致人均耕地分布不均的主要原因可以归纳为以下三点：其一，自从家庭联产承包责任制实施以来，农村户籍人口发生变化并且伴随着"农转非"的热潮，在农村，农民拥有对土地的继承权，主要表现为父死子继，兄走（有农村户口转为非农村户口）亲（直系亲属）继。家户人均耕地面积随着人口变化而变化，人多数量多的家户分到的人均耕地相应就少，反之就会增加。每家每户情况不尽相同，而且国家对耕地并没有再次调整，家户人均耕地分布不均逐渐显现。其二，当初划分的耕地质量相差无几，但是，随着耕地退化、农业发展所导致的土地质量差距不断拉大。[①] 其三，因人为因素与自然灾害所导致的征地、失地与开垦荒地，这也直接使农村家户人均耕地面积发生变化。

表5—2 　　　　　　　　2014 年甘肃省各地区年人均耕地面积 　　　　（单位：亩）

地　区	县　市	人均耕地	中位数	标准差
陇中地区	兰州、永登、永靖	1.4473	0.9000	1.91533
河西地区	凉州、玉门、瓜州	3.4298	2.5000	3.64242
陇东及陇南地区	会宁、陇西、张家川	3.2734	3.2734	3.2734
甘南地区	夏河、岷县	1.4167	1.2250	1.35035

3. 甘肃省各地区五年内人均耕地面积的增减比较

由表5—3可知，甘肃省各地区五年内的人均耕地面积普遍呈现增长的趋势，其中甘南区夏河和岷县五年内人均耕地面积增长幅度最大，1.3505 亩；陇中地区兰州、永登、永靖平均增长了 0.5404 亩；陇东及

---

① 田水月：《中国农村土地分配不均问题及对策》，2004 年 5 月 23 日，http：//blog.sina.com.cn/s/blog_ 4702bfd2010005wv.html。

陇南地区会宁、陇西、张家川五年内人均耕地增长了 0.3641 亩；河西地区凉州、玉门、瓜州五年内人均耕地增长了 0.1831 亩。河西地区五年内人均耕地面积处于相对平稳状态，没有大幅度变化，其余甘南和陇东及陇南地区处于小幅增加的状态。由此可以看出，甘肃省不同地区耕地面积五年内的增减状态呈现区域性的差异。究其原因，主要有两方面：其一，各个地区人口流动的程度不同，人口外迁严重的地区人口总量势必减少，因此人均耕地也就随之增加；其二，耕地发展空间比较大的地区且农户自主开发，耕地面积总量增加，人均耕地面积也相应会有所增加。

表 5—3　　　　　　　甘肃省五年内人均耕地面积变化　　　　　（单位：亩）

地　区	县　市	人均增加耕地
陇中地区	兰州、永登、永靖	0.5404
河西地区	凉州、玉门、瓜州	0.1831
陇东及陇南地区	会宁、陇西、张家川	0.3641
甘南地区	夏河、岷县	1.3505

三　甘肃省休耕/撂荒情况

自古以来，农业在我国历史上都占据着举足轻重的地位。俗话说："无农不稳"。我国以农立国，中华文明五千年，农业的发展为我国社会的稳定与经济的发展作出了巨大的贡献。然而，近些年来，由于第二、三产业的飞速发展，我国的产业结构发生了重大变化，这一变化打破了我国一直以来"以农为本"、"重农轻商"的局面。农业的发展速度越来越缓慢，甚至有很多原本务农的人们转而进入工商界，即使没有稳定的收入来源，他们依然不愿意回到原来的农业生活状态。在土地资源日益珍贵的今天，休耕或撂荒导致的土地浪费问题越来越突出。毋庸置疑在我国土地资源面临严峻形势的今天，对于休耕/撂荒现象的研究和数据的分析就显得尤为重要。

由表 5—4 可以看出，2014 年甘肃省家户耕地平均休耕/撂荒面积比 2004 年上升 2.8 个百分点，至于造成家户耕地休耕/撂荒耕地面积增长有以下几个方面的原因。

表 5—4 　　　　　　甘肃省家户耕地平均休耕/撂荒面积 　　　　（单位：亩）

年份	2004	2014
均值	4.1	6.9

　　图 5—1 数据显示，导致甘肃省农户休耕/撂荒行为的主要有三个方面的原因，其一，自家劳动力不足占 31.6%，通过对甘肃省农村社区居民 2014 年离开村委会外出工作的数据统计得知，甘肃省农村居民外出务工人口数量占农村总人口数量的比重高达 60.1%，这进一步说明，甘肃省农村有一大部分农民将自己的精力投入到其他工作领域中；其二，因认为种地不划算休耕/撂荒的占 16.8%，虽然种植作物价格整体上升，但是种植成本也随之增加；其三，因耕地的质量太差而休耕/撂荒的占 16.8%。由于甘肃省复杂恶劣的地理环境，致使甘肃省的耕地是西北地区低等土地分布最多的省份，低等土地面积占全省耕地总面积的 79.56%。[①] 由此看来，对于耕地的保护不仅需要重视数量的保护，同样也要着眼于耕地质量的重视与保护，耕地质量对农作物产量有影响，也间接地削弱了农民持续耕种的积极性。

　　此外，还有两个比较重要的原因影响甘肃省农户休耕/撂荒行为，就是占 11.6% 的雨水不足缺乏灌溉和占 13.7% 的其他原因。就雨水不足缺乏灌溉而言，虽然"2014 年甘肃省全省年平均降水量为 439.2 毫米，较常年偏多 1 成，为近 5 年来最多"。[②] 但是，这依然无法从根本上满足甘肃省"靠天吃饭"的耕地对雨水的需求量，陇南山区和甘南高原降雨虽多，但是可灌溉耕地面积小，河西和陇东地区虽然灌溉条件比较优越但是降水偏少。总之，以甘肃省现在的气候环境和灌溉条件还是无法满足耕地对于水量的需求。

　　最后，造成甘肃省农户休耕/撂荒的其他三个原因分别为：认为种地太苦而休耕/撂荒的占 6.3%；因买不起化肥、农药及其他生产资料休耕/撂荒的占 1.1%；因害怕洪水及其他自然灾害的休耕/撂荒的占 2.1%。以

　　① 王凤娇、杨延征、上官周平：《西北五省（区）耕地质量等别差异性比较》，《干旱地区农业研究》2015 年第 2 期。

　　② 李春亮：《甘肃年鉴》，2013 年，第 312—313 页。

此可以看出，以上三方面因素对甘肃省农户休耕/撂荒影响都比其他因素小，其中认为种地太苦而休耕/撂荒的比重比想象的要高一些。在现代农业逐渐推广和普及的今天，现在人们对于农业生活的理解更加的丰富和新颖，相比甘肃地区依然比较传统的农业生产方式，很多农村居民更愿意选择解脱土地的束缚从事其他行业，也不难理解农村居民因种地太苦而放弃耕种的行为。

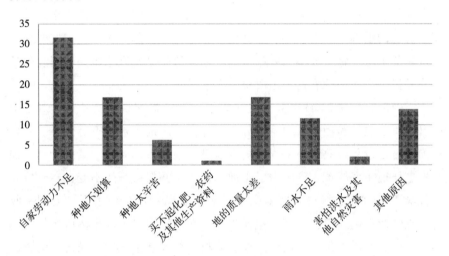

图5—1　2014年甘肃省家户耕地平均休耕/撂荒所占比重　（单位:%）

第二节　土地流转

如今土地流转成为人们热议的话题，土地流转政策也时时被人们关注。"土地流转是土地使用权流转的简称。拥有土地承包经营权的农户将土地经营权（使用权）转让给其他农户或经济组织，即保留承包权，转让使用权"。[1] 也有学者认为土地流转除此以外还存在另一方面的含义。因此，土地流转包含两个方面的含义：不仅仅是保留承包权，转让使用权一方面；而另一方面就是基于市场交换原则、通过土地使用权流转价格反映的特定经济行为。[2]

---

[1]　沈孟璎：《新中国60年新词新语词典》，四川辞书出版社2009年版。

[2]　汝子报、张磊：《浅析现阶段我国土地流转影响下的农资物流》，《中小企业管理与科技》2010年第8期。

　　"2008 年 10 月，中共十七届三中全会通过了《中共中央关于推进农村改革发展若干重大问题的决定》（以下简称《决定》），《决定》强调按照依法自愿有偿原则，允许农民以转包、出租、互换、转让、股份合作等形式流转土地承包经营权，发展多种形式的适度规模经营。《决定》要求土地承包经营权流转，不得改变土地集体所有性质，不得改变土地用途，不得损害农民土地承包权益的前提下将股份制引入土地制度建设，建立完善合理的农村股份合作制。土地流转体制让一部分农民通过流转土地获得相应价值的报酬，从而安心从事其他行业；让另一部分农民实现农业规模经营避免土地空置造成不必要的浪费。土地流转是家庭承包经营制度的延伸和发展，是新一轮农村土地改革。"①

　　"2015 年 1 月 22 日国务院发布农村土地产权交易最新政策，对土地所有权，承包权和经营权明确划分开，并指出土地承包权不得流转。并且完善农村土地承包政策，引导和规范建设用地入市，完善宅基地管理，加快推进征地制度改革。稳定农村土地承包关系并保持长久不变，在坚持和完善最严格的耕地保护制度前提下，赋予农民对承包地占有、使用、收益、流转及承包经营权抵押、担保权能。在落实农村土地集体所有权的基础上，稳定农户承包权、放活土地经营权，允许承包土地的经营权向金融机构抵押融资。"②

　　一般而言，土地流转的基本内容与意义就是所有者将土地作为一种资本，用其做市场交易来获取收益，优化调整土地，使土地的利用率达到最大化。土地作为农村基础的生产资料，对我国农业乃至全国经济的发展都具有深远影响，而农村土地流转是优化土地资源配置，发展农业经济的主要手段与必然要求，土地流转制度是农村土地流转的关键，也是集中土地使用权，从而进行农业规模化、科学化生产的有效途径，对促进农村土地利用效率，促进农业产业化进程，提高农村经济效益有很好的推动作用。我国的土地流转从家庭联产承包经营制度开始实施起就一直在进行着，农村土地流转制度也经历了多次的变革。③ 近年来，农

---

　　① 《中共中央关于推进农村改革发展若干重大问题的决定》，《国土资源通讯》2008 年第 19 期。

　　② 资料来源：http://www.cnrencai.com/zengche/227783.html。

　　③ 杨骐瑛：《农村土地流转制度的演进路径及改革方向》，《商业时代》2014 年第 31 期。

村承包土地经营权和农村产权流转交易有增长态势，很多地方建立了农村产权交易市场和平台。据公开数据显示，目前我国农村产权流转交易普遍存在，随着农村土地流转需求不断增长，在建立多元农村土地经营模式的同时，需要建立完善的体制和秩序规范土地交易市场，将会有更多的机构提供抵押担保服务，针对农村产权流转的第三方的机构还很少，政策监管也是空白，产权交易的规范性应该提升，配套服务业也要逐步健全。

一　甘肃省土地流转概况

2010 年的调查显示，甘肃省仅有 32% 的家庭流转过土地，所占比重比较小，每个家庭平均流转土地 1.995 亩，占家庭土地的 33.2%，流转规模不大，但根据走访，近几年外出打工的人越来越多，流转土地比例和规模都有所上升。[1] "中国农业年鉴显示，2012 年农村土地承包经营权流转面积达到 346 千公顷，是 2008 年的 6 倍。转包、转让、互换、出租、股份合作等土地流转形式不断涌现，出租、转包面积占流转总面积的比重超过 70%。全省农村土地承包经营权的流转，仍以农户间流转为主，占流转总面积的 60%，流入农民专业合作社的耕地占 15%，流入企业的耕地占 14%。"[2]

根据表 5—5 和表 5—6 的调查结果显示，2014 年甘肃省人均土地流转面积为 4.3 亩，同时人均流转土地面积占耕地总量的 14.6%。截至 2013 年 6 月底，全国农户承包土地流转面积达到 3.1 亿亩，已占家庭承包耕地面积的 23.9%。[3] 截至 2014 年 6 月底，中国土地流转面积已经达到 3.8 亿亩，占全国耕地面积的 28.8%，达到 2008 年土地流转面积的 3.5 倍。[4] 甘肃省土地流转状况与全国相比，远远低于全国水平。

① 殷培培：《关于甘肃农村土地流转状况及意愿的调查研究——以临洮县为例》，《甘肃科技》2010 年第 16 期。
② 雷刘功、袁惠民主编：《中国农业年鉴》，2013 年，第 72 页。
③ 资料来源：人民网，http：//news.dichan.sina.com.cn。
④ 资料来源：中研网，http：//www.chinairn.com/news/20150123/091058722.shtml。

表5—5 2014 年甘肃省人均流转土地面积 （单位：亩）

年份	均值	中位数
2014	4.3	2.0

表5—6 2014 年甘肃省人均流转土地面积占耕地总量的比例 （单位:%）

年份	百分比
2014	14.6

如表5—7 所示，陇中地区人均流转土地面积为 1.5952 亩，家户平均土地流转面积为 5.7143 亩；河西地区人均土地流转面积为 5.8420 亩，家户平均土地流转面积为 25.1739 亩；陇东及陇南地区人均土地流转面积为 3.7294 亩，家户平均土地流转面积为 12.05 亩；甘南地区人均流转土地面积 2.0556 亩，家户平均流转土地为 4 亩。河西地区在甘肃省的各地区之中，无论是人均土地流转面积，还是家户平均土地流转面积都居于前列；而陇中地区人均土地流转面积和甘南家户平均土地流转面积最小。

表5—7 2014 年甘肃省分地区人均及家户平均土地流转面积 （单位：亩）

地 区	县 市	人均土地流转面积	家户平均土地流转面积
陇中地区	兰州、永登、永靖	1.5952	5.7143
河西地区	凉州、玉门、瓜州	5.8420	25.1739
陇东及陇南地区	会宁、陇西、张家川	3.7294	12.0500
甘南地区	夏河、岷县	2.0556	4.0000

如表5—8 所示，分地区来看流转土地占总耕地面积的比重，河西地区和陇东及陇南地区所占比重较其他地区稍大，分别为 7.9% 和 6.0%；陇中地区和甘南地区所占比重比较小，分别为 2.3% 和 1.5%。与甘肃省2014 年流转土地占总耕地 14% 的比重相比较，几个地区都不同程度低于甘肃省人均流转土地水平。武威市 2012 年"农村土地流转面积达 46.91万亩，占家庭承包经营面积 361.52 万亩的 13%。流出耕地的农户 17.37

万户，适度规模经营面积达到 10.54 万亩，比 2011 年增长 32.5%"。[①] 根据兰州市 2009 年土地流转调研结果，全市农村土地流转面积达到 9.98 万。[②] 2012 年甘肃省定西市陇西县将土地流转与发展现代农业有机结合，全县土地流转面积达 86827 亩，流转率为 7.38%。[③]

表 5—8　　　　2014 年甘肃省分地区土地流转面积占耕地总量比例　　（单位:%）

地　区	县　市	土地流转面积占总耕地比例
陇中地区	兰州、永登、永靖	2.3
河西地区	凉州、玉门、瓜州	7.9
陇东及陇南地区	会宁、陇西、张家川	6.0
甘南地区	夏河、岷县	1.5

甘肃省农村经济发展水平较低，特别是农村产业化经营尚处于起步阶段，农村土地流转总体规模较小。2002—2007 年，甘肃省土地流转面积分别占各年家庭承包经营耕地面积的比例为：2002 年占 0.97%；2003 年占 1.39%；2004 年占 1.33%；2005 年占 1.69%；2006 年占 1.56% 和 2007 年占 1.36%。其中，2005 年最高，流转面积达到 5.3 万平方千米，占家庭承包经营耕地面积的 1.69%。[④] 从流转速度看，无论是分地区，还是整体上都表现为逐步阶段性增长的态势。从流转规模上看，甘肃省土地流转整体呈现流转总体规模较小，且逐步增长的态势。土地流转不断地推进也并不意味着百利无一害，有些学者对此表示担忧，认为现在并不合适鼓励大规模土地流转：其一，土地流转的加快可能会威胁粮食安全。土地流转虽可以实现农业规模化经营，但是不免有农户为了获得更高的收益，在得到一定规模土地之后将耕地"非粮化"，甚至将土地用作非农业生产，使其"非农化"。[⑤] 其二，农村土地流转会形成新的

[①]　张全生主编：《武威年鉴》，2013 年，第 185 页。

[②]　余耀年：《兰州年鉴》，2010 年，第 164 页。

[③]　资料来源：中华人民共和国农业部，http://www.moa.gov.cn/fwllm/qgxxlb/gs/201212/t20121207_ 3099276. htm。

[④]　韩剑萍，李兴江：《甘肃省农村土地流转的根本性问题及对策》，《中国农业资源与区划》2011 年第 4 期。

[⑤]　白经天：《农村土地流转对粮食生产的影响》，《农业经济》2013 年第 6 期。

分配不公。坦言之，促进土地流转就是要提高农民收入，但是有些农民土地流转之后收入并没有增加反而下降了，从而导致农村贫富差距进一步拉大。①

这些担忧并不是没有道理可言，事实上，由于我国是一个有着近14亿人口的大国，各地经济社会发展很不平衡，各地农村土地资源禀赋、经济发展水平、农民科学文化水平存在很大差异。因此，各地应因地制宜，在条件具备的区逐步探索推进农村土地流转，让土地流转真正发挥强农富民的作用。② 所以对于甘肃省来讲，关于土地流转或许更应该充分考虑当地的实际情况，审时度势审慎而行。

二 土地流转形式、成因与土地流转合同方式

（一）土地流转形式

中共十七届三中全会通过的《关于推进农村改革发展若干重大问题的决定》中指出："允许农民以转包、出租、互换、转让、股份合作等形式流转土地承包经营权，发展多种形式的适度规模经营。"自"十二五"规划以来我国农村现阶段土地流转形式更加丰富并且得到了衍生和延展。

当前我国主要的土地流转形式包括：

第一，转包。"转包是指承包方将部分或全部土地承包经营权以一定期限转给同一集体经济组织的其他农户从事农业生产经营转包后原土地承包关系不变，原承包方继续履行原土地承包合同规定的权利和义务，接包方按转包时约定的条件对转包方原承包方负责。"③ 这种形式只是改变了土地了使用权，所有权并没有变化。

第二，转让。"土地所有权或使用权的让渡。包括商品性转让与非商品性转让两种形式。商品性转让即有偿转让，是指土地权属在转让过程中和其他商品或货币发生了交换关系，如土地买卖、土地出租等。非商品性

---

① 陈荣卓、陈鹏：《现代农业进程中的农民土地权益保障机制建设》，《华中农业大学学报》2013年第5期。

② 孙翱翔、刘远风：《当前农村土地流转热的理性思考》，《农业现代化研究》2014年第1期。

③ 高瑞霞、雷萌、任智超：《土地流转形式多样》，《中国合作经济》2011年第9期。

转让即无偿转让,是指土地赠予或土地继承等让渡形式。"① 就目前而言,我国农村土地转让的形式主要包括:(1)国家征用集体土地变为国有土地;(2)集体所有土地出租;(3)农村承包地经营权和使用权的转移。在我国土地转让中这种形式更为多见,而转让中的商品性转让也更为普遍。

第三,互换。"承包方之间或集体经济组织之间,为各自需要和便于耕种管理交换其承包地块,互换后,原土地承包合同规定的权利及义务,有的仍由原承包者承担,有的经发包方同意后随互换而转移,这种互换的形式比较灵活实用,且效率比较高。"②

第四,入股。"土地入股包含两种含义:(1)土地所有权人和土地的使用权人以一定数量和质量的土地折合成股,与其他法人单位开展合资、合作的行为。(2)20世纪50年代初,我国初级农业生产合作社所实行的一种生产方式,是指社员以私有土地为投入资本,参加合作社的统一经营,土地与劳动量按一定的比例参与分配。"③

第五,租赁。"土地租赁是指农民把土地使用权交付承租人一定时期,且承租人向出租人租用土地并交付地租的法律行为。"④ 土地租赁是租赁关系中的一种特殊形式,尤其农村的土地租赁大多都是耕地,承租人在合同期间也必须履行自己的义务。

第六,代耕。土地代耕是指代耕方有偿的为那些劳力不足的家户耕种、管理和收割。代耕最初是因为有一部分农民不愿从事农业活动而外出务工,但又需要交纳农业税,为了不使土地撂荒浪费,在家务农的农民耕种闲置土地,并且,代替土地所有农民交纳农业税。时至今日,虽然已经取消了农业税,但是仍有部分农民代耕。

如图5—2所示,可以看到土地流转形式中的土地转包形式占22.2%,土地出租形式占22.2%,土地转让形式占19%,土地代耕形式

① 秦志华、李可心、陈先奎主编:《中国农村工作大辞典》,警官教育出版社1993年版,第432—433页。

② 赖可可:《农村土地流转形式分析》,《中国集体经济》2011年第30期。

③ 中国社会科学院经济研究所编;刘树成主编:《现代经济词典》,凤凰出版社、江苏人民出版社2005年版,第1012页。

④ 《北京大学法学百科全书》编委会编;魏振瀛、徐学鹿、郭明瑞主编:《北京大学法学百科全书·民法学商法学》,北京大学出版社2004年版,第933—934页。

占 28.6%，其他流转形式占 7.9%，甘肃省农户几乎没有采用土地互换与股份制合作的流转形式流转土地。代耕是甘肃地区土地流转采用最普遍的形式，所占比重也最大，其实，结合甘肃省当地的实际情况考虑，不难理解这种选择为何如此普遍。"根据 2008 年第二次农业普查数据，甘肃省农村外出从业劳动力 247.8 万人，占全省总人口 9.4%"。[①] 甘肃省农村人口外出务工造成农村耕地空置，由于土地收益不高，甘肃省土地流转程度和意愿仍然比较低，选取代耕之外的流转形式成本较高，而土地代耕既满足了承包方以免土地浪费的流转意愿，同时又满足了代耕方降低成本获取土地长时间使用权的需求，他们只需要支付一部分基本的费用，以如此小的代价就可以获得耕地的使用权，因此，代耕自然成为最佳选择。

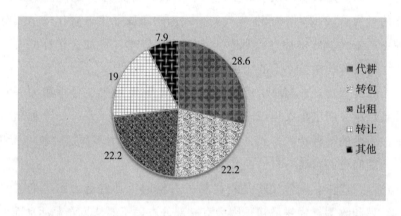

图 5—2　2014 年甘肃省土地流转形式所占比例　（单位:%）

　　根据中共中央办公厅、国务院办公厅印发的《关于引导农村土地经营权有序流转发展农业适度规模经营的意见》（下称《意见》），《意见》指出：创新完善土地流转方式，完善转包、出租、互换、转让及入股等土地流转形式，积极探索有效稳定的土地流转方式。鼓励农民在自愿前提下采取互换的方式进行土地流转，解决承包地细碎化问题，对互换的土地重新签订承包合同。以转让方式流转承包地的，原则上应在本集体经济组织成员之间进行，且需经发包方同意。鼓励农户以土地承包经营权入股，开展土地股份合作形式进行流转。探索发展"土地托管合作社"等流转方

---

①　陈海生：《甘肃省外出务工农民社会保障调查研究》，《知识经济》2011 年第 13 期。

式，把农户的土地承包经营权流转给有较强统一经营能力的合作社，或者以市场方式向合作社购买所需服务，实现农户与合作社双赢，促进土地、资本、技术等生产要素向现代农业产业集中。土地流转应当依法报发包方备案，在同等条件下，本集体经济组织成员享有土地流转优先权。

关于土地流转，政府从政策制度方面规范甘肃省农村土地流转的有序运转，并提高农村土地资源的利用率；同时也为甘肃省农业发展，引导农村土地经营权有序流转，促进农业适度规模经营健康发展，提供了有力的制度保障。

（二）土地流转合同方式

根据《中华人民共和国农村土地承包法》第三十七条规定，农村土地承包经营权流转属于农业承包合同管理范畴，无论采取何种形式流转，当事人双方应当签订书面合同，明确和规范双方之间及其与发包方之间的权利义务关系。

如图 5-3，甘肃省农户土地流转合同采用口头协议的占 73%，采用书面协议的占 27%。甘肃地区农户之间的土地流转主要以私下的口头协议为主，然后将土地流转给亲朋好友或者其他农户。很少一部分人会采用书面协议的合同方式，也不会依法办理相关的手续，当然，这也是农户之间因土地流转没有规范而产生难以调和纠纷的主要原因。就土地流转合同规范的现状而言，政府需要加强对土地流转的政策法规的普及，同时也要加强政府的监管服务，发挥政府积极引导的作用，营造良好的土地流转环境。

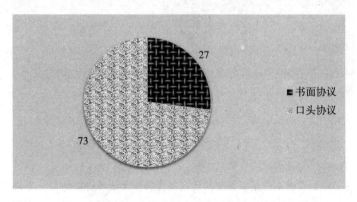

图 5-3 2014 年甘肃省土地流转合同方式所占比例 （单位：%）

三 甘肃省居民土地流转意愿及原因

（一）甘肃省居民土地流转意愿

由图5—4、图5—5所示，如果土地转让价格合理，2014年甘肃省居民愿意转让土地的人占40.8%，不愿意转让土地的人占59.2%。愿意从他人那里转入土地的人占9.2%，不愿意转入土地的占90.8%。显然不愿意转让土地的比重要略高于愿意转让土地的比重，而对于愿意转入土地的比重远远低于不愿意转入土地的比重。但是比较转让土地与转入土地，显然人们更钟情于转让土地。

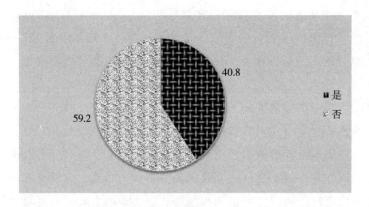

图5—4 如果土地转让价格合理是否愿意转让土地 （单位:%）

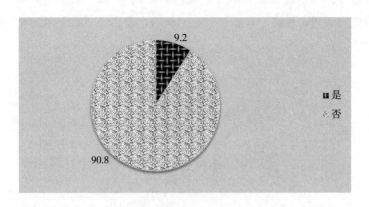

图5—5 甘肃省家户是否愿意从他人那里转入土地所占比例 （单位:%）

（二）土地流转成因分析

根据图5—6所示，完全自发促使甘肃省农村家户进行土地流转的占

74.6%。村委会引导、村委会控制、流动对象洽谈以及其他形式共占
25.4%。其他原因促使农户土地流转的约占3%。由此可以看出，甘肃省
家户土地流转总体上都是农户根据自己的意愿自发流转土地，如村委会等
外部因素促使土地流转的情况比较少。

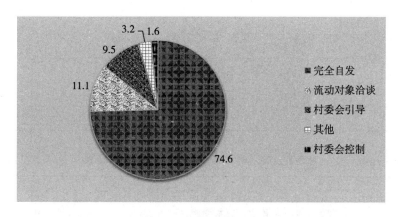

图5—6　2014年甘肃省土地流转成因所占比例　　（单位:%）

（三）没有转包或转入土地的原因

如表5—9、表5—10所示，造成甘肃省农户没有把土地转包他人的
主因有三个：其一，转出去比自己耕种土地的收入低占21.9%；其二，
除了务农没有其他事情可干以及自己完全有能力耕种占24.0%；其三，
不需要流转占20.0%。而造成甘肃省农户没有从他人那里转入土地的主
因是：其一，没有人愿意转让占12.1%；其二，没有多余的劳动力占
46.1%；其三，耕种土地的效益太低，增加土地面积对收入的增长影响不
大18.6%。概括而言，导致甘肃农户土地流转意愿低主要有三大因素：
其一，土地投入产出比不高，收益比较低；其二，甘肃地区人均耕地偏少
且耕地是一部分农户唯一的收入来源；其三，家庭劳动力不足，没有足够
的剩余劳力和精力投入支持更大规模的耕地。

表5—9　　　　　　　甘肃省将土地转包他人的原因所占比重　　　（单位:%）

原　因	百分比
担心转出去，自己想种时难以收回	4.9
担心转出去，收益得不到保障	17.8

续表

原　因	百分比
转出去比自己耕种土地的收入低，不愿转出	8.3
想转出去，但没人愿意或出价太低	21.9
想转出去，但集体不同意	0.5
除了务农，没有其他活可干	24.0
自己完全有能力耕种，不需要流转	20.0
其他	2.6
合计	100.0

表 5—10　　　　甘肃省没有从他人那里转入土地原因所占比重　　　（单位:%）

原　因	百分比
转入程序太麻烦，容易受阻	1.0
没有人愿意转让	12.1
转入价格太高	3.6
没有多余的劳动力	46.1
耕种土地的效益太低，增加土地面积对收入的增长影响不大	18.6
担心承包他人土地后，收益得不到保障	6.9
土地负担太重，不敢承包	7.2
其他	4.5
总计	100.0

第三节　农产品生产

一　农作物种植

农作物的种植会因自然环境和市场环境的不同，存在明显的地域或时期上的差异，种植结构的调整优化，受到农业资源、社会经济条件和市场因素等多方面的制约。尤其是中国加入 WTO 后，市场的指导作用越来越明显，区域的种植业结构调整和优化将越来越迫切，循环周期也越来越短。农业种植结构的调整，是实现农业增效和农民增收的主要途径。市场经济的日益发展和农业商品化进程的逐步加快，不断给农产品生产提出了更高更新的要求。

如表5—11、表5—12所示，2004年与2014年甘肃省农作物的种植情况相比，稻谷、小麦、玉米等粮食作物所占比重十年间浮动不大，稻谷相比下降了0.5个百分点，小麦减少了27.9个百分点，而玉米则上升了14个百分点。变化比较大的是经济作物，一方面，是经济作物的种植量相对增大。就薯类而言，2014年仅仅是马铃薯一项就比2004年薯类作物多出65.7个百分点；油料、豆类、棉麻作物种植比例都有不同程度的增加。另一方面，经济作物的种类更加丰富了。从调查种类上可以看出，2014年的农作物调查种类要比2004年多了饲草、经济林木两种。以上数据其实也一定程度上反映出甘肃省农业种植结构存在不合理的问题，总体表现为种植单一，粮食作物种植比例远远大于其他经济作物。随着甘肃省农业市场化程度的不断提高，农村居民的种植结构与农业产业结构为适应市场经济也会不断地优化调整。

表5—11　　　　　　　2014年甘肃省各作物类型所占比例　　　　　（单位：%）

种　类	百分比
稻谷	1.4
小麦	57.3
玉米	77.3
高粱	5.9
谷子	8.1
其他谷物	12.5
大豆	18.4
其他豆类	21.7
马铃薯	116.0
其他薯类	1.8
花生	1.4
油菜	19.0
芝麻	0.5

续表

种 类	百分比
胡麻	124.7
其他油料作物	7.8
棉花	4.6
黄红麻/其他麻类	0.7
甘蔗	0
甜菜	106
烤烟/其他烟叶	0
药材	42.1
蔬菜	35.0
水果	17.8
饲草	2.3
经济林木	38.8
其他	69.0
没有种植	0.7
合计	100.0

表 5—12　　　　　2004 年甘肃省各农作物类型所占比例　　　　（单位:%）

稻谷	小麦	玉米	其他谷物	豆类	薯类	油料作物	棉/麻	蔗/甜菜	烟叶	药材	蔬菜	水果	其他作物
1.9	85.2	63.3	13.0	28.5	50.3	34.8	3.0	0.6	0.4	6.5	16.4	11.9	12.4

　　为了保障农民的收入，政府介入市场调控农作物价格，提高部分农产品的最低收购价格。2015 年坚持执行玉米、油菜籽、食糖临时收储政策，2014 年生产的小麦（三等）最低收购价提高到每 50 公斤 118 元，比 2013年提高 6 元，提价幅度为 5.4%。建立完善的农产品的市场价格收购机制和稳定农产品价格对调动农民农业生产积极性具有重大意义，通过不断丰富优化种植结构，完善农产品市场体系和价格形成机制，健全农业补贴等支持保护制度，增加农民生产经营收入。

二　家户家畜、家禽饲养

分析甘肃省家户饲养家畜、家禽或其他动物的数据旨在完整呈现甘肃省农业生产情况，同时，观察甘肃省西部大开发实施十多年来农业产业结构的变化。

如表5—13所示，2004年与2014年甘肃省家户饲养家畜、家禽或其他动物的情况，2014年的饲养率相比2004年下降了46.2个百分点。甘肃省家户饲养家畜、家禽或其他动物所占比重减少，其减少不仅是饲养家畜、家禽或其他动物的家户所占比例减少，还表现在饲养家畜、家禽或其他动物的数量种类的减少。2014年甘肃省有57.5%的家户没有饲养家畜、家禽或其他动物，有17.6%的家户饲养了一种家畜、家禽或其他动物，有13.2%的家户饲养了两种家畜、家禽或其他动物，只有11.7%的家户饲养了三种以上的家畜、家禽或其他动物。

表5—13　2004年与2014年甘肃省家户饲养家畜、家禽或其他动物的比例

（单位:%）

年　份	百 分 比
2004	88.7
2014	42.5

表5—14显示，2014年甘肃省家户家畜、家禽或其他动物交换或买卖过的比例占55.5%，没有交换或买卖过的比例占39.4%，其中还有5.1%的家户对自家情况不了解或者没有回答。甘肃地区有大部分的家户还是有交易家畜、家禽或其他动物增加家庭收入的行为。

表5—14　2014年甘肃省家户家畜、家禽或其他动物买卖交换比例　（单位:%）

选　项	百 分 比
有过	55.5
没有过	39.4
不知道	1.5
没有回答	3.6
合计	100.0

第四节　农业投入与农民农业收入

一　政府农业投入

"农业投入是指农业生产中物质和能量的投放。就生产力要素或资源来说，农业投入大体包括土地、劳动力和资金。农业投入与产品的产出相比较，可以了解农业生产的经济效益。为了增加农产品的供给，农业部门需要一定量的投入。除了农业部门自身不断增加投入外，还要靠全社会的支持和提高投入的产出水平。"[①]

而农业投入主要通过土地、劳动力、资本和技术四个指标来衡量，土地投入主要指用于种植的耕地。劳动力投入是指农村从业人员数量及受教育程度与农业培训人员数量。资本投入是指用于农业生产的生产资料以及农业贷款。技术指应用于农业生产的农药、化肥、机械技术。

中央农村工作会议提出，要加大农业政策和资金投入力度。不管财力多紧张，都要确保农业投入只增不减，要统筹整合涉农资金，创新农业投融资机制，健全金融支农制度。这不仅体现了党中央、国务院一以贯之的全省重农思想，也为进一步完善强农惠农富农政策指明了方向。"甘肃省2013年农林水事务支出达到345亿元，较上年增加43亿元，增幅14%，有力支持了全省农业和农村经济发展。整合财政、发改、扶贫、水利、林业等部门支农资金40亿元，大力支持农业基础设施建设、特色优势产业提升、农业科技推广示范、农业生产经营主体发展等4大类14个重点项目。整合资金5.8亿元，推广全膜双垄沟播技术面积1500万亩，对项目区给予地膜、覆膜机械、技能培训等补贴"。[②]甘肃省2013年从财政支农、惠农补贴、农业贷款、农业技术发展等方面投入到农业发展当中，支持甘肃省农村经济的发展。

农业投入方面，不仅是国家财政及各级财政部门的重视和投入，农户自身的投入也是其中不可忽视的一部分。国家投入侧重于对农业基础设施、农业技术以及惠农补贴等宏观方面的投入，然而农户的投入直接作用

---

① 农业大词典编辑委员会编：《农业大词典》，中国农业出版社1998年版，第1208页。
② 樊怀玉主编：《甘肃农村年鉴》，2013年，第137页。

于生产资料和改善生产方式，所以农户自身需要不断改善自己对传统农业的看法并且不断学习、吸取现代农业理念和技术。

如表5—15、表5—16所示，2014年甘肃省平均每亩地的平均花费为552.6元，不同地区每年每亩的投入都有所差异。陇中地区平均花费488.04元；河西地区平均花费1197.03元；陇东及陇南地区275.54元；甘南地区441.64元。

这一现象的形成主要有四个方面原因：其一，不同地区的不同自然地理环境，对耕地质量及其投入产出比造成不同的影响；其二，不同地区农业基础设施的建设和覆盖不同；其三，不同地区农户自身对现代农业的理解与接纳程度有所差异；其四，不同地区家户的经济条件和劳动力不同。在不同因素的影响下，不同地区对于农业相关投入力度也就不同。

表5—15 　　　　　2014年甘肃省每亩地的平均花费 　　　　（单位：元）

均　　值	标准差
552.6	1072.3

表5—16 　　　　　2014年甘肃省分地区每亩地的花费 　　　　（单位：元）

地　　区	县　　市	均　　值	标准差
陇中地区	兰州、永登、永靖	488.04	812.62
河西地区	凉州、玉门、瓜州	1197.03	1826.33
陇东及陇南地区	会宁、陇西、张家川	275.54	319.65
甘南地区	夏河、岷县	441.64	899.70

二 农民农业收入

甘肃省属于农业大省，农业人口占总人口60%以上，农民的收入不仅关系到农民自身经济能力与生活水平的提高，更关系到我国国民经济健康、平稳、有序发展及和谐农村与和谐社会的建设。改革开放以来，甘肃省农村居民纯收入不断增长，"全省农村居民人均纯收入由1978年100.93元增长到2012年4506.66元，甘肃农民人均纯收入在35年间累计增长了44.65倍"。① 尽管多年间甘肃省农民收入不断增长，但农民收入结构的变化也不容忽视。近年来甘肃省农民收入来源结构差异逐渐加大，农业收入在总收入中的贡献不断减少，如工资性收入的非农业收入比重整体向上增长，农业收入的主导性地位逐渐丧失。

农业收入是农民总收入重要的一部分，重视和提高农民农业收入是国家国泰民安的必然要求和重要保障，优化农民收入来源结构也是稳定和提高农民收入的内在要求。因而，对甘肃省农民农业收入的分析，是提高农村居民生活水平和实现小康社会美好愿望的重要依据。

如表5—17、表5—18所示，2014年与2004年甘肃省家户平均农业活动收入，可以发现，2014年的家户平均收入是2004年的家户平均收入的3倍左右。据分析，2014年甘肃省家户农业活动收入占家户总收入的39.9%，与2004年相比下降了15.9%。

表5—17　　2004年与2014年甘肃省家户平均与人均农业活动收入（单位：元）

年　份	家户平均收入	人均收入
2004	4433.0	1035.0
2014	12607.4	3566.6

表5—18　　2004年与2014年甘肃省家户农业活动收入占家户总收入的比例

（单位：%）

年　份	比　重
2004	55.8
2014	39.9

如表5—19所示，甘肃省人均农业活动收入体现出区域性的差异。河西地区家户平均农业活动收入为9674.0703元，依然处于各地区的前列，并且与其他地区拉开较大差距。而剩下的陇中地区1562.1909元，陇东及陇南地区2055.5747元，甘南地区2228.9820元，三个地区差距不大但依次逐区递增。

---

① 熊艳翎、张福昌：《甘肃农村年鉴》，2013年，第177页。

表 5—19   2014 年甘肃省分地区人均农业活动收入   （单位：元）

地　区	县　市	均　值
陇中地区	兰州、永登、永靖	1562.1909
河西地区	凉州、玉门、瓜州	9674.0703
陇东及陇南地区	会宁、陇西、张家川	2055.5747
甘南地区	夏河、岷县	2228.9820

由表 5—18 与表 5—20 相对比可以看出，本数据中心在 2004 年的调查结果显示，甘肃省家户农业活动收入占家户总收入的 55.8%，与 2013 年《甘肃农村年鉴》中所记录的 2004 年甘肃省农民农业收入占总收入的 54.56% 相比，两份数据之间误差极小，因此，本文数据具有一定的可参考性与可借鉴性。

由表 5—20 可以看出，2004—2006 年甘肃省农民农业收入占总收入的比重呈现下降趋势，仅 2007 年一年升高至 52.37。之后，从 2008 年到 2012 年再次呈下降态势。2012 年的 39.77% 与 2014 年的 39.9% 相比，甘肃省家户农业活动收入占家户总收入的百分比几乎一直处于下降的趋势。由此可以看出甘肃省农村劳动力的跨行业转移，从而，可以认定甘肃省农村居民的总体收入不仅仅靠农业收入一项支撑，而是收入渠道逐渐多元化，这也决定了农业收入在农村居民收入中地位下降的事实。

表 5—20   2004 年至 2012 年甘肃省农民农业收入占总收入比例   （单位:%）

年　份	农业收入占总收入比重
2004	54.56
2005	50.28
2006	50.28
2007	52.37
2008	48.53
2009	45.21
2010	46.31
2011	40
2012	39.77

注：数据来源于 2013 年《甘肃农村年鉴》

三 农村劳动力结构与农业收益

甘肃省农村居民对农业的投入及其收入受多重因素的影响，为了能够更加直观清晰地感受农村农民农业投入、收入在劳动力数量、劳动力结构（年龄和受教育程度）不同程度影响下所呈现的特征，故对甘肃省农民农业投入、收入和劳动力数量以及劳动力结构做交叉分析。甘肃省农村居民不同年龄段与农业投入的交叉有效样本量为 507 个；不同教育程度与农业投入交叉有效样本为 297 个；不同家户劳动力数量与农业投入交叉有效样本为 532 个。

（一）农村劳动力数量、结构与农业投入的交叉分析

如表 5—21 所示，从不同年龄段农村居民农业投入区间来看，农业投入总体集中在小于等于 1500 元的区间内，30 岁以下的农村居民占所有有效居民样本总量 7.1%；31—40 岁占 6.3%；41—50 岁占 11.6%；51—60 岁占 9.5%；61 岁及以上的占 11.0%。3001—10000 元的区间普遍投入偏小；就 10000 元以上区间而言，41—50 岁农村居民农业投入占 3.0%；51—60 岁占 2.2%；31—40 岁占 1.4%；30 岁以下占 0.6%，61 岁及以上占 0.0%。除 30 岁以下和 60 岁以上年龄段的，其他年龄段相比 3000—10000 元区间的农业投入的农村居民比例都出现不同程度的增加。从比较不同年龄农村居民农业投入力度来看，除去 61 岁及以上，在 4500 元以上

表 5—21　　　　2014 年甘肃省农村居民不同年龄与农业投入交叉（单位:%；元）

投入＼年龄	30 岁以下	31—40 岁	41—50 岁	51—60 岁	61 岁及以上
≤1500	7.1	6.3	11.6	9.5	11.0
1501—3000	4.5	2.8	7.5	5.1	7.3
3001—4500	0.8	0.6	2.2	1.0	2.0
4501—6000	2.2	1.0	2.8	1.6	0.4
6001—7500	0.4	0.6	0.4	1.0	0.2
7501—10000	0.2	0.8	1.2	0.4	0.6
>10000	0.6	1.4	3.0	2.2	0.0

的区间所占比重中，40 岁以上农村居民普遍比 40 岁以下的农业投入大。这些情况充分的说明中青年的对于积极投入农业生产意愿倾向并不大，相比之下，年龄大一点的农村居民由于更愿意投入农业生产或者无力投产其他行业，所以留守农村更多地投入从事农业生产活动。

如表 5—22 所示，甘肃省农村居民的不同受教育程度与农业投入的交叉结果，可以映射出甘肃省从事农业生产的农村居民教育程度普遍不高，大部分属于小学和初中学历，而有过中专、大专、技校、职高及本科教育经历的农村居民所占比重明显比较小。由表可知，不同层次的投入总体偏向低教育程度农村居民群体。在此背景下交叉结果呈现的主要特征是：低学历农村居民人群比高学历农村居民的农业投入在人群广度和力度上都大，学历与农业投入表现出反比的趋势。先看农业投入小于等于 1500 元的区间，小学学历占 23.9%；初中学历占 13.1%；高中学历占 2.0%；中专、大专、技校、职高学历占 1.3%；本科占 0.7%。再看农业投入在 6001—7500 元的区间，小学占 1.0%；初中 1.0%；高中 1.3%；中专、大专、技校、职高 0.3%；本科 0.3%。无论是农业投入人群的广度，还是农业投入力度，高学历的农村居民农业投入都不及低学历农村居民农业投入。再次反观交叉结果，更重要的也许并不是关于投入差异学历之间的对比，而更应该把重心放在提高甘肃省农业从业人员的整体教育程度上面。

表 5—22　2014 年甘肃省农村居民的不同受教育程度与农业投入交叉

（单位:%；元）

教育程度／农业投入	小学	初中	高中	中专 大专 技校 职高	本科
≤1500	23.9	13.1	2.0	1.3	0.7
1501—3000	13.8	7.1	1.3	0.7	0.3
3001—4500	2.4	4.0	0.3	0.7	0.0
4501—6000	3.7	4.7	1.7	0.7	0.0
6001—7500	1.0	1.0	1.3	0.3	0.3
7501—10000	2.0	0.7	0.3	0.0	0.0

一般来说，家户劳动力越多说明家户整体农业生产力越强，相应的农业投入应该越大。但事实并非如此，从表5—23得知，劳动力较少的家户和劳动力较多的家户农业投入所占比重和投入力度都比较小，反之，劳动力数量处于中间水平的家户农业投入力度却比较大。农业投入处在小于等于1500元区间，家户劳动力数量在1—2人与7人以上的所占比例分别为5.8%和6.2%；而劳动力数量属于3—4人与5—6人的所占比例分别为16.4%和15.8%。通过比较发现，后者所占比例比前者要多两倍以上，而且其他投入区间都基本如此。再着重看一下大于10000元以上区间的，劳动力数量属于1—2人的占1.3%；3—4人占4.5%；5—6人占1.7%；7人以上占0.6%，整体上所有不同劳动力数量的农业投入整体减少并且依然呈现两头小、中间大的特征。总结以上分析得出，劳动力不足或劳动力相对过剩都会影响农村居民对农业的投入，因此对于甘肃省农业投入和发展需要适当的劳动力，过多或过少对甘肃省的农业发展都会产生不利影响。

表5—23　　　　　2014年甘肃省农村家户劳动力数量与农业投入交叉

（单位:%；元）

投入＼数量	1—2人	3—4人	5—6人	7人以上
≤1500	5.8	16.4	15.8	6.2
1501—3000	3.2	9.8	10.2	3.9
3001—4500	0.6	2.3	3.2	0.6
4501—6000	0.9	2.3	3.6	1.5
6001—7500	0.4	1.3	0.6	0.4
7501—10000	0.6	0.9	1.3	0.4
＞10000	1.3	4.5	1.7	0.6

（二）农村劳动力数量、结构与农业收入的交叉分析

表5—24为2014年甘肃省农村居民不同年龄在农业收入中的分布情况，总体来看与不同年龄在农业投入中的分布特征基本保持一致。甘肃省各年龄段的农村居民农业收入集中在10000元以下的区间，就1000元以下区间而言，30岁以下年龄段的农村居民占有效样本总量的5.9%；31—40岁占3.9%；41—50岁占7.2%；51—60岁占2.8%；61岁以上占

3.7%。就 80000 元以上的区间，30 岁以下占 0.7%；31—40 岁占 0.4%；41—50 岁占 0.9%；51—60 岁占 0.4%；61 岁及以上占 0.0%。通过分析可以看出，甘肃省农村居民农业收入整体不高与农业投入成正比。除部分 61 岁以上可能丧失劳动力的农村居民农业收入少或无收入以外，40 岁以下的农村居民在不同层次农业收入普遍比 41 岁以上收入少。其实这也间接的验证了之前提到的甘肃省中青年从事农业劳动的比较少的事实。

表 5—24　2014 年甘肃省农村居民不同年龄与农业收入交叉　　　（单位:%；元）

收入＼年龄	30 岁以下	31—40 岁	41—50 岁	51—60 岁	61 岁及以上
1000 元以下	5.9	3.9	7.2	2.8	3.7
1001—5000	5.9	4.8	12.2	10.2	9.1
5001—10000	1.7	2.2	5.7	3.7	4.8
10001—20000	0.9	1.1	2.6	2.8	2.2
20001—40000	0.2	0.4	0.7	0.9	0.0
40001—80000	0.0	0.7	0.2	0.7	0.7
80000 元以上	0.7	0.4	0.9	0.4	0.0

如表 5—25 所示，与此前分析的"2014 年甘肃省农村居民的不同受教育程度与农业投入交叉结果"相似，甘肃省农村居民农业收入普遍偏低，且主要集中在小学和初中学历。从农业收入 1000 元以下的区间来看不同受教育程度农村居民的收入，初中及以下学历占 19.6%；高中及以上仅占 3.7%。接着分析农村居民农业收入在 1001—5000 元区间内的不同受教育程度，初中及以下学历占 33%，高中及以上仅占 5.9%，前后两者相差悬殊较大。此外，农业收入在 5000 元以上，农村居民农业收入整体减少，高学历农业收入少之又少。

表 5—25　2014 年甘肃省农村居民的不同受教育程度与农业收入交叉

（单位:%；元）

农业收入＼教育程度	小学	初中	高中	中专 技校 大专 职高 大专	本科
1000 元以下	13.7	5.9	2.6	0.7	0.4

续表

农业收入＼教育程度	小学	初中	高中	中专 大专 技校 职高 大专	本科
1001—5000	19.3	13.7	3.3	1.9	0.7
5001—10000	8.1	5.2	2.6	0.7	0.0
10001—20000	6.7	3.7	0.4	0.7	0.0
20001—40000	0.4	1.9	0.4	0.0	0.0
40001—80000	1.5	1.5	0.0	0.0	0.0
80000 元以上	2.2	1.1	0.7	0.0	0.0

俗话说："人多力量大"，所以，相应的整体所得报酬也应该随之增加，但是表5—26所传递给我们的信息并非如此。其结果与"2014年甘肃省农村家户劳动力数量与农业投入交叉"的特征一致。低收入人数多，高收入人数少，并伴有两头收入少中间收入多的特征。农业收入在5000元以下的农村居民占65.1%，超过有效样本总量一半以上，其中3—4人和5—6人的又占48.2%。以此可以证明甘肃农村居民农业收入集中在低收入区间且劳动力处于中间水平所占比重更大。相比之下，高收入的农村

表5—26　　2014 年甘肃省农村家户不同劳动力数量与农业收入交叉

（单位:%；元）

收入＼数量	1—2 人	3—4 人	5—6 人	7 人以上
1000 元以下	2.1	6.9	11.1	4.0
1001—5000	5.6	17.5	12.7	5.2
5001—10000	2.5	6.3	6.7	2.5
10001—20000	1.3	2.3	3.8	2.1
20001—40000	0.8	0.8	0.8	0.2
40001—80000	0.6	1.3	0.4	0.2
80000 元以上	0.4	1.7	0.2	0.0

居民要少很多且劳动力数量处于中间水平的依然比两端比重大。因此农业收入的多与少不在于劳动力多而在于劳动力是否符合农业生产的需要，数据也澄清一个事实优化配置农业劳动力是保证农业正常发展和农业收入稳步提升的关键。

第五节　征地、失地

一　征地、失地状况

"土地征收是指国家为了社会公共利益的需要，按照法定程序，强制性地将农民或集体的土地所有权收归国有，土地征收的对象为土地所有权，其征收性质是永久的。土地征收方案经有批准权的人民政府批准后实施，将集体土地收归国有，并依法给予被征地集体经济组织和农民给予合理补偿。"[①]

农民失地是指，农民暂时或者永久性的失去自己对土地的经营权或使用权。"就失地原因而言，有农民自愿流转而去，亦有国家强制征用而失，抑或是因自然灾害失去。既有农民暂时的离开土地，也有永久性地失去土地。尽管无论是自愿流转还是强制征用都有其合理性和必然性，但在不同层面上，它却蕴涵着不同的问题"。[②]

在西部大开发战略部署的推动下，甘肃省加大投资建设力度。交通建设等基础设施建设不断增加，甘肃省对于土地资源的需求急剧增加。征地和失地问题在甘肃乃至整个西部显得尤为突出。"现阶段，甘肃省农地征用涉及的制度弊端、农地征用补偿与利益分配、失地农民安置与权益保障等理论和实践问题研究不足，缺乏系统的、全面的甘肃农地征用和失地农民权益保障研究"。[③] 因此，对甘肃省征地与失地数据的系统分析存在现实意义。

如表5—27所示，甘肃省2014年与2004年过去五年因征地或自然灾害失地情况相比，2014年征地/失地所占比重为6.8%，2004年征地/失

---

① 封吉昌主编：《国土资源实用词典》，中国地质大学出版社有限责任公司2011年版。

② 白呈明：《农民失地与失地农民问题的冷思考》，《调研世界》2005年第9期。

③ 汪振江：《甘肃农地征用引发的失地农民权益保障问题研究》，博士学位论文，兰州大学，2007年，第5页。

地所占比重 7.1%。2014 年比 2004 年下降了 0.3 个百分点，但没有显著变化。

表 5—27　甘肃省 2004 年与 2014 年过去五年各地区因征地或自然灾害失地情况

（单位:%）

年份	否	是
2004	92.9	7.1
2014	93.2	6.8

如表 5—28 所示，甘肃省各地区在过去五年因征地和自然灾害失地情况为：陇中地区失地占 5.7%；河西地区占 4.0%；陇东及陇南地区占 9.6%；甘南占 8.9%。总体而言，陇东及陇南地区和甘南地区失地情况比其他两个地区严重。

表 5—28　　　2014 年甘肃省各地区过去五年因征地自然灾害失地所占比例

（单位:%）

地区　　选项	陇中地区　兰州、永登、永靖	河西地区　凉州、玉门、瓜州	陇东及陇南地区　会宁、陇西、张家川	甘南地区　夏河、岷县
是	5.7	4.0	9.6	8.9
否	94.3	96.0	90.4	91.1

为了能够从不同角度更清晰地分析甘肃省征地、失地情况，本文就甘肃省城镇和乡村地区的征地失地情况进行了比对。从表 5—29 可以看出，城镇地区征地、失地的比例为 6.5%，而农村的比例为 7.1%。农村的征地、失地情况比城镇略为严重，从中也可以间接反映出一些现实的状况，就是农村地区在新农村建设的推动下加大加快了农村建设的力度和步伐，一些企业和工厂向城市边缘的农村转移。

表5—29　　　　　甘肃省过去五年各地区城乡征地、失地面积　　　（单位:%）

选项 ＼ 地区	城镇	农村
是	6.5	7.1
否	93.5	93.2

二　失地原因

如表5—30所示，甘肃省过去五年因城市/村发展或建设原因造成征地、失地的占25%，位于几大原因之首；因道路建设造成征地的占22.1%；因洪水灾害造成的比例占22.1%。此外还有因企业建设造成征地的占13.2%，这条原因虽不及以上几大原因，但是也是甘肃省农户失地的一项重要原因。

表5—30　　　　　过去五年甘肃省失地的主要原因所占比例　　　（单位:%）

原　因	百分比
地震	2.9
泥石流	1.5
洪水	22.1
其他自然灾害	2.9
村里重新分配了土地	2.9
道路建设	22.1
企业建设	13.2
城市/村发展或建设	25.0
因为扶贫安置项目离开了我们的村庄	1.5
其他原因	5.9

总而言之，甘肃省征地、失地的成因主要有：其一，随着城镇化水平不断提高，因城乡以及企业的发展和建设征地。其二，因自然灾害失地。其实这两大因素成为甘肃省征地、失地主要原因都在情理之中。一方面，我国现在正在转型时期，不只是甘肃省，全国地区普遍都在进行城乡建设，况且甘肃省又在西部大开发的行列之内。不难想象在发展和建设中的

甘肃省对于土地资源的渴求。另一方面，就是甘肃省的气候地理环境。甘肃省复杂地形条件决定着其自然环境的复杂性。甘肃省地形的主要特点是地势高，高差大，以山地和高原为主，区域差异明显。河西走廊绿洲、沙漠、戈壁相间；陇中、陇东黄土广泛分布，沟壑纵横；陇南山大河深，地形复杂。由于近百年来人们的不断垦殖与开发，导致甘肃省生态环境普遍都比较脆弱，成为我国自然灾害最频发的地区之一。"2012 年甘肃省全年农作物受灾面积 67.64 万公顷，比上年下降了 44.1%，其中成灾面积 49 万公顷，比上年下降了 44.4%。发生各类地质灾害 144 起，比上年增加 29 起。"① 通过对甘肃省各乡镇近 3 年不同灾害类型发生以及破坏程度的统计，甘肃省发生暴雨洪涝的情况在众多自然灾害中占 17.1%，也是甘肃省自然灾害中所占比重最多、影响最广的。因此，农民因洪水等自然灾害而失去土地在甘肃地区成为了失地的又一大因素。

三 征地、失地补偿

土地及其所产生的收益是农民最根本的利益所在，随着城镇化进程日益推进，对于土地资源的需求也显著增加。在此背景下，不断增值的土地尤为金贵。"农民所拥有的土地财产属性和财产权利属性将日益显性化，所以从某种程度上说维护农民的土地权益就是维护农民的根本利益"。② 土地补偿是指国家依法对个人或集体采取征地行为后，"政府征用农民集体土地，对被征用的土地依法给予补偿和对被征用土地形成多余的劳动力安置补助的总称"。③ 目的是为了弥补因征地所造成损失的个人、团体及集体，同时也体现社会公平的原则和承担相应的社会责任。

甘肃省政府 2012 年 "召开第 120 次常务会议，审议通过《关于调整全省征地补偿标准的意见》（以下简称《意见》）。《意见》明确指出：从 2013 年 1 月 1 日起将征地补偿标准整体提高 19.9%，平均每亩达到 3.56 万元，农村居民在土地增值收益中的分配比例得到进一步提高。按照《意见》，此次调整的甘肃征地补偿标准包括土地补偿费和安置补助费两

---

① 李虎主编：《甘肃年鉴》，2013 年，第 62 页。

② 凌斌：《完善征地补偿制度的对策研究以宁夏为例》，硕士学位论文，上海交通大学，2009 年，第 2 页。

③ 封吉昌主编：《国土资源实用词典》，中国地质大学出版社有限责任公司 2011 年版。

项费用。青苗补偿费按征地时当茬作物的产值，或按当季实际投入补偿，地上附着物补偿标准由各市州政府制定。"①

从表5—31可以看出，虽然我们调查到的征地失地补偿样本量较少，但是从现有的数据来看，甘肃地区对被征地和失地的农民以不同方式、不同层次给予补偿的比例达60%以上；但是也有占37.3%的人没有得到现金和实物的补偿救济。在补偿形式上，主要还是以现金补偿的方式为主，占50.7%。对于没有任何现金和实物补偿所占比例比较大，说明在甘肃省部分地区，农村居民的合法利益没有得到应有的保护，也从侧面反映出，补偿条例的执行效果还需要不断加强，让农村居民的合法利益得以保障。

表5—31　　　　　甘肃省征地和失地的损失各类补偿所占比例　　　（单位:%）

补偿类别	百分比
只得到过现金	50.7
只得到过实物	1.5
现金和实物都有	10.4
没有现金和实物补偿救济	37.3

从表5—32数据显示来看，甘肃省征地或失地对甘肃省家户经济有影响占70%左右，其中，认为变糟很多占20.0%；认为变糟一些占36.4%；认为变好一些占10.9%；认为变好很多占3.6%。总体而言，认为情况变糟占主导地位。这也说明土地对甘肃省农村居民的生活影响比较大，居民对土地的依赖比较强，且土地很可能就是家庭的主要或唯一来源。"从对失地农民的补偿安置的方式来看，为失地农民建立社会安全网才是一种长远之计和有发展的安置。建议以征地补偿费、安置补助费和土地转用后的增值收益为社会保障资金来源，解决失去土地的人们的生活、就业、养老、医疗等问题。这样才能切实保障农民，切实保护耕地"。② 因此，为

---

① 资料来源：中华人民共和国国土资源部，http://www.mlr.gov.cn/xwdt/jrxw/201212/t20121231_1171592.htm。

② 苏晓艳、范兆斌：《我国失地农民社会保障制度构建探析》，《特区经济》2006年第3期。

失地农民建立长久有效的保障机制是非常必要的。

表5—32　　　　征地或失地对家户经济的影响所占比例　　（单位：%）

影响结果	百分比
变好很多	3.6
变好一些	10.9
没影响	29.1
变糟一些	36.4
变糟很多	20.0

本章小结

　　"农业不兴，无从谈百业之兴"。中国作为一个农业大国，农业是国民经济的基础，也是经济发展的基础。在此次"西部家户生计与社会变迁"的调查中，对甘肃省农业生产发展状况的调查也是其中重要的组成部分。本章主要运用描述性统计的方法，从耕地、土地流转、农产品生产、农业投入与农民农业收入、征地和失地五个方面，对农业生产部分的数据进行了分析，并从数据分析中映射出甘肃省农业生产发展的现状。经过分析主要得出如下几点结论：

一　耕地分布不均，耕地面积总体呈增长趋势

　　甘肃省不同地区的耕地质量因地理环境的不同而参差不齐，且人均耕地面积呈现区域性差异，与2004年相比，甘肃省家户耕地平均休耕/撂荒面积有所增长。数据分析发现，陇中地区以及河西地区的耕地面积要远远大于其他地区，而且耕地也更加优质，灌溉更加的方便。各地区五年内的人均耕地面积普遍呈现增长的趋势。其中，陇中地区和河西地区人均耕地面积比较大，且河西地区五年内人均耕地面积处于相对平稳状态，没有大幅度变化，其余甘南和陇东及陇南地区处于小幅增加的状态。

二　土地流转总体规模较小，呈逐步增长趋势

　　总体上，甘肃省土地流转规模较小，呈现逐步阶段性增长的态势，土

地流转状况较全国水平低。其中，河西地区在甘肃省的各地区之中，无论是人均土地流转面积，还是家户平均土地流转面积都居于前列；而陇中地区人均土地流转面积和甘南家户平均土地流转面积最小。甘肃省家户土地流转总体上是农户根据自己的意愿自发流转，形式主要有：转包、转让、互换、入股、出租、股份合作6种，中代耕是甘肃地区土地流转采用最普遍的形式，所占比重也最大。

三 农作物种植种类增加但种植结构不合理，家畜、家禽的饲养比重下降

甘肃省农业种植结构不合理的问题，主要表现为种植单一，粮食作物种植比例远远大于其他经济作物，农作物种植种类较2004年多了饲草、经济林木两种，家户饲养家畜、家禽或其他动物所占比重减少，不仅表现在饲养家畜、家禽或其他动物的家户所占比例减少，还存在饲养的家畜、家禽或其他动物数量种类减少的情况。

四 农作物投入现区域性差异，农业活动收入占比逐年下降

甘肃省不同地区的农业投入因自然地理环境、农业基础设施的建设和覆盖、农户对现代农业的理解与接纳、家户的经济条件和劳动力等条件的不同而不尽相同。其中，河西地区平均农业投入最高，陇东及陇南地区最低。相比2004年，2014年的家户平均收入增长了3倍，但是家户农业活动收入占家户总收入的百分比一直处于下降的趋势。

五 征地和失地问题，农村比城镇略为严重

在西部大开发战略部署的推动下，甘肃省加大投资建设力度，交通等基础设施的建设对土地资源的需求增加，征地和失地问题在甘肃乃至整个西部显得尤为突出。在新农村建设的推动下，一些企业和工厂向城市边缘的农村转移，从而导致农村地区征地与失地状况严重。

整体而言，经过西部大开发战略十年的部署与发展，甘肃地区的农业生产发展既取得了突出的成绩和效果，同时在发展的过程中也暴露出一定的问题。这就需要我们增加农业投入，大力支持农业的发展；依靠科技，提高农业产出水平；因地制宜，制定合理的现代农业发展战略；积极培育

和完善农业市场体系，使甘肃省的农业生产向科学、合理、现代的方向发展。

本章参考文献

[1] 白经天：《农村土地流转对粮食生产的影响》，《农业经济》2013 年第 6 期。

[2] 白呈明：《农民失地与失地农民问题的冷思考》，《调研世界》2005 年第 9 期。

[3] 陈荣卓、陈鹏：《现代农业进程中的农民土地权益保障机制建设》，《华中农业大学学报》2013 年第 5 期。

[4] 陈海生：《甘肃省外出务工农民社会保障调查研究》，《知识经济》2011 年第 13 期。

[5] 封吉昌主编：《国土资源实用词典》，中国地质大学出版社有限责任公司 2011 年版。

[6] 甘肃省土地管理局：《甘肃土地资源》，甘肃科学技术出版社 2000 年版，第 181 页。

[7] 高瑞霞、雷萌、任智超：《土地流转形式多样》，《中国合作经济》2011 年第 9 期。

[8] 韩剑萍、李兴江：《甘肃省农村土地流转的根本性问题及对策》，《中国农业资源与区划》2011 年第 4 期。

[9] 李春亮：《甘肃年鉴》，2013 年，第 312—313 页。

[10] 雷刘功、袁惠民主编：《中国农业年鉴》，2013 年，第 72 页。

[11] 赖可可：《农村土地流转形式分析》，《中国集体经济》2011 年第 30 期。

[12] 李虎主编：《甘肃年鉴》，2013 年，第 62 页。

[13] 凌斌：《完善征地补偿制度的对策研究以宁夏为例》，硕士学位论文，上海交通大学，2009 年，第 2 页。

[14] 孟凡娥：《甘肃省后备耕地资源可持续利用方略探讨》，《甘肃农业》2007 年第 10 期。

[15] 农业大词典编辑委员会编：《农业大词典》，中国农业出版社 1998 年版，第 1208 页。

[16] 秦志华、李可心、陈先奎主编：《中国农村工作大辞典》，警官教育出版社 1993 年版，第 432—433 页。

[17] 汝子报、张磊：《浅析现阶段我国土地流转影响下的农资物流》，《中小企业管理与科技》2010 年第 8 期。

［18］沈孟璎：《新中国 60 年新词新语词典》，四川辞书出版社 2009 年版。

［19］孙翱翔、刘远风：《当前农村土地流转热的理性思考》，《农业现代化研究》2014 年第 1 期。

［20］苏晓艳、范兆斌：《我国失地农民社会保障制度构建探析》，《特区经济》2006 年第 3 期。

［21］王凤娇、杨延征、上官周平：《西北五省（区）耕地质量等别差异性比较》，《干旱地区农业研究》2015 年第 2 期。

［22］汪振江：《甘肃农地征用引发的失地农民权益保障问题研究》，博士学位论文，兰州大学，2007 年，第 5 页。

［23］魏振瀛、徐学鹿、郭明瑞主编：《北京大学法学百科全书·民法学商法学》，北京大学出版社 2004 年版，第 933—934 页。

［24］熊艳翎、张福昌：《甘肃农村年鉴》，2013 年，第 177 页。

［25］杨骐瑛：《农村土地流转制度的演进路径及改革方向》，《商业时代》2014 年第 31 期。

［26］殷培培：《关于甘肃农村土地流转状况及意愿的调查研究——以临洮县为例》，《甘肃科技》2010 年第 16 期。

［27］余耀年：《兰州年鉴》，2010 年，第 164 页。

［28］周俊菊、石培基、王静爱、乔汝霞：《基于耕地资源的甘肃省人口承载潜力研究》，《干旱区资源与环境》2007 年第 6 期。

［29］《中共中央关于推进农村改革发展若干重大问题的决定》，《国土资源通讯》2008 年第 19 期。

［30］张全生主编：《武威年鉴》，2013 年，第 185 页。

［31］中国社会科学院经济研究所编；刘树成主编：《现代经济词典》，凤凰出版社、江苏人民出版社 2005 年版，第 1012 页。

［32］David Rhine. *Ray Hudson Land Use*. London：Methuen，1980，p. 3.

［33］江宜航、刘瑾：《耕地现状调查：我国耕地质量现状堪忧》，2014 年 9 月，http：//www. cssn. cn/dybg/201409/t20140927_ 1345037. shtml。

［34］田水月：《中国农村土地分配不均问题及对策》，2004 年 5 月 23 日，http：//blog. sina. com. cn/s/blog_4702bfd2010005wv. html。

［35］中华人民共和国国土资源部，http：//www. mlr. gov. cn/xwdt/jrxw/201212/t20121231_ 1171592. htm。

［36］中华人民共和国国土资源部，http：//www. mlr. gov. cn/tdzt/tdgl/decdc/dc-cg/gscg/201406/t20140605_ 1319632. htm。

［37］中华人民共和国国土资源部，http：//www. mlr. gov. cn/xwdt/mtsy/people/

201406/t20140603_ 1319383. htm。

　　［38］人民网，http：//news. dichan. sina. com. cn。

　　［39］中研网，http：//www. chinairn. com/news/20150123/091058722. shtml。

　　［40］中华人民共和国农业部，http：//www. moa. gov. cn/fwllm/qgxxlb/gs/201212/
t20121207_ 3099276. htm。

第六章　婚姻家庭

　　改革开放三十多年以来，随着社会的发展与变迁以及计划生育政策的大力推行，中国的婚姻家庭制度在各方面都发生了巨大变化：婚姻观念中浓厚的政治色彩和阶级色彩逐渐淡化，人们的择偶条件更具有人性；婚姻趋向自主，离婚率逐年增加；家庭结构更趋核心化和多样化，出现了单身家庭、单亲家庭、同居家庭以及同性恋同居等；家庭规模不断缩小，家庭平均人口数不断缩减。随着婚姻家庭制度的变迁，以往一些没有出现的或处于弱态的问题和现象，如择偶的商品化和高度自主性、闪婚、试婚、夫妻间在家庭内的性别分工等也呈现出迅猛发展的态势，这些又不可避免地会导致其他方面的变化，甚至是引发其他问题的出现，而对于婚姻家庭制度变迁的考察，便可以为弥补制度抑或政策的缺失提供可能性。

　　本次西部家户生计调查对婚姻家庭进行了重点关注，具体涉及婚姻状况、家庭结构状况、家庭观念及行为、子代教养四个方面。本章报告主要是关于上述四个方面的实际情况以及城乡对比、性别对比、族群对比等的描述。

第一节　婚姻状况

　　一个社会中其成员的婚姻状况大致可以分为两大部分，即已婚和未婚。其中，已婚人口包括初婚、再婚、离婚和丧偶四种情况；而未婚又可分为非适婚未婚和适婚未婚两种情况。本节主要就此次调查所获得的有关未婚状况、已婚状况、离婚状况和丧偶状况的相关数据分析结果进行了描述与分析。

　　如图 6—1 所示，从此次调查所收集到的婚姻状况相关数据显示，在有效的 3675 人中，已婚/同居人数为 2689 人，占 73.2%，比 2004 年下降了 3.1%；未婚的有 765 人，占 20.8%，比 2004 年上升了 3.7%；丧偶的有 169 人，占 4.6%，比 2004 年下降了 1.3%；离婚的共 46 人，占 1.3%，比 2004 年上升了 0.6%。以下将分别从婚姻类型与年龄段、婚姻类型与城乡婚姻类型与性别的交互分析结果来对各类婚姻状况做以描述。

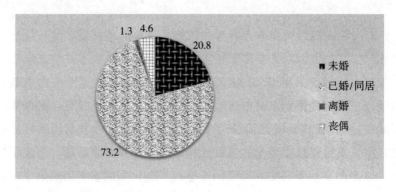

图 6—1 不同婚姻类型分析 （单位:%）

一　未婚状况

首先，存在大龄未婚现象。如前所述，未婚人口分为非适婚未婚人口和适婚未婚人口，其中，非适婚未婚人口是指还未达到国家法定结婚年龄的未婚人口，即男小于 22 周岁，女小于 20 周岁的人口。适婚未婚人口则指已经达到或超过国家法定结婚年龄的成年未婚人口，它既包括志愿不婚人口，即不想嫁也不想娶，也包括非志愿不婚人口，即这些人由于种种原因难以进入婚姻状态，但在未来可能会变成已婚人口，同时也有一些可能会是终身不婚人口。图 6 - 2 分年龄段来看，各年龄段未婚人数由多到少依次为：20 岁及以下的占 92%；21—30 岁的占 41.2%；31—40 岁的占 4.6%；41—50 岁 的 占 2.9%；51—60 岁 的 占 0.8%；61—70 岁 的 占 1.4%；71 岁及以上的占 1.2%。

其次，图 6—3 显示农村的未婚比例要高于城镇，其中，农村的未婚比例为 22.5%，城镇的未婚比例为 17.9%，农村比城镇高出 4.6 个百分点。图 6—4 显示，男性的未婚比例要高于女性，其中，男性的未婚比例为 24.3%，女性的未婚比例为 17.2%，男性比女性多 7.1 个百分点。

分析上述现象的原因，有以下几点：其一，存在婚姻梯度选择偏好。

其中既包括女性理性的"高攀"行为，也包括适婚男性非理性的"下娶"行为。按照婚姻梯度选择偏好择偶时，当事人往往遵循"男高女低"的原则，即男性在择偶时更倾向于选择一个在各方面条件都没有自己优越的女性，表现出的是一种"低就"的择偶倾向，而女性在选择配偶时，一般会选择在各方面条件都超过自己、比自己强的男性，所表现的是一种"攀高"的择偶倾向，以期通过这种"上嫁"的婚姻来改变自己原有的社会阶层和地位。这种非平行的婚配模式下，要想在适龄时不失婚，男性则要努力提升自己各方面的条件，而女性在自我提升与发展时则要适度，否则，自己的条件越高反而符合自己"攀高"择偶倾向的男性就越少，所面临的失婚风险就越大。其二，存在婚姻的区域选择偏好。这种婚姻选择偏好尤以女性居多，即女性在择偶时，更倾向于选择住在城市或城镇的男性，以期望借助婚姻来实现居住地区的迁移。其三，农村男性结婚费用的家庭负担水平高于城镇。家庭结婚费用的负担会随着家庭收入的增加而降低。虽然，城乡城镇人口的结婚费用一般要比农村的多，但城乡之间的收入差距也大，而且对于农村的一些贫困家庭来说，其结婚费用的家庭负担水平一点也不亚于城镇，甚至比城镇家庭的负担还要重。

二　早婚现象

根据图6—2中数据的反映，在非适婚人群中存在早婚现象。

早婚现象在很多国家中都存在，如埃及、印度、西班牙等，就我国而言，早婚是中国传统农业社会的一种普遍现象。早婚既包括不到法定结婚年龄而事实上以夫妻关系公开同居的行为，也包括虽然在当地政府申请领取了结婚证，但实际上未达到法定年龄的夫妻；还包括，在少数民族中虽未获得法律上夫妻关系的合法性但获得了宗教"合法性"的夫妻，如回族，只要有了结婚仪式以及阿訇念的"尼卡哈"，则双方在宗教及当地人眼中就是"合法"的夫妻，即获得了宗教上的合法性。在本次调查中发现20岁及以下年龄段中的已婚者所占比重为8%。究其原因，有以下几点，其一，早婚习俗。早婚现象，是我国农村一种较为普遍的现象，并且在长时间的社会生活过程中逐渐形成为一种习俗。一般社会习俗在农村有很强的影响力，所以，在一个有着早婚习俗的地方，其当地居民也多会遵从这一习俗。其二，婚恋观念的转变。随着现代化的发展，以及外出务工人员的增多，人们的婚恋观念更易受到冲击和影响。其中，"90 后"青年在婚恋上有着更强的自主性和独立性，且择偶方式也更趋多元化，即便有"媒妁之言"，最后也是由"自己决定"。其三，宗教教义潜移默化的影响。以回族来说，在伊斯兰教教义中规定，男性年龄达到 12 岁，女性年龄达到 9 岁即为成年人，并且要担负起教义中规定的各种义务。虽然现在，绝大多数回族早婚者的年龄都远大于 12 岁和 9 岁，但相较于国家法定结婚年龄来说，目前许多回族早婚者的年龄还是较小。在农村，如果不再继续上学，则男性一般在 18 岁到 20 岁左右结婚，女性则主要集中在 15 岁到 17 岁结婚。

三　离婚状况

"中国传统的家庭文化强调'从一而终'，离婚即使不是完全不可能，也是不可想象的重大灾难。"但随着时代的变迁、社会的发展，我国的离婚率呈现逐年递增的态势。根据民政部数据，2004 年我国离婚率为 1.28‰，离婚对数为 166.5 万对，到 2013 年，离婚对数为 350 万对，离婚率达到 2.58‰，比 10 年前增加 1.3 个千分点。据《2013 中国民政统计年鉴》，2012 年甘肃省离婚率为 1.28‰，全国排名靠后。在此次《中国西部家户生计与社会变迁调查》中，离婚率达到 1.3%，相对来说还是很高的。

首先，从图 6—2 的数据可以看出，中老年年龄段的人为主要离婚人群。从各年龄段离婚率的对比情况来看。据样本统计，离婚人数中 21—30 岁的共 5 人；31—40 岁的共 14 人；41—50 岁的共 12 人；51—60 岁的共 7 人；61—70 岁的共 1 人；71 岁及以上的共 6 人。可见，在上述各年龄段中，离婚人数最多的是 31—40 岁年龄段的，其后依次是 41—50 岁的、51—60 岁的、71 岁及以上的、21—30 岁的，最少的是 61—70 岁年龄段的。可见中老年群体是离婚的主要群体。就这一现象来说，既有离婚观念变化及家庭核心化的影响，也有双方之间缺乏沟通与信任的因素。表现为：第一，虽然在中年人群中他们大多都已有了子女，而老年群体中他们的子女也大多已长大成人，但这也并不妨碍他们将追求幸福生活放在首位。一旦双方感情出现无法弥补的裂痕，便不会再为一段没有感情的婚姻而"委曲求全"。第二，中老年夫妇正处于上有老下有小的尴尬境地。对于老年人来说，在经历了大半生后，因生活条件、工作岗位和工作职位的变迁，极易因一些小事而导致情绪低落，此时如果双方又缺乏信任和沟通，互不相让，再加上有些老年人在对待夫妻关系时常表现出一种非理智的态度和行为，最终造成婚姻危机。对中年夫妇来说，人到中年要承受来自各方的压力，如果双方沟通不利，缺乏信任，再加上一些人在面对夫妻矛盾时多采取回避的态度，这样就容易使小矛盾小问题长期得不到解决而最终导致婚姻破裂。

其次，如图6—3所示，城镇的离婚比例高于农村，其中城镇所占比重为1.9%，农村所占比重为0.9%，城镇比农村高出1个百分点。分析其中的原因：第一，社会转型带来的离婚观念的转变。"离婚观念是人们对离婚问题的一种看法，是伦理价值观的具体体现"。在我国社会转型过程中，人们的家庭观念也随之变得更加多元化和宽容化，而离婚观念正是其主要体现之一。随着社会开放度的提升，中国老一辈与年轻一代在婚姻观念上已大有不同，正如李银河所说的"从林家的老一辈到年轻一辈，离婚的情况明显增多，离婚的理由越来越从现实原因转向情感原因，从经济原因转向个人性格原因"，或许以往人们在一段婚姻中更看重亲子轴关系，但现在人们也同样甚至是更看重夫妻轴关系。当然，由于城乡之间所受到的文化观念的冲击程度不同，离婚观念的转变程度也不同，相比于农村，在城镇中更多的人会把离婚自由视为婚姻自由的一部分，更趋向于将离婚视为一种正常的社会现象。然而在农村，虽然人们对"离婚"现象的看法已经从过去的"鄙视"逐渐转向"理解"，但在很大程度上还是会受到传统观念的制约和影响。尤其是在农村老一辈人的观念中，会认为离婚是件坏事，尤其是有子女的就更不能离婚，加之农村的"家本位"思想更重一些，这也导致一些女性会为了孩子而作出退步和忍让。第二，家庭结构趋于小型化，对夫妻冲突的缓解能力弱化。现代社会的家庭结构日趋小型化，本次调查也显示城镇家庭主要以三口之家的核心家庭居多，城镇的居住方式较为封闭，一旦夫妻双方发生了矛盾大多只能封闭于自己的核心家庭中，从而缺少了来自传统大家庭中血亲成员的调节与干预，以至于很多夫妻双方的矛盾未能及时化解。相反在农村，其家庭规模要大一些，可以及时获得其他家庭成员干预、调节和缓冲，从而使矛盾偏离恶化的方向，或许，这也是农村离婚率低于城镇的原因之一。第三，相比于城镇，农村的离婚成本更大。近几年许多地方纷纷出现"天价彩礼"，甘肃也不例外，早在 2013 年时，农村的彩礼就已变成了 10 万元起价，所以对于农村的男性来说，结一次婚所需的费用几乎要用光整个家庭的所有积蓄，甚至还要借一大笔外债，如果离婚，那么男方在这一次婚姻中的所有花费都将"清零"，而且为了下一次的婚姻，还要继续进行结婚费用的积累与筹借。

最后，如图 6—4 所示，男性的离婚比例为 1.3%，女性的离婚比例为 1.2%，男性比女性高 0.1 个百分点。这一现象的产生，与女性的受教育水平、经济地位、社会地位的提升有很大关系。我国女性的就学率随社会经济的发展而不断上升。2014 年，我国男女童小学净入学率均为 99.8%，初中和高中在校学生中女生的比例分别为 46.7% 和 50%；普通高等学校本专科在校生中女生占 52.1%，硕士研究生在校生中女生占 51.6%。教育水平的提升，为女性拥有属于个人的经济来源提供了基础，也为女性提升自我的社会地位和经济地位提供的机会和平台，从而也使女性获得更多在经济和人格上的独立。在这样的情况下，就算婚姻面临危机甚至是破裂，女性也有能力提出或同意离婚，因为即便离婚了，女性也不用太担心离婚后自己的独立生活没有经济保障。

四 丧偶状况

首先，在图 6—2 中，丧偶比例最高的是 71 岁及以上年龄段的人，所占比重为 30.6%；其后依次为 61—70 岁的占 9.9%；51—60 岁的占 5.7%；41—50 岁的占 2.9%；31—40 岁的占 0.5%；21—30 岁的占 0.1%。可见丧偶比例随着年龄的增加而逐渐增长。其次，在图 6—3 中可以看出，城镇的丧偶比例要高于农村，其中城镇的丧偶比例为 5%，农村的丧偶比例为 4.4%，城镇比农村高 0.6 个百分点。最后，在图 6—4 中可以看出，女性的丧偶比例要高于男性，其中，女性的丧偶比例为 6.5%，男性的丧偶比例为 2.7%，女性比男性高 3.8 个百分点。

综合上述数据，对上述现象与差异的解释可有以下几点：

首先，生物因素的影响。男性与女性相比属于弱性，从受精卵开始男性胎儿相对于女性胎儿就更容易流产；在染色体上，女性所拥有的相同染色体使女性在抵抗疾病方面的能力要强于男性，因此女性比男性更能抵御传染性疾病，而且因为男性和女性在神经灵敏度上的差异也使女性的心脏比男性更具抵抗力，故而男性尤其是老年男性的心脏病发病率要高于女性。同时，有人认为女性有两个相同的染色体，可大大减少先天遗传因素对女性的影响，而男性则比女性更易得遗传性疾病。

其次，婚配年龄差异的影响。在我国人口的婚姻习俗中，年龄似乎占有举足轻重的地位，虽然随着时代的变迁，现今社会中已不乏"姐弟恋"的夫妻，但在男性"低就"的择偶倾向及"偏男"文化的影响下，实际婚姻中还是以男性年龄大于女性的居多。此外，男性的普遍平均寿命短于女性这一普遍现象，作为影响因素一定程度上也促发了女性丧偶人数多于男性这一状况的出现。

再次，社会因素和个人因素的影响。从古至今，男性从来都被定位于挑重担的角色，古有"齐家、治国、平天下"，今有"你负责赚钱养家，我负责貌美如花"。不论是在社会层面上还是在个人层面上，一般来说男性都承受着更多的责任与压力。在社会层面上，社会公众对男性的期望是事业有成，所以相比女性，男性需要承担更多的社会责任和家庭责任。尤其是中青年男性，要承担来自生活、家庭、工作等多方面的压力；而在个人层面上，男性的压力又得不到良好的宣泄和释放，因为社会对于男性的角色期待是强者的角色，男性要担负起"保护弱小"的责任，所以，男性对于所面临的压力、困境及挫折大多采取"忍"的处理方式，这在一定程度上也会对男性的身体健康及精神健康产生消极影响，加之，女性的健康意识高于男性，所以这也会导致男女两性在寿命长短上的差异，进而影响男女两性间丧偶比例的差距。

最后，在高危、高压行业中男性的比例要高于女性。如煤矿、建筑施工行业、危险化学品行业、烟花爆竹行业、民用爆破行业、交通运输行业、冶金行业、机械制造行业、武器装备研制生产与试验行业等，而在这些高危行业中由于其行业的危险性极易造成非自然死亡，故而一定程度上也成为了女性的丧偶率高于男性的影响因素之一。

第二节　家庭结构状况

家庭作为最基本的社会组织，从未完全独立于社会变迁之外，随着社

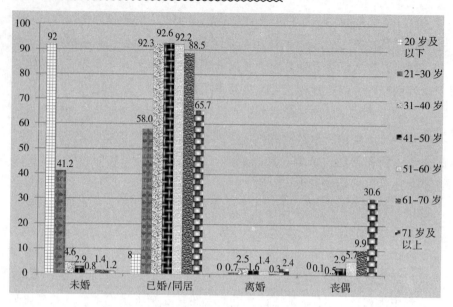

图6—2　不同婚姻类型的年龄段分析　（单位：%）

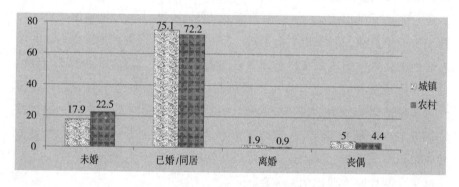

图6—3　不同婚姻类型的城镇、农村分析　（单位：%）

会的发展和变迁，家庭的结构、功能等各方面也都发生了重大的变化。

　　家庭在人类生活和社会发展方面承担着重要的职能，有着自己复杂的内部结构，不同的家庭结构决定了家庭职能的不同。家庭结构和形式的变动，以及职能和作用的发挥对社会的巩固与发展有着重要的影响。家庭结构是家庭中成员的构成，是家庭成员之间所存在的一种相互作用、相互影响的状态，以及由于家庭成员之间存在的不同关系所形成的联系模式。基于此，家庭结构则包括家庭人口要素和家庭模式要素这两个基本方面。本节将对家庭结构涉及的两个指标即家庭规模、家庭成员和民族的构成进行

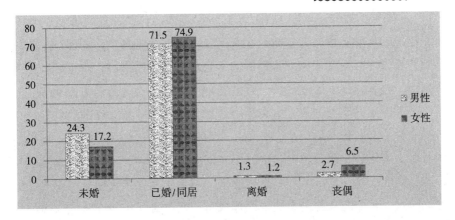

图 6—4　不同婚姻类型的性别分析　　（单位:%）

叙述。

一　家庭规模

家庭规模是反映家庭结构状况最基本的指标。2014 年国家卫生计委发布的首个《中国家庭发展报告》指出，截至 2014 年，我国家庭数量居世界之首，共有约 4.3 亿户，占世界家庭总户数的 1/5 左右，家庭规模日益小型化，在 20 世纪 50 年代之前，我国家庭户平均人数基本保持在 5.3 人的水平，到 1990 年缩减到 3.96 人，2010 年缩减为 3.10 人，2012 年进一步缩减到 3.02 人。

本次调查主要是通过直接询问家庭人口数来测量家庭规模。数据分析结果见图 6 - 5。

从家庭户的平均人口数来看，图 6 - 5 显示，首先，从总体上来看，甘肃省的家庭平均人口数为 4.48 人，在众多研究中，所显示的研究结果都是家庭结构趋于小型化，而在本次调查中获得的数据却显示，相较于甘肃省 2010 年第六次全国人口普查的家庭规模状况，2014 年甘肃省家庭户平均人口增加了 1.35 人。

其次，分城乡来看，城镇家庭平均人口数为 3.47 人，农村家庭平均人口数为 4.6 人，从数据可以看出，农村的家庭规模要大于城镇家庭。究其原因来说，大致分为以下三点：其一，计划生育政策的监管力度有限。原国家人口计生委数据显示，2011 年之前，独生子女政策的实际覆盖率仅占总人口的 35.4%，而各地农村都普遍实行"一孩半"政策，2013 年

"农村一孩半"政策已覆盖我国 53.6% 的人口；其二，农村家庭的脆弱性，使得农村家庭更倾向于组建大家庭，以此作为抵御风险的保障。农村家庭的脆弱性会受到多种因素的影响，包括家庭的经济收入水平、社会关系网络、教育支出、家庭规模、劳动力的受教育水平及劳动力占比等，其中，更大的家庭规模和更高的劳动力占比会有利于降低家庭的脆弱性。在传统农村，家庭是人们生活中不可替代的保障源，这种保障形式一般包括四个层次：第一层是紧密型家庭；第二层是近亲和好友；第三层是远亲和邻居；第四层是社区成员。一般情况下，一旦家庭或家庭中某一个成员面临风险时，首先能够帮助家庭或个体成员一起抵御、承担、分摊风险的是与其关系最紧密的家庭成员；其次才是来自第二、第三、第四层保障的支撑，而且随着家庭保障层次的拓展和延伸，其对于家庭的保障作用也会逐步减退。所以，相比于城镇来说，农村会更容易形成、也更趋向于保留大的家庭规模。第三，经济及思想观念的影响。一方面，随着经济的发展，人们的家庭收入水平和消费水平不断提高，住房条件不断改善，这些因素在一定程度上促成了分家立户现象的出现，从而导致家庭规模的下降。同时，经济的发展也带来了思想观念的巨大转变，人们开始追求自由化和个人主义，许多成年子女，尤其是已经结婚成家的子女更倾向于独立居住，加之一些老人在生活习惯等多方面和年轻人都存在诸多差异，所以这些老年人更倾向于和子女分开居住，因此导致了小家庭不断出现，从而也起到了降低家庭规模的积极作用。但由于城乡之间各方面发展水平的差异性和不平衡性，一定程度上则导致了城镇家庭规模普遍要小于农村。另一方面，相比于农村，城镇的计划生育政策在监管力度和执行力度上更严、更到位，此外，城镇的女性更倾向于追求自己的学业、事业以及自我价值的实现，多选择晚生育和少生育，因此，在生育政策和思想观念的共同作用下，生育水平及人口规模的增长受到了抑制，进而也对城镇家庭规模的扩展起到了抑制作用。

从按人口分的家庭户来看，首先，从与 2004 年《中国西部家户生计与社会变迁调查》结果的对比来看，如图 6—6 所示，2014 年甘肃省一人户的比例为 3.3%，比 2004 年下降了 2.2 个百分点；二人户占 15.2%，比 2004 年下降了 7.6 个百分点；三人户占 22.3%，比 2004 年下降了 5.8 个百分点；四人户、五人户、六人户共占 49.4%，比 2004 年上升了 8.5

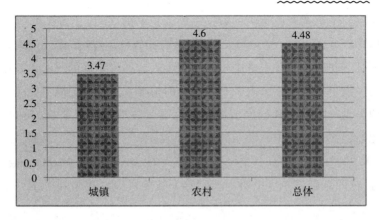

图6—5　家庭户规模分析　（单位：人）

个百分点；七人及以上户占 9.7%，比 2004 年上升了 7 个百分点。与 2013 年全国及甘肃省的相关调查结果对比来看：2013 年全国人口变动抽样调查显示，全国总体上二人户最多，占 27.3%；其次是三人户和四人户，各自比例分别为 26.9% 和 17.0%。其中，甘肃省的情况是，三人户最多，其后依次为，二人户、四人户、五人户和一人户。而在本次中国西部家户生计调查中，从图6—6 中可以看出，三人户最多，其后依次是四人户、五人户、二人户和六人户，即相比于 2013 年甘肃省的调查情况来说，2014 年三人户依然是甘肃省最主要的家庭户类型，在 1076 户家庭中共有 240 户是三人户，四人户有 227 户，其后分别是五人户共 184 户，二人户共 164 户，六人户共 121 户。

其次，分汉族和少数民族来看，在 845 户汉族家庭中，三人户的数量最多共 211 户，占比重为 25.0%；其后依次是四人户共 183 户，占比重为 21.7%；二人户共有 148 户，占比重为 17.5%；五人户共 136 户，占比重为 16.1%；六人户共 86 户，占比重为 10.2%。在 231 户少数民族家庭中，数量最多的家庭类型是五人户，其后依次是四人户、七人户、六人户和三人户。其中，五人户有 48 户，占 20.8%；四人户有 44 户，占 19.0%；七人户有 36 户，占 15.6%；六人户共 35 户，占 15.2%；三人户共 29 户，占 12.6%。可见，在甘肃省的汉族中其家庭规模相比于少数民族来说都更趋于小型化，而在少数民族中则基本上还是以较大规模的家庭类型为主。

再次，从一人户数量的民族对比中来看，汉族的一人户数量要远多于少数民族。本次调查收集到的数据中一人户共有 35 户，占比重为 3.3%，其中，汉族有 33 户，占 3.9%；少数民族有 2 户，占 0.9%。一人户与单身家庭是不同的，单身家庭中可能有多个人，如未婚嫁的兄、弟、姐、妹等，而一人户是指一户家庭只有一个人的情况，这种情况既可能是由未婚引起的，也可能是由其他原因所致如离异、丧偶以及已婚夫妇两地分居等。此外，在二人户中，汉族的户数同样远多于少数民族，汉族的二人户共有 148 户，占比重为 17.5%；少数民族的二人户共有 16 户，占比重为 6.9%。这两点也进一步说明，汉族的家庭规模较少数民族来说更趋于小型化。

最后，在八人户、九人户、十人及以上户中，汉族没有十人及以上的户，八人户有 12 户，所占比重为 1.4%，九人户有 6 户，所占比重为 0.7%；少数民族的八人户有 14 户，所占比例为 6.1%，九人户有 5 户，所占比例为 2.2%，十人及以上户有 2 户，所占比重为 0.4%。而这也进一步说明，相比于汉族，少数民族更易于保留、组建或形成大的家庭规模。

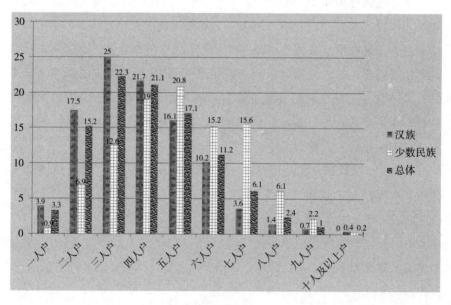

图 6—6　家庭户规模的民族分析　（单位：%）

二　家庭模式

根据家庭的代际层次和亲属关系来划分。家庭可分为核心家庭、主干家庭、单亲家庭、单身家庭、丁克家庭、空巢家庭等模式。在接下来的描述中，主要涉及的家庭类型有四种，包括核心家庭、主干家庭、单亲家庭及空巢家庭，相关数据分析结果如图6—7所示。

首先，随着经济社会发展和人口转变，中国的家庭类型也发生了显著变化，其中，核心家庭的比重持续下降，主干家庭数量稳中有升。2014年我国核心家庭比例为64.66%，主干家庭比例为29.92%，可以看出超六成的家庭结构都是核心家庭，主干家庭仅占三成。然而本次调查获得的数据显示，在1080户家庭中主干家庭（由两代或两代以上夫妻组成的家庭）共有486户，占45.0%。核心家庭（由已婚夫妇及其未婚子女或收养子女组成的家庭）共有350户，占比重为32.4%。可见，主干家庭的比例比核心家庭要高出12.6个百分点，成为主导的家庭类型。

其次，"'空巢家庭'将是21世纪我国城市，或许多农村地区老年人家庭的主要模式"。本次调查中的空巢家庭（老年人独自居住）共有86户，占8.0%。独居老人的出现，既有经济和政策因素，也有家庭和个人因素。第一，在政策上，随着计划生育政策的实施、生育观念的改变，我国出生率逐渐降低，加之老龄化的加剧，在这种大背景下，出现独居老人这一现象是不可避免的。第二，老少两代人之间的代沟随着社会转型速度的加快日益突出。"物质生活水平提高后，人们追求精神生活，老少两代人都要求有独立的活动空间和越来越多的自由，传统的大家庭居住方式已经不适应人们的需求，小家庭普遍被接受"。第三，家庭因素既有婆媳矛盾，也有住房条件的限制，以及极少数子女赡养观念淡薄的因素。第四，在个人因素上，也不排除一些老人自己喜欢独居，这部分老人大多不管是经济条件、精神状况还是身体状况都让老人能够也愿意过独立的生活。

再次，2014年我国的单亲家庭比例为3.02%，而本次调查中的单亲家庭共有21户，所占比例为1.9%。导致单亲家庭出现的因素有很多，其中离婚便是不可忽视的因素之一，不过，在现阶段，在未婚的情况下形成单亲家庭的情形也不能被排除，虽然比较少见，但这一现象的出现在一定程度上也是人们婚姻观念、生育观念、家庭观念发生转变的一个表现。

最后，本次调查中其他类型的家庭共有137户，占12.7%。

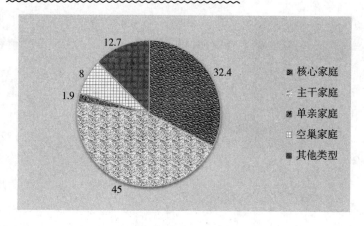

图6—7　不同家庭类型分析　（单位:%）

第三节　家庭观念与行为

　　家庭的存在是家庭观念得以产生的基础。观念决定行为，人的看法和行为会受到观念的支配。

　　在家庭观念与行为一节中，主要从家庭的养老观念及行为和家庭暴力观念及行为两部分加以描述。其中，家庭养老观念及行为部分，又包括两小部分：其一，通过了解受访者对养老保障策略的选择倾向性，来考察其养老观念；其二，通过了解老人是否为了给今后的养老做准备，而购买商业养老保险，及是否为养老而在银行存一笔养老钱等，来进一步了解受访者的养老观念及其行为。对家庭暴力观念及行为部分的考察也分为两部分：第一部分是通过询问受访者在一些较易引起夫妻双方矛盾的日常生活情景中，是否可以殴打女性配偶，来了解受访者的相关观念；第二部分，是通过直接询问受访者，在家庭生活中是否发生过家庭暴力，即男性受访者是否对其配偶作出过相关家庭暴力行为，或女性受访者是否受到过来自配偶的相关暴力行为，来了解该户的家庭暴力的发生状况。

一　家庭养老观念及行为

　　根据国家统计局发布的2014年《国民经济和社会发展统计公报》中的数据来看，截至2014年年末，我国60周岁及以上人口共21242万人，占总人口的15.5%，其中65周岁及以上人口共13755万人，占总人口的

10.1%。中国的老龄化自开始就呈现出一种老年人口基数大且增速快的特点，再加上我国"未富先老"的国情和家庭结构日趋小型化的趋势相互叠加，我国的养老问题更显严峻。解决养老问题必须要了解养老观念，因为养老观念不仅会影响到老年人的老年生活，而且还会影响到老年人对于养老模式的选择以及养老模式的实践效果，进一步来说，养老观念甚至会影响国家的政策走向。

（一）从养老保障策略看养老观念

在图 6 - 8 中，各类养老保障策略按各自所占比重从高到低依次为：选择依靠"子女或其他家庭成员"的占 47%、依靠"自己的积蓄"的占 20.20%、依靠"国家/政府/社会保障"的占 18.6%、"没想过"的占 9.4%、依靠"工作单位/雇主"的占 3.2%、依靠"自己买保险"的占 1.7%。通过对各类养老保障策略的选择倾向性的了解，由总体数据可以看出：

第一，"养儿防老"的养老观念仍是主流。费孝通先生认为，西方的亲子关系是祖辈养育父辈，父辈养育子辈，子辈养育孙辈的"接力模式"；而中国的亲子关系是祖辈养育父辈，父辈在养育子辈的同时赡养祖辈；子辈在养育孙辈的同时赡养父辈的"反馈模式"，而这种"反馈模式"的基础正是"养儿防老"观念。"养儿防老"观念的产生、存在与延续，既有其背后根深蒂固的精神文化基础，也有现行法律规定的外在强化。精神文化基础体现在儒家文化所倡导的"孝"文化上，在儒家经典中关于"孝"的观念主要包括敬爱、奉养、侍疾、承志、立身、谏诤、安葬、追念等八个方面。在法律支持方面，根据《老年人权益保障法》第十四条中规定：老年人的子女及其他依法负有赡养义务的人都在赡养人的范围内，而赡养人对老年人的赡养义务既包括经济上的供养、生活上的照料，也包括精神上慰藉和特殊需要的照顾。

第二，在"养儿防老"的主流策略下，其他辅助养老策略日益兴起。老年人随着生理机能的退化、社会角色的淡出和社会关系网络的缩小，其在心理上和生理上对家以及其他家庭成员有着更强的依赖性，但在我国"未富先老"的国情下，传统的"养儿防老"策略日益受到老龄化加速、家庭结构小型化和人口流动性加剧等因素的影响，父母仅依靠子女来应对养老风险似乎已不再是一种安全的保障策略，由此父母转而采取多条途径来分散养老风险。同时，社会经济的发展、收入水平的提高以及各种保障制度的发展和完善，也为老年人在养老策略上提供了选择的余地和条件，如依靠自己积蓄的"独立养老"、参加政府提供的社会养老保险、购买商业养老保险抑或是依托于工作单位。

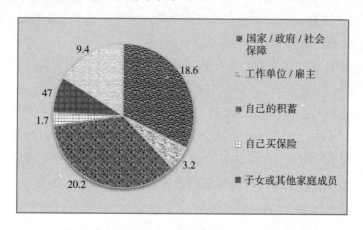

图6—8　不同养老保障策略分析　（单位：%）

　　以上仅是在总体的情况下作出的分析，具体情况在民族间、各年龄段之间又有所不同，数据分析结果如图6—9、图6—10所示。

　　根据图6—9中的数据来看，认为以后主要靠"子女或其他家庭成员"养老的汉族占41.9%，少数民族则占到64.8%；认为以后靠"自己的积蓄"养老的汉族占22.7%，少数民族占11.0%；认为以后养老靠"国家/政府/社会保障"的汉族占22.0%，少数民族占6.4%；"没想过"这个问题的汉族占7.6%，少数民族占16.0%；认为以后养老主要靠"自己买保险"的汉族占1.8%，少数民族占1.4%；认为主要靠"工作单位/雇主"的汉族占3.9%，少数民族占0.5%。由上述数据情况可知，在"子女或其他家庭成员"和"没想过"这两项中，少数民族所占比例都远高于汉族，其中，在"子女或其他家庭成员"一项中，少数民族比汉族高出22.9个百分点，在"没想过"一项中，少数民族高出汉族8.4个百分点；而在"自己的积蓄"、"国家/政府/社会保障"、"自己买保险"和"工作单位/雇主"这四项中，少数民族所占的比例又都低于汉族。

　　综合上述数据，可说明以下几个问题：第一，家庭人口规模的大小是影响是否选择"依靠子女"保障老年生活的一个重要因素。在计划生育政策法规的影响下，相较于汉族来说，少数民族所受到的限制较为宽松，另外由于历史、地理、政治等原因，甘肃省的少数民族多地处偏远，计划生育政策监管力度有限经济发展水平也较低，故少数民族家庭的子女数量一般要多于汉族；第二，在面对养老风险时，少数民族则显得更迷茫一些，即选择"没想过"的少数民族要多于汉族，这意味着在养老风险面前，少数民族对于自己的养老需求是不明确的，而相比之下，汉族更能对养老风险有所预知和进行较为明确的策略选择；第三，少数民族由于受到所处地理位置、受教育程度及自身宗教及文化习俗等因素的限制，少数民族地区的经济发展水平和收入水平一般都比较低，民众受教育程度也不高，工作多是以打工为主，所以选择依靠"工作单位"养老的少数民族最少。

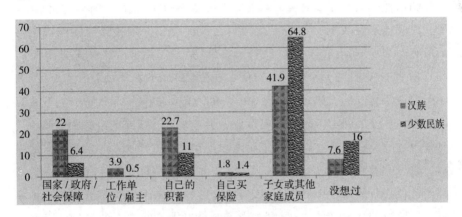

图6—9　不同养老保障策略的民族分析　（单位:%）

从图6—10来看，第一，在各年龄段中选择依靠"子女或其他家庭成员"养老仍是主流的养老保障策略。第二，在依靠"自己的积蓄"一项中，在18—30岁、31—40岁、41—50岁、51—60岁，这几个年龄段内，18—30岁这一年龄段所占的比例是最高的，且随着年龄段的增加，该项在各年龄段所占的比例逐渐减少，从18—30岁的24.5%减少到51—60岁的16.6%。但在61岁及以上年龄段中该选项的比例又有所增加，所占比例为17.8%。第三，在"国家/政府/社会保障"一项中，随着年龄的增加，该项在各年龄段所占的比例也逐渐增加，其中18—30岁年龄段的人占4.3%，仅6人；31—40岁的占16.4%；41—50岁的占17.2%；

51—60 岁的占 21.5%；61 岁及以上的人有 66 人，占 28.7%。就第二和第三中的现象来说，一方面，国家和政府在提供养老保障服务方面并不是全能的，加之相关一些政策的变化，如延长退休年龄等，让 18—30 岁这一年龄段的部分人，更能理性客观的看待国家、政府在养老中的功能，国家和政府只是最基本的养老需求的提供者，想要获得更有质量、更有尊严的老年生活，除了靠子女和其他家庭成员外，还得要靠自己。另一方面，对于已经开始享受国家相关养老政策的老年人来说，虽然国家、政府所提供的养老支持并不是全方位覆盖的，但对于老年人来说也是其老年生活支持系统中的一个重要组成部分。而且，20 世纪 50 年代前后出生的人或多或少的都用自己的生活经历记录并见证了新中国成立后各阶段的经历，正是在这种翻天覆地的变化中让他们对党、对国家和政府有着更深的情感、依赖和信任，故而在面对养老风险时选择依靠国家、政府的倾向度仅次于子女或其他家庭成员。第四，在"自己买保险"一项中，比例最高的年龄段有两个，分别是 31—40 岁和 41—50 岁，二者所占比例都是 2.9%；其后是 18—30 岁占 1.4%；51—60 岁占 0.6%；61 岁及以上占 0.4%。相对于其他年龄段的人来说，31—50 岁的中年人在各方面都处于上升或顶峰阶段，部分人到中年时期一般事业上会迎来上升期或已经达到高峰，同时收入也随着事业的上升或稳定而增加，在家庭方面这一年龄段的人也基本上或已经组成了自己的家庭，像 50 岁左右的人其子女也基本上已长大成人，各方面都处于一种较为稳定的状况，这也有利于家庭在资金上的积累，从而为 31—50 岁年龄段的人购买保险提供了经济上的支持。而对于老年人来说，一方面，老年人一般不太舍得为自己花钱；另一方面，老年人在年老之后本来就缺少经济来源，加之随着年龄的增大老年人在看病吃药方面的开销也会逐渐增大，所以大多数老年人的经济条件不允许自己购买保险。第五，在依靠"工作单位/雇主"一项中，比例最高的是 51—60 岁年龄段的为 5.0%，其后依次为 61 岁及以上的 4.8%，31—40 岁的 3.5%，41—50 岁的 1.8%，最低的是 18—30 岁的 0.7%。第六，在"没想过"一项中，随着年龄段的增加，该项在各年龄段上所占的比重逐渐减小，从 18—30 岁的 27.3% 降到 61 岁及以上的 3.5%。一方面，说明大部分人虽然还正处于青年、成年抑或中年阶段，但已经在考虑 60 岁以后的生活该怎么过；另一方面，还有少部分老年人，虽然在年龄上已经是属于老年人的范畴了，但却还没有想过老年生活怎么过，这其中至少有两种情况：第一是各方面条件足够优越，根本无须为今后的老年生活担心；第二是各方面的条件让老年人不敢也不愿去想以后的老年生活。

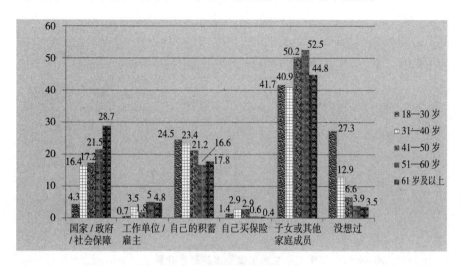

图6—10　不同养老保障策略的年龄段分析　（单位：%）

（二）未来老年生活的保障程度

首先，从总体上看，有62.1%的受访者表示对于老年生活的保障性持一种不确定的态度，即认为老年生活也许有保障也许没有保障。认为"很有保障"的受访者比例仅次于"也许有保障"为23.2%，而受访者中认为老年生活"完全没有保障"的所占比例最低为14.8%。

其次，在图6—11中，认为老年生活"也许有保障"的汉族占60.4%，少数民族占69.9%；认为"很有保障"的汉族占24.6%，少数民族占16.5%；认为"完全没有保障"的汉族占15.0%，少数民族占13.5%。即在"也许有保障"一项中少数民族的比例高于汉族，相反在两个较为极端的选项"很有保障"和"完全没有保障"中，汉族的比例均高于少数民族。

最后，在图6—12中，通过与各年龄段的交互分析发现，认为老年生活"也许有保障"所占比例最高的两个年龄段分别为18—30岁和51—60岁，二者所占比例同为67.8%，其后依次为31—40岁的61.5%、41—50岁的60.0%和61岁及以上的56.9%。可以发现在已经步入老年阶段的老人中仍然有超过一半的人对自己的老年生活持一种不确定的态度。在"很有保障"一项中，所占比例最高的是 61 岁及以上年龄段的人为33.1%，其后依次为 31—40 岁的 24.6%、18—30 岁的 19.5%、51—60 岁的 18.9%、41—50 岁的 18.6%。在"完全没有保障"一项中，所占比例由高到低依次为 41—50 岁的 21.4%、31—40 岁的 13.9%、51—60 岁的 13.3%、18—30 岁的 12.6% 和 61 岁及以上的 9.9%。

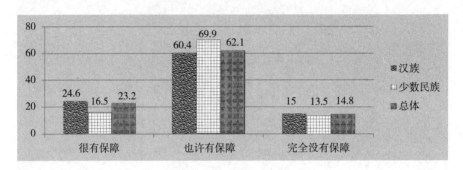

图 6—11　未来老年生活保障程度的民族分析　（单位:%）

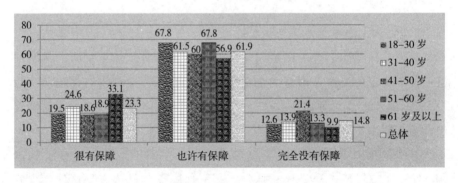

图 6—12　未来老年生活保障程度的年龄段分析　（单位:%）

（三）商业养老保险、个人银行储蓄在养老领域的现状

目前，我国现行的养老保险体系由社会基本养老保险、企业补充养老保险、个人储蓄性养老保险和商业养老保险四个部分组成。其中，社会基本养老保险是一种具有国家强制性的保障计划；企业补充养老保险要依托于企业自身的经济实力和经济状况；个人储蓄性养老保险是一种补充保险形式，是由职工自愿参加、自愿选择经办机构以期为自己老年以后的生活提供保障。商业养老保险相比于其他三种保险，既没有是否是职工的限

制，也能够充分体现受访者自身的意愿，它是个体为了在老年时得到更多收入和保障，而依据自身的经济条件进行的自愿性的养老投资。除了购买商业养老保险外，在普通民众中为了给老年生活做好经济方面的准备，最普遍的就是在银行中存一笔养老钱。

本次调查，通过直接询问受访者是否购买了商业性养老保险，或者是否在银行中为今后的养老进行了存款来对受访者的养老行为进行考察，数据分析结果如图6—13和图6—14。

如图6—13所示，总体上购买商业养老保险的人极少，仅占6.7%；分民族来看，汉族为了将来的养老而购买商业养老保险的比例要高于少数民族，其中汉族购买了商业养老保险的比例为8.0%，而少数民族中购买了商业养老保险的比例仅为1.8%，汉族比少数民族高出6.2个百分点。此外，在图6—14的个人养老存款方面，也存在汉族比例高于少数民族的情况，其中汉族中有个人养老存款的比例为10.4%，少数民族中有个人养老存款的比例为3.1%，汉族比少数民族高7.1个百分点。而且，在总体上为了将来的养老而在银行存一笔养老钱的人也很少，所占比例仅为8.9%。

结合图6—13和图6—14来看，首先，在总体上，选择银行存款的人要多于购买商业养老保险的，其中可能的原因有两点：第一，了解有限。相较于银行存款来说，大多数民众对于商业养老保险的投保范围、回报周期、固定利息、满期时间、本金安全性和领取便利程度等都比较陌生，甚至是完全不了解，故而民众对于商业养老保险的信任度也会大打折扣；第二，缴费压力大。据分析，投保人在25—30岁左右投保养老保险最合适，但在年轻时就投保的话，不仅资金的积压期长，且不能随意支取，时间成本较大。而如果在年老时或中年时再投保的话，投保费用又偏高，从而超出了一些老人的可支付范围。

其次，不论是在购买商业养老保险方面还是在个人养老存款方面，少数民族所占比例均低于汉族。究其原因最重要的一点就是，在人均收入上少数民族要少于汉族。少数民族与汉族之间在人均收入上所产生的差距，并非是民族因素所致，而是受历史、地理、宗教等因素的影响。从甘肃省少数民族人口的水平地理分布来说，甘肃的少数民族人口主要分布于中部黄土高原、陇山和关山地区、甘南高原、陇南山地、祁连山地、河西走廊西端的北山山地等地区，即甘肃省少数民族人口的绝大部分分布于河西走廊与甘肃南部地区。加之，一些少数民族外出谋求发展时由于受到宗教习俗、饮食习惯的影响，其在地域选择上存在较多限制，这进一步加剧了少数民族人均收入要低于汉族的现象，而购买商业养老保险或进行个人养老存款，又都需要一定经济条件的支持，故而，少数民族购买商业养老保险或进行个人养老存款的人数总体上要少于汉族。

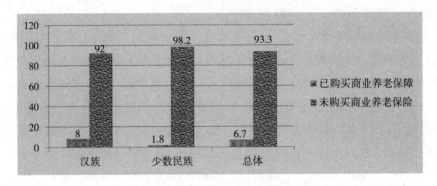

图6—13　不同民族购买商业性养老保险分析　　（单位：%）

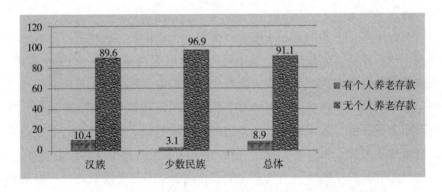

图6—14　不同民族的个人养老存款分析　　（单位：%）

二　家庭暴力观念及行为

家庭暴力是一种在世界范围内普遍存在的社会现象，导致家庭暴力产生的原因有很多，包括传统观念、挫折和压力、人格缺陷、社会传媒的错误引导等，而传统观念中的男尊女卑观念应该可以说是最根深蒂固的因素了。随着社会的进步、经济的发展和各种文化的注入，人们的观念发生了巨大的变化，但一些渗透进人们血脉中的传统观念仍影响着当今的人与事，发挥着它们或是积极的或是消极的作用。积极的如传统文化中的仁、义、礼、智、信等，消极的则如儒家思想中居于主导地位的"男尊女卑"、"男主女从"、"男主外女主内"这一男权性别文化观念，在这种男权文化观的影响下女性形成了自卑、懦弱、依附于男性的文化性格，女性在家庭中需要承担的任务繁多，既要照顾一家老小，又要包揽各种家务，没有自我意识，将自己的成就依附于丈夫和孩子的成就，这些不仅影响了女性在家庭和社会中的角色及地位，阻碍了女性的发展，同时在一定程度上也为家庭暴力的产生提供了机会和空间。家庭暴力在广义上，是指家庭成员，包括夫妻、兄弟姐妹及父母与子女间所发生的暴力行为，"最高人民法院《关于适用中华人民共和国婚姻法若干问题的解释（一）》第 1 条规定：家庭暴力，是指行为人'以殴打、捆绑、残害、强行限制人身自由或者其他手段，给其家庭成员的身体、精神等方面造成一定伤害后果的行为。'"，"而狭义上的理解就是丈夫对妻子实施的不法侵害，包括人身权利的侵犯，精神虐待、情感虐待和性虐待等"，本文所说家庭暴力是指由于丈夫对妻子实施暴力行为，而在夫妻间产生的人身伤害和情感伤害，即狭义上的家庭暴力。

在本次调查中，主要是通过了解受访者对于家庭暴力行为的态度，以及在家庭中是否发生过家庭暴力行为来对家庭暴力观念及其行为加以考察。数据分析结果显示，首先，在观念上，依然有相当一部分男性固守大男子主义，而其本质则是"男尊女卑"的性别文化观，以及由这种观念所形成的在家庭中的性别分工；其次，在家暴的形式上，不论是城镇还是农村，冷暴力的发生率都高于热暴力；最后，在城乡对比上，不论是热暴力还是冷暴力，农村的发生率均高于城镇。

（一）从分析结果看"男尊女卑"和女性的"呼声"

日常生活中夫妻之间权利和任务的分配，以及对矛盾事件主动权的掌握都能够体现这些现象、事件背后的男尊女卑观念。本次调查主要从一些日常生活中由于男尊女卑观念作祟，而导致丈夫对妻子实施家庭暴力的情景与事件，来了解受访者对于女性在家庭中的角色和地位的认知，并进一步了解受访者对于在家庭中是否可以发生家庭暴力的态度。数据分析结果见表6—1。

从表6—1中，可以看出在不同的情景或情况下，认为"可以"或

"有时可以"对女性配偶实行家暴的男性比例均高于女性，而在"不可以"的选项中女性所占的比例都高于男性。在问卷中，根据情景的不同，主要设置了五个问题。其中，问题一：当妻子和丈夫吵架或顶嘴时，丈夫是否可以打她？认为可以打妻子的男性和女性各占 1.5% 和 0.5%；认为有时可以打妻子的男性占 7.7%，女性占 6.2%；认为不可以的男性和女性分别占 90.9% 和 93.3%。"妻子与丈夫顶嘴吵架"显然与"男性天生高贵，女性天生低贱"、"男人统治，女人被统治"这种传统的性别观念相冲突，因此，在这种情景下，有大男子主义或大男子主义强烈的男性会认为这是配偶在挑战自己作为男性的权威，因此会通过"打"配偶来维护自身的权威，并且认为这种行为是理所应当的。问题二：如果妻子没有做家务，丈夫是否可以打她？认为可以打妻子的男性和女性各占 1.9%、1.8%；认为有时可以打的男性和女性各占 7.8% 和 6.7%；认为不可以打妻子的男性和女性各占比重为 90.3%、91.5%。问题三：当妻子不孝敬公婆时，丈夫是否可以打她？男性和女性认为可以打妻子的比重各占到 4.5%、3.3%；认为有时可以打配偶的比重分别为 11.3%、9.9%；认为不可以打配偶的比重分别为 84.2%、86.8%。问题四：当妻子没有照顾好孩子时，丈夫是否可以打她？认为可以打妻子的男性占 2.5%，女性占 2%，认为有时可以打的男性占 8.9%，女性占 7.3%，认为不可以的男性占 88.7%，女性占 90.7%。问题二、三、四要考察的是人们对于男性和女性的性别分工模式是否还存在"男主外女主内"的观念，从数据来看，仍有一部分男性认为做家务、照顾孩子和侍奉老人这些无报酬的事都是妻子应该承担的事。问题五：当妻子欺骗丈夫时，丈夫是否可以打她？认为可以打妻子的男女比重分别为 5% 和 4.5%；认为有时可以打配偶的比重分别为 10.3% 和 8.7%；认为不可以打的分别占 84.7% 和 86.8%。

综合以上数据结果，虽然这种权威是以男女性别不平等为基础而建立的，但仍有部分女性认同并顺从于男性在家庭中的权威。尽管如此，还是有很大一部分女性对家暴发出了"不可以"的声音，或许她们在现实生活中还不能以实际行动去对男性的家庭暴力行为做出反抗，但至少在可以表达自己的态度和看法时，她们能勇敢地表达出来，一定程度上这也是女性自我意识提升的一种表现。

表6—1　　　　　　　　男女两性对家庭暴力的认知分析　　　　　（单位:%）

	性别	可以	有时可以	不可以	合计
和丈夫吵架顶嘴	男	1.5	7.7	90.9	100
	女	0.5	6.2	93.3	100
不做家务	男	1.9	7.8	90.3	100
	女	1.8	6.7	91.5	100
不孝敬公婆	男	4.5	11.3	84.2	100
	女	3.3	9.9	86.8	100
没照顾好孩子	男	2.5	8.9	88.7	100
	女	2.0	7.3	90.7	100
欺骗丈夫	男	5.0	10.3	84.7	100
	女	4.5	8.7	86.8	100

（二）家庭中的"热暴力"和"冷暴力"

在本次调查中着重考察的是家庭是否有过热暴力或冷暴力的经历，因而此处所描述的数据分析结果只涉及热暴力和冷暴力。数据分析结果如图6—15和图6—16。

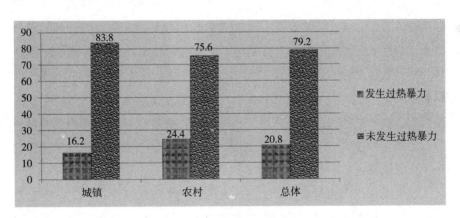

图6—15　城镇、农村家庭热暴力状况分析　（单位:%）

2010年中国妇女社会地位调查数据显示，我国已婚妇女中受到配偶家庭暴力的女性占24.7%；男童和女童遭受父母体罚的比例分别为52.9%、33.5%；在针对65岁以上老年人群体的10575份有效问卷调查

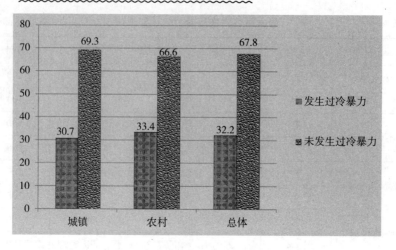

图6—16　城镇、农村家庭冷暴力状况分析　（单位:%）

结果显示，老年人虐待发生率为13.3%。《第三期甘肃省妇女社会地位调查报告》发现截至2011年底，甘肃省有近三成女性曾遭受过配偶不同形式的家庭暴力，其中有被配偶殴打经历的农村和城镇女性比例高达为20.8%和11.8%。上述报告中所说的"被配偶殴打"其实是一种热暴力行为。家庭暴力中的热暴力一般包括殴打、推搡、打耳光、踢、掐脖子、使用工具等所有对身体的攻击行为。本次调查中对热暴力进行测量时，对题干的设置是：丈夫对妻子是否作出过推搡、打耳光、踢、打、掐脖子等行为，如图6—15，数据显示发生过上述行为的热暴力行为的城镇家庭占16.2%，农村家庭占24.4%。而冷暴力是指夫妻一方故意冷淡一方，对配偶漠不关心，将语言交流降到最低限度，停止或敷衍性生活等以不作为形式出现的一种伤害、虐待型隐性暴力行为。在本次调查中则将题目设置为：丈夫是否连续多天不和妻子说话，经分析数据如图6—16发现，在这一项中城镇家庭占30.7%，农村家庭占33.4%。

综合图6—15和图6—16中的数据分析结果可以看出，首先，不论是热暴力还是冷暴力农村家庭的发生率均高于城镇家庭。其中，发生过热暴力的农村家庭比城镇家庭高出8.2个百分点；发生过冷暴力的农村家庭比城镇家庭高出2.7个百分点。究其原因，第一，广大农村地区仍然盛行男尊女卑的封建思想，当夫妻之间发生矛盾或家庭暴力时，人们往往首先会将责任归咎于女性，而意识不到其深层原因其实是性别不平等观念在作祟。第二，农村的许多女性包括男性对家庭暴力行为的认知水平较低，存在的错误认识或者认识不全面的情况，很多女性并未意识到家庭暴力其实是对其合法权益的一种侵害，反而将其视为家庭私事或家庭日常生活的一部分。

其次，在调查的家庭中，有过冷暴力经历的家庭要多于有过热暴力经历的家庭，其中有过热暴力的家庭占 20.8%，有过冷暴力的家庭占 32.2%，有过冷暴力的家庭比有过热暴力的家庭多 11.4 个百分点。第一，相比于 2010 年全国的家暴数据，以及甘肃省截至 2011 年底的家暴数据，说明 2014 年甘肃省家庭暴力的发生率还是很高的；第二，说明家庭暴力的形式正逐渐从以往的以热暴力为主逐渐向冷暴力转移，且冷暴力正逐渐从城镇家庭向农村家庭发展，由知识分子家庭向普通人家庭发展。冷暴力是家庭暴力中最难以控制的一种类型，因其通常是以不作为的形式出现的，具有隐藏性，且容易被忽视，而被称为"家庭的隐形杀手"，也因为此，其对受害者的伤害程度较其他三种家暴的形式来说往往又是最严重、危害性最大的。随着现代社会人们越来越关注精神生活质量，"冷暴力"问题也日渐受到社会及学界的广泛关注。

第四节　子代教养

大力发展教育事业是实施"科教兴国"战略的内在要求。在我国教育事业的发展过程中，国家、社会和家庭作为教育投入的主体分别承担着不同的角色。其中，家庭一直是教育投入不可或缺的重要主体，家庭教育投入的多少，不仅会影响到子女的智力发展、学习态度，还会影响到其学业成就及社会适应能力的发展。

本次调查中，在子代教养方面，关于学业期待和职业期待在家庭教育一章中已有描述，故本节不再赘述。本节只着重对家庭教育支出，包括非物质性支出和物质性支出这两方面加以描述。

一　家庭教育的非物质性支出

家庭教育的非物质性支出是一种主观性的支出，是指在家庭教育过程中一切有利于子女教育的家庭资源的综合，它既包括精神上的，也包括行为上的。本次调查对家庭教育中非物质性支出的考察，主要从两方面进行了解：第一，最近 30 天，家长对孩子学习的督促或指导情况；第二，最近 30 天，家长就孩子学习近况向老师进行沟通、了解的情况。数据分析结果分别见图 6—17 和图 6—18。

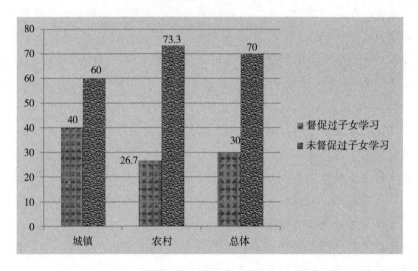

图 6—17　家长督促子女学习状况分析　　（单位：%）

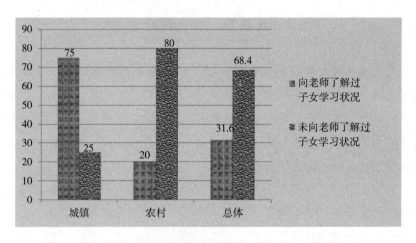

图 6—18　家长向老师了解子女学习状况分析　　（单位：%）

图 6—17 显示，在督促、指导孩子学习方面，首先，不区分城乡而从整体上来看，督促、指导过孩子学习的家庭占 30%，没有督促或指导过孩子的家庭占 70%。这表明在现阶段，仍有大部分的家长没有参与到子

女教育责任的分配中。子女的教育不仅是提供物质条件上的帮助，精神上的陪伴和支持也是相当重要的。同时教育也不仅仅是老师和孩子的事情，教育需要教师、家长和孩子的相互配合、支持与努力。

其次，分城乡来看，督促、指导过孩子学习的城镇家庭占40%，农村家庭占26.7%。城镇家庭高出农村家庭13.3个百分点。一方面，相比于城镇家庭，农村的家长多会因为文化水平较低或忙于生计，而没有能力、时间及精力去辅导或者督促子女的学习，往往显得心有余而力不足。另一方面，在传统文化观念的影响下，家长视老师为教育方面的权威，在孩子的教育问题上对老师有很强的依赖性，认为把孩子交给了学校和老师，那么孩子的学习就是老师和孩子的事了，而家长只要做好物质资源支持即可。

图6-18显示，在向老师了解子女学习近况方面。首先，从总体上来看，最近30天有向老师了解过孩子学习情况的家长仅占31.6%，有68.4%的家长在近一个月都未了解过。其次，分城乡来看，最近30天有向老师了解过孩子学习情况的城镇家庭占75%，农村家庭占20%，城镇家庭比农村家庭高55个百分点。具体来说，第一，城镇学生升学的竞争力相对于农村来说要大一些，故而从家长到老师都更关注学生的学习情况。家长及时了解子女的学习情况，一方面是老师需要家长的协助，因为老师对于学生学习情况的反馈，有利于家长及时采取相应的措施或行动，以此来更好地协助老师的教育工作；另一方面，家长自己也需要及时掌握子女的学习状况，这样既有助于增加老师对其子女在学习上的关注度，也有利于家长有针对性地为子女进行额外的教育投入，以此来保证子女的竞争力。第二，相比于城镇，农村家长普遍对于子女学习的关注度较低，同时对于与老师沟通的重要性也没有足够的认识。农村家庭的家长和老师在双方的互动方面，都更趋于一种被动的、力不从心的状态。一方面，农村的家长认为，一般老师叫家长去学校不是开家长会就是自己孩子"犯错"了，所以"没有消息就是好消息"；另一方面，农村学校的老师也往往是一种无能为力的状态。农村学校老师的工资水平、福利待遇不如城镇教师，而所要负责的学生人数却一点也不比城镇教师的少，加之农村家长的没时间、不重视和"多一事不如少一事"心理，也让老师觉得和家长及时沟通学生的学习情况是一件心有余而力不足的事情。

二 家庭教育的物质性支出

家庭教育的物质性支出，主要是指家庭在子女教育方面所花费的财力，既包括基本的教育支出，即子女上学所必需的花费，也包括扩展性的教育支出，即为了子女教育而额外支出的费用。在本次调查中主要关注的是家庭物质性教育支出中的扩展性教育支出情况，即重点考察在过去一年家庭为子女请家教或上补习班所支出的费用。图 6-19 显示，首先，从总体上来看，过去一年，调查样本中家庭的扩展性教育支出占家庭总收入的 0.87%。其次，分城乡来看，城镇家庭在过去一年中，为了给子女请家教或报补习班而支出的费用占家庭总收入的 2.06%，平均为 919.20 元；农村家庭在过去一年中用于为子女请家教或上补习班的费用平均为 126.22 元，占家庭总收入的 0.17%。仅从数字上来看，过去一年，城镇家庭用于子女的扩展性教育支出要比农村多 792.98 元，在占家庭总收入的比重上，城镇高出农村 1.89 个百分点。"一般，影响家庭扩展性教育支出的因素包括家庭收入水平、父母的受教育程度、父母的价值观念、子女自身的学习情况（投资回报率、机会成本），等等"。就本次的调查数据所显示的城乡扩展性教育支出的差距来说，其原因有：第一，城乡家庭收入水平存在差距。从图 6-20 中可以看出，城镇家庭年均收入为 59990.34 元，农村家庭年均收入为 34154.43 元，城镇家庭的年均收入比农村家庭多 2.5 万元多。第二，城乡家庭父母的受教育程度存在差异。父母的受教育程度越高，对子女的教育投入会越重视，一般情况下，城镇人口的受教育程度普遍会高于农村人口，这样，在重视程度上城乡间就已有了差异，再加上，城镇学生的升学压力、竞争都高于农村，一定程度上也促生了对请家教、报补习班的需求，而相比于农村，城镇恰好能够满足这一需求，而大部分需求者也愿意且能够为这一消费项目"买账"。另一方面，城镇中对子女的教育投资易受各种外界因素的干扰，很多家长把为孩子请家教、报补习班作为了学生的"标准配备"，因此存在着不同程度的、带有从众性和盲目攀比性的非理性行为。第三，父母的价值观念存在差异。在现代社会，人们普遍认同"读书有用"，但其中一些人仅是在思想上认同"读书有用"，在行动上反倒成了"读书无用"的支持者，而这种"支持者"则普遍来自农村。在农村，尤其是偏远地区的农村，父母会因家庭经济条件有限或子女学习成绩差，而让子女在初中毕业、甚至小学毕业后就去打工；在这种情况下就更谈不上为孩子请家教或报补习班了。

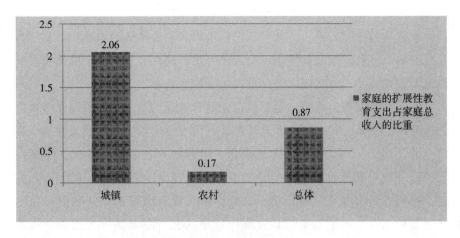

图6—19 家庭的扩展性教育支出分析 （单位:%）

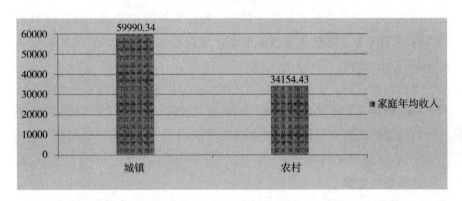

图6—20 城镇、农村家庭年均收入分析 （单位：元）

本章小结

本章从婚姻状况、家庭结构状况、家庭观念及行为、子代教养四个方面就数据分析所反映的基本情况进行了描述。

婚姻状况方面，主要从未婚状况、早婚状况、离婚状况和丧偶状况四个方面进行了描述。在未婚状况中，适婚未婚人口仍占有一定比例，且农村人口的未婚比例高于城镇，男性的未婚比例高于女性；在早婚状况中，数据显示，有8%的已婚者是20岁及以下的非适婚人群，即存在早婚现象；在离婚状况中，中老年年龄段人群是离婚的主体，且城镇人口的离婚率高于农村人口，男性的离婚率高于女性；在丧偶状况中，女性的丧偶率要高于男性，城镇人口的丧偶率要高于农村人口。

家庭结构状况方面，主要包括家庭规模和家庭模式两方面的状况。数据分析结果显示，家庭规模仍以三人户为主，同时，农村的家庭规模比城镇的家庭规模大；家庭模式则仍是以主干家庭为主。

家庭观念及行为方面，主要包括家庭养老观念及行为和家庭暴力观念及行为两个方面。其中家庭养老观念及行为方面的数据分析结果显示，虽然"养儿防老"仍是主流的养老观念，但其他养老保障策略也正逐渐兴起，这一定程度上也说明人们的养老观念也在发生着转变。家庭暴力观念及行为方面主要有两点：第一，女性的自我意识较高。虽然仍存在一部分男性和女性对家庭暴力认知度较低的状况，但大部分女性的自我意识还是较高的，对于问题中的家庭暴力行为能够勇于说出"不"；第二，冷暴力成为主要的家庭暴力类型。数据分析结果显示，家庭冷暴力的发生率要高于家庭热暴力的发生率，且农村家庭的冷暴力发生率要高于城镇家庭。

子代教养方面，主要从家庭教育支出来进行考察，发现无论是在家庭教育的非物质性支出还是在家庭教育的物质性支出方面，城镇家庭用于子代教养的家庭教育支出都远高于农村家庭。

本章参考文献

［1］曹华：《兵团哈萨克族婚姻观念变迁——以紫泥泉镇为例》，《保山师专学报》2009 年第 4 期。

［2］杜泳：《我国人口婚配年龄模式初探》，《人口学刊》1989 年第 2 期。

［3］邓伟志主编：《家庭社会学》，中国社会科学出版社 2001 年版。

［4］冯雪红：《维吾尔族女性早婚现象的人类学分析》，《山东女子学院学报》2011 年第 1 期。

［5］费孝通：《家庭结构变动中的老年赡养问题——再论中国家庭结构的变动》，《北京大学学报》1983 年第 3 期。

［6］郭静安、廉如鉴、师正萍：《浅议我国养老保险制度的改革与完善》，《陕西高等学校社会科学学报》2012 年第 8 期。

［7］郭艳芬：《家庭成员心理和谐的法制因素分析》，《河北法学》2007 年第

12 期。

　　[8] 吕倩：《90 后农村外出务工青年早婚现象研究——基于皖北 L 村的个案研究》，《天水师范学院学报》2012 年第 4 期。

　　[9] 李银河：《一爷之孙》，内蒙古大学出版社 2009 年第 1 版。

　　[10] 李建新、王小龙：《初婚年龄、婚龄匹配与婚姻稳定——基于 CFPS 2010 年调查数据》，《社会科学》2014 年第 3 期。

　　[11] 李三梅：《中国空巢老人的养老保障路径探寻——基于需求满足角度》，《才智》2013 年第 26 期。

　　[12] 刘晓梅、张敏：《构建多元化老龄生活援助体系》，《大连理工大学学报》（社会科学版）2004 年第 4 期。

　　[13] 李梅：《家庭和谐的隐形杀手——家庭"冷暴力"探析》，《东岳论丛》2009 年第 9 期。

　　[14] 刘彤：《家庭暴力的界定及其行为方式探究》，《广西社会科学》2006 年第 10 期。

　　[15] 马微：《西北民族地区不同民族家庭教育投资行为比较研究——基于 Logistic 分析的投资行为影响因素研究》，《西北民族大学学报》（哲学社会科学版）2014 年第 6 期。

　　[16] 彭希哲、梁鸿：《家庭规模缩小对家庭经济保障能力的影响：苏南实例》，《人口与经济》2002 年第 1 期。

　　[17] 齐晓安：《社会文化变迁对婚姻家庭的影响及趋势》，《人口学刊》2009 年第 3 期。

　　[18] 任立忠：《关于男女寿命长短差异的研究》，《河北师范大学学报》1993 年第 2 期。

　　[19] 王盛：《浅析我国的家庭暴力及其法律对策》，《法制博览》2015 年第 5 期。

　　[20] 温海滢、李普亮：《中国城乡家庭子女教育支出研究述评》，《广东商学院学报》2009 年第 5 期。

　　[21] 王跃生：《当代中国家庭结构变动分析》，《中国社会科学》2006 年第 1 期。

　　[22] 叶文振、林擎国：《中国大龄未婚人口现象存在的原因及对策分析》，《中国人口科学》1998 年第 4 期。

　　[23] 原新：《以少子化为特征的人口老龄化进程及其对家庭变迁的影响》，《老龄科学研究》2013 年第 1 期。

　　[24] 杨文、孙蚌珠、王学龙：《中国农村家庭脆弱性的测量和分解》，《经济研究》2012 年第 4 期。

　　[25] 杨胜慧、陈卫：《中国家庭规模变动：特征及其影响因素》，《学海》2015

年第 2 期。

[26] 于长永：《农民"养儿防老"观念的代际差异及转变趋向》，《人口学刊》2012 年第 6 期。

[27] 杨琰、王红蕾：《甘肃少数民族人口分布的特点及其成因》，《西北人口》1999 年第 2 期。

[28] 朱海忠、蔡砚秋：《增加离婚成本能否降低离婚率》，《南通大学学报》（社会科学版）2010 年第 5 期。

[29] 张晓、郑文贵、孔令涵、周成超：《农村育龄期妇女对家庭暴力的认知水平及其影响因素研究》，《中国卫生事业管理》2013 年第 3 期。

第七章　医疗与健康

　　健康是人力资本的重要组成部分，医疗是衡量一个国家和地区政府公共服务水平的重要指标，健康医疗共同构成了评价一个国家和地区社会发展水平的重要组成部分。根据联合国2014年发布的人类发展指数（HDI）排名中，中国作为GDP总量全球第二、外汇储备全球第一的经济体排名第91位，其HDI发展速度远远落后于其他发达国家与发展中国家[①]。此外，在我国，医疗、教育与住房问题共同构成民生问题的三大焦点，医疗与健康问题不仅是民生发展的重点而且是改革的重点。自20世纪80年代改革开放以来，随着我国经济发展取得举世瞩目的成就，我国医疗卫生条件有了较大改善并呈现以下两方面的特点：首先，我国城乡居民整体健康水平得到改善；其次我国的医疗卫生资源总量在不断丰富，政府财政投入不断增加。

　　首先，国民整体健康水平有了明显的提高。国民人均预期寿命从新中国成立前的35岁增长到了2010年的74.8岁，增长了近40岁；婴儿死亡率从新中国成立前的200‰下降到了2013年的9.5‰，显著低于世界平均水平；孕产妇死亡率从2005年的47.7/10万下降到2013年的23.2/10万[②]，低于中、高收入国家水平，但与经济发达国家还有差距。这三个指标都是国际上衡量一个国家居民健康水平很重要的标准。其次，在我国的医疗卫生资源与政府财政投入方面，我国的卫生总费用与医疗机构的数量、每千人口卫生技术人员与每千人口医疗机构床位数等这些衡量一个国家的医疗卫生资源的标准都有了明显的提升。我国的医疗卫生费用支出从

---

① 数据来源：http://www.360doc.com/content/14/0926/08/62106_412415688.shtml。

② 数据来源：方鹏骞主编：《中国医疗卫生事业发展报告2014》，人民出版社。

1978 年的 110 亿元增长到 2013 年的 31668. 95 亿元，人均卫生费用也从 1978 年的 11. 50 元增长到 2013 年的 2327. 37 元，卫生总费用占 GDP 的比重总体实现上升趋势，从 1978 年的 3.02% 增长到了 2013 年 5.5%；与此同时，全国医疗卫生机构的数量从 1978 年的 169732 个增长到了 2013 年的 974398 个；每千人口卫生技术人员从 1980 年的 2.85 名增长到了 2013 年的 5.27 名；每千人口医疗机构床位数从 2007 的 2.83 个增长到了 2013 年的 4.55 个[1]。

　　但是，我国的医疗卫生体制发展并非一帆风顺，1979—1980 年期间，在计划经济的背景下，我国实行城镇公费医疗制度与农村合作医疗制度的城乡二元医疗保障制度，这种医疗体制，很大程度上满足了绝大部分人基本医疗卫生需求，人们的健康状况得到较大改善（封进、余央央，2008）；20 世纪 80 年代至 21 世纪初，伴随着我国经济体制从计划经济向市场经济的逐渐转型，我国的医疗卫生体系开始向市场化的方向发展，这样虽然减轻了政府的财政负担，但是问题也随之而来，"看病难"、"看病贵"等问题逐渐暴露，影响着我国医疗卫生服务事业的向前发展（刘均、相琼，2007）；从 20 世纪 80 年代开始，我国医疗卫生总费用中个人支出部分所占比重逐渐上升，从 1978 年的 20.4% 上升到了 1983 年的 31.7%，其后，在 1993 年与 1997 年分别达到了 42.2% 与 52.2%，在 2001 年的时候，个人支出部分占卫生总费用比例达到了最高点 60% 左右[2]；为了改变我国医疗健康持续恶化的局面，2003 年我国启动了新型农村合作医疗保险制度（简称"新农合"）。"'新农合'是近年来我国农村医疗卫生体系的一个重大变革。自 2003 年 在我国部分县市试点推行以来，参加人数以年均 34% 的速度迅猛增长"（程令国、张晔，2012）。根据国家统计局发布的《中国统计年鉴（2014）》显示，截至 2013 年年底，开展新农合的县（区、市）数共计 2489 个，参合新农合人数为 8. 02 亿人，参合率达到 98.7%，人均筹资 370.6 元，补偿受益人次达到 19.42 亿人次[3]。2009 年政府又进一步深化医疗卫生体制改革，着重解决医疗卫生服务不平等问

---

① 数据来源：国家统计局：《中国统计年鉴（2014）》，中国统计出版社 2014 年版。

② 同上。

③ 同上。

题。那么，在我国医疗卫生事业发展和体制改革向前的背景下，目前，甘肃省医疗健康状况到底如何呢？本报告将分别从"健康"和"医疗"两个方面来分别进行描述。

在本章中，我们将以 2004 年和 2014 年的《中国西部家户生计与社会变迁调查》问卷数据为根据，对甘肃省民众的医疗与健康相关问题进行分析。我们主要试图报告两方面的内容：首先，对甘肃省及各地区 2014 年度的总体医疗与健康状况进行描述，并与 2004 年度的调查数据进行比较，以此来了解甘肃省民众 10 年间总体的健康水平与医疗服务变化状况；其次，描述与分析 2014 年度甘肃省不同社会经济地位群体间的医疗卫生服务与健康水平，以此来报告健康与公共卫生资源的在不同社会经济地位群体间的分配差异状况。

第一节　健康状况

在本节中，我们将利用 2014 年的《中国西部家户生计与社会变迁调查》问卷调查数据，对甘肃省城乡居民的健康水平进行描述，并简要分析地区经济发展水平与居民健康之间的关系；同时本章还将对不同群体的健康差异进行描述和分析；利用 2004 年和 2014 年两个项目的问卷调查数据来分析调查对象的健康状况动态变化，以反映农业户籍者与非农户籍者的健康状况差异是缩小了还是扩大了的问题。具体分析方案如下：

首先，本报告将对人口健康状况进行评估。根据世界卫生组织的观点，"健康是一种在身体、精神和社会适应上的完好状态，而不仅仅是没有疾病和虚弱"（UN，1946）。按照世界卫生组织的定义，在本章中，将对成年人健康状况的描述分别用客观健康状况与主观健康自评作为评估维度。针对客观健康状况《中国西部家户生计与社会变迁调查》询问卷询问了"是否有慢性疾病"，这一问题可以直接反映个人身体健康状况；除此之外，问卷还询问了"近一个月的患病状况"。国内的研究较多地使用"患病状况"指标作为健康的衡量指标，常用指标包括"两周患病率"、"慢性病患病率"、"年人均因病卧床天数"、"年人均因病休工（学）天数等"（朱伟，2001；孟玮，2003；井明霞，2003）等。因此，对"是否有慢性病"与"患病状况"进行统计是反映一个地区成年人客观健康的重要方面。但是这些指标无法反映个人的综合健康状况，因此，健康自评也是衡量个人健康的一个重要指标，健康自评指的是被调查者对自身健康状况的主观感知与评价，具体在本报告中，主观健康状况评价采用了"目前您的身体状况如何"作为其评价指标，在问卷中，自评健康的回答分为"很好""比较好""一般""比较差""很差"五个选项。

其次，本报告将对不同社会群体的健康状况及差异进行比较分析，按性别、年龄、收入、受教育程度、户籍状况、职业分类。首先，在客观患病方面，本报告将年龄划分为 5 个年龄段，分别为"15 岁以下""16—30岁""31—45 岁""46—60 岁""61 岁及以上"。在自评健康方面，将年龄段划分为"18—30 岁""31—40 岁""41—50 岁""51—60 岁""61 岁及以上"5 个年龄组；根据此次《西部家户生计与社会变迁调查》问卷工作部分 IF15 所得到的数据与 2015 年甘肃省规定的最低工资标准①，将受访者的个人月收入划分为 4 个收入层次，分别将月收入在"1300 元及以下"者划分到"低收入"水平、将收入在"1301—3000 元"者划分到"中低收入"水平、将月收入在"3001—5000 元"阶段者划分到"中高收入"水平、将收入处于"5001 元及以上"者划分为"高收入"水平；根据问卷 ED26 将被访者的受教育程度划分为 4 个不同的层次，分别为"小学及以下""初中""高中与中专等""大学及以上"；根据问卷 LF11的调查结果，将受访者的职业划分为 6 个类型，分别为"国家机关、党群机构与企事业单位""专业技术人员""办事人员和有关人员""生产、运输设备操作人员及有关人员""商业、服务业人员""农、林、牧、渔、水利业生产人员"等主要分类。并在分析中控制年龄因素的影响，以探讨不同群体间的健康差异随年龄的变动趋势。

再次，关于社会经济地位与健康之间的文献综述。围绕社会经济状况（Socioeconomic Status，SES）与健康之间关系的研究，已经是较为成熟的一个领域。经济学、社会学和公共卫生专家在这方面的研究很具有代表性。国外学术界和发展机构对于健康不平等问题的关注始于 1980 年的布

---

① 2015 年 4 月 1 日甘肃省政府下发《关于调整全省最低工资标准的通知》，将全省工资划分为四个层次，一类地区为 14702 元；二类地区为 1420 元；三类地区为 1370 元；四类地区为1320 元。

莱克健康报告。随后，关于社会经济地位与健康状况的关系问题得到了各个国家学者们的大量研究。总的来说，国外关于社会经济地位与健康之间的关系形成了两种争论，社会因果论与健康选择论。社会因果论认为，社会经济地位的高低直接影响着人们的健康水平和预期寿命，这是因为人们在社会结构中的位置不同，所面临的健康资源也不同，社会经济地位较高的人往往拥有更多的健康资源（Dahl，1996）。健康选择论则认为，良好的健康状况是个人在社会阶层中向上流动的重要机制之一，因此社会经济地位较高的人的健康状况往往高于其他人（West，1991）。虽然社会经济地位同健康水平之间的因果关系应当如何确定仍存在争议（Warren，2009）。在争论中，社会因果论一直处于优势。许多研究者认为，社会经济地位是影响个人健康状况和期望寿命的最具决定性的因素（Link & Phelan，1995；Williams，1990；Winkleby et al.，1992）。王甫琴（2011）用中国综合社会调查数据（CGSS 2005）检验这两种主要观点对于中国民众健康不平等状况的解释力。研究发现，社会因果论和健康选择论对中国民众的健康不平等状况都有一定的解释力，但相对而言，社会因果论的解释力要比健康选择论强（王甫勤，2011）。

最后，在国内，健康与社会经济方面的研究更是被纳入社会分层研究的视野，成为研究社会分层、贫困与发展等问题的重要方面。首先，我国健康不平等的现状。胡琳琳（2005）认为，我国城乡居民的健康不平等不仅在国际上处于较高水平，而且存在区域间的健康不平等。其次，社会经济地位对健康的影响机制，主要有三个不同的研究视角：第一，齐良书、王诚炜（2010）通过分别采用多种健康指标和代表社会经济地位的指标进行多元回归分析发现，总体而言，社会经济地位越高的居民，健康状况越好，同时社会经济地位通过收入、受教育程度、职业与财产等多种途径作用于个人健康状况。第二，王甫勤（2012），黄洁萍、尹秋菊（2013）分析了社会经济地位对健康不平等的作用机制，研究认为，社会经济地位以生活方式为中介，通过影响生活方式来决定人们的健康，社会经济地位越高的人，越倾向于拥有健康的生活方式，而这些健康的生活方式又决定了人们的健康状况。第三，李建新、夏翠翠（2014）通过分析社会经济地位随年龄变化对不同年龄群体的健康状况影响差异，认为，社会经济地位对人们健康的影响随年龄的增长既存在并验证了以往的"收敛效应"与"发散效应"，还存在着一种"平行效应"。

一　甘肃省及分地区的健康状况

（一）一年的患病状况

表7—1报告了甘肃省总体以及分地区的患病情况。在调查所涉及的全部访者中，七成以上的被访者最近没有出现患病状况；在剩余的其他受访者中，得慢性病的比例（20.6%）最高，其次为残疾病（2.5%），患病比例最低的是心理疾病（0.3%）。首先，在四个地区中，患慢性病的比例由高到低依次分别是陇东南（会宁县、张家川县、陇西县）、兰州周边地区（安宁区、永登县、永靖县）、河西地区（凉州区、瓜州县、玉门市）与两州两市（夏河县、岷县）。其次，在患有残疾比例中，两州两市的患病率最高。最后，两州两市患有心理疾病的比例最低。

表7—2反映了2004年和2014年甘肃省整体患病状况。整体上看，10年期间的患病状况差异并不显著，从2004年到2014年，甘肃省总体的患病率仅降低了2个百分点；2014年在患慢性疾病、残疾及心理疾病等类型的患病比例较2004年虽有所提高，但是变化不大。

表7—1　　　　2014年甘肃省总体及各地区一年的患病状况　（单位:%；份）

地　区	有慢性病	有残疾病	有心理疾病	以上都没有	样本量
甘肃	20.6	2.5	0.3	76.8	4140
兰州周边地区	28.1	24.3	23.1	28.6	1177
河西地区	22.9	18.4	38.5	22.8	944
陇东南	34.3	23.3	38.5	30.7	1297
两州两市	14.7	34.0	0.0	17.8	722

表7—2　　　　2004年和2014年甘肃省整体患病状况　　　（单位:%）

	有慢性病	有残疾病	有心理疾病	以上都没有
2004年	19.5	1.7	0.2	78.8
2014年	20.6	2.5	0.3	76.8

（二）最近 30 天的患病状况

表 7—3 报告了最近一个月的患病状况。首先，根据调查得到的数据显示，无论是甘肃省总体还是四个地区的数据看，90% 以上的受访者没有出现过患病状况。分地区看，兰州周边地区的患病比例最低，这可能是由于兰州周边地区位于省会城市周边，经济发展水平较高并且医疗卫生资源比较丰富的缘故。河西地区的患病比例最高，陇东南和两州两市地区与总体的患病状况接近。其次，表 7—4 反映了 2004 年和 2014 年甘肃省调查对象最近 30 天的患病状况。总体上看，从 2004 年到 2014 年，甘肃省被访者近一个月的有过患病经历的比例略有下降，具体下降了 6.5%，但是 10 年间的变化并不明显。

表 7—3　　　　　　　　　最近 30 天患病状况　　　　　　（单位:%；份）

地　区	有过	没有过	样本量
甘肃	7.9	92.1	4063
兰州周边地区	7.1	92.9	1164
河西地区	9.0	91.0	943
陇东南	7.9	92.1	1240
两州两市	7.8	92.2	716

表 7—4　　　2004 年和 2014 年甘肃省调查对象最近 30 天的患病状况　（单位:%）

	有过	没有过
2004 年	14.4	85.6
2014 年	7.9	92.1

（三）自我健康评价状况

表 7—5 报告了被访者健康自评的基本情况。首先，总体上看，80% 以上的受访者评价自己的健康状况"很好"、"比较好"或"一般"。四个地区被访者的健康自评存在显著差异。两州两市健康自评为"很好"的比例高于其他三个地区，兰州周边地区被访者健康自评为"比较好"的比例高于其他三个地区，陇东南被访者健康自评为"比较差"和"很差"的比例高于其他三个地区。其次，表 7—6 反映了 2004 年甘肃省及西北地区调查对象在过去 7 天自我健康状况总体评价状况。根据 2004 年的

调查数据，甘肃省总体的自我健康状况差于西北地区；与 10 年前相比，2014 年的自评健康状况整体上要略好于 2004 年，但差异不大。

表 7—5　　　　　　　　目前您的身体状况如何？　　　　　（单位：%；名）

地　区	很好	比较好	一般	比较差	很差	总体
甘肃	20.3	38.2	27.3	12.5	1.8	1074
兰州周边地区	15.0	47.3	27.7	8.7	1.3	300
河西地区	14.6	41.4	29.3	13.2	1.4	280
陇东南	20.8	30.9	31.2	14.8	2.3	298
两州两市	35.7	30.6	17.9	13.8	2.0	196

表 7—6　　　　2004 年甘肃省及西北地区过去 7 天自我健康状况总体评价状况

（单位：%）

	非常好	还可以	不太好	很不好
甘肃	23.6	51.7	20.2	4.5
西北	26.8	54.3	16.3	2.6

二　不同群体的健康状况

（一）性别与健康

不同性别间存在着健康差异。许多学者研究认为，虽然女性的平均寿命与预期寿命高于男性，但是同时女性的健康状况差于男性（Bird & Pieker, 1999; Mark & Kathleen, 2000; 顾大男, 2007; 孙菊、宋月萍, 2008; 李建新, 2009）。一方面，由于男女两性在生理方面存在差异，女性患高致残性疾病如抑郁症、痴呆症和关节炎的可能性较高，（Robine & Jagger）; 另一方面，健康的性别差异主要是不同性别在社会经济地位上的差异造成（Arber & Cooper, 1999），这种差异体现其在收入水平与受教育程度差异等方面（Frank & Cohen, 2003）; 除了生物因素和社会因素的解释之外，也有解释认为与男性相比，女性更倾向高报发病的情况，女性更容易把自己的健康状况报为不好（Wald, 1983）。

首先，在客观健康方面，图 7—1 显示了男女在不同年龄分组上的患病状况。从总体上看，除了 15 岁及以下年龄组之外，男性在各个年龄段的患病的比例都低于女性；在 16—30 岁年龄组，女性的患病比例略高于男性 0.4%；在 31—45 岁、46—60 岁、60 岁及以上年龄组，女性患病比例高于男性 8% 左右；在 15 岁及以下年龄组，男性的患病比例略高于女性，但并不显著。其次，在主观自评健康方面，图 7—2 报告了不同性别的受访者在各个年龄分组的健康自评情况。图 7—2 中的数据显示，男性在各个年龄段的自评健康状况都好于女性；在 18—30 岁、41—50 岁年龄组，男性健康自评为"良好"的比例高于女性 5%；在 41—50 岁、61 岁及以上年龄组，男性健康自评为"良好"的比例高于女性 15% 左右；在 51—60 年龄组，男性健康自评为"良好"的比例略高于女性 0.6%，但差异并不显著。

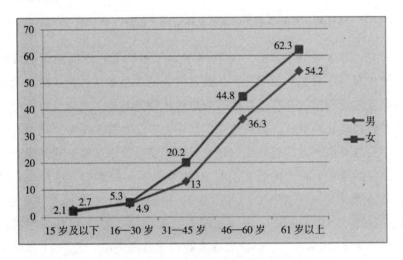

图 7—1　按性别、年龄分组的客观患病状况　（单位：%）

（二）教育与健康

教育是社会经济地位的主要测量指标之一（Blau & Duncan，1967），近些年的研究认为，个体的受教育程度与健康呈现正相关的关系，是良好的健康状况最重要的决定性因素（Winkleby，1992；Furuya，2015；Schuring，2015）。一方面，教育通过影响个人的职业地位、社会阶层流动等途径影响个体的健康水平（Treiman & Yip，1989）；另一方面，教育通过改变人的生活方式、解决问题的能力与价值观，通过促进人的心智成熟和培养人赚钱的能力等机制来影响人们的健康不平等状况（Winkleby，1992；Ross et al.，2010）。

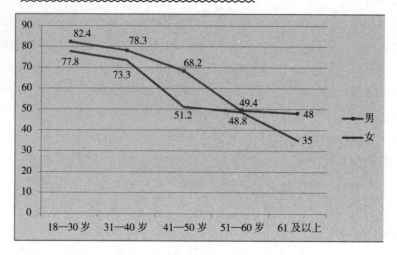

图7—2　按性别、年龄分组的健康自我评价为"良好"的状况　（单位:%）

　　首先，在客观健康方面，图7—3显示了被访者在不同的年龄段的受教育程度与其客观患病的状况。从此次调查的数据看，各个年龄段均呈现出较高受教育程度者拥有较低的客观患病比例的趋势，大学及以上的受教育水平者患病比例最低，其次为高中与中专等受教育水平者，初中、小学及以下受教育水平者的患病比例较高。不同受教育水平间客观健康差异呈现出随年龄增长而扩大的趋势。在30岁及以下年龄组中，这种差异显著但相差不大，基本相差5%左右；在31—45岁、61岁及以上年龄组内，最高受教育水平者与最低受教育水平者之间的患病差异为20%左右；在46—60岁相差30%左右。其次，在主观自评健康方面，图7—4显示了被访者在不同年龄段的受教育程度与其主观健康自评为"良好"的状况。总体上看，高教育程度者的自评健康状况好于低教育程度者。在各个年龄段，拥有大学教育程度者的自评健康状况总是高于高中、初中与小学等教育水平者。不同教育程度群体间的自评健康差异，在各个年龄组基本一致，高教育程度者与低教育程度者的自评健康为"良好"的差异基本在20%左右，并没有随着年龄增长而有扩大或减少的趋势。

　　（三）收入与健康

　　收入与健康之间的关系存在两种争论，一方面，"因贫致病"的观点认为，以往的大量经验研究表明，收入与健康呈正相关的关系，收入的提高有利于改善人们的健康状况（Grossman，1972；Preston，1975；Lowry &

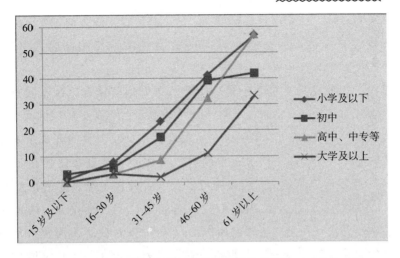

图7—3　不同年龄段受教育程度与客观患病状况　　（单位:%）

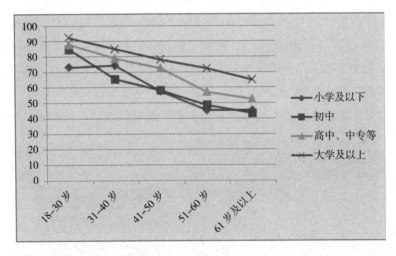

图7—4　不同年龄段受教育程度与健康自评为"良好"的状况　　（单位:%）

Xie，2009；刘宝、胡善联，2003）。收入通过早期儿童营养摄取状况（Barker，1995，1997；Wadsworth & Kuh，1997；Ravelli et al.，1998；Case et al.，2005）、有利或不利因素在生命过程中的积累（Seeman et al.，1997；Smith，1999）、医疗卫生与水资源的获得（Wagstaff，2001；Dhal，1996）以及不同生活方式等行为因素（Marang，1999；Klausner et al.，2001；Levin，2003）的路径来影响人们的健康状况；另一方面，"因病致贫"的观点认为个人的健康状况是其人力资本的重要组成部分（刘国恩，William H. Dow et al.，2004)，是影响其收入能力的重要因素，健康状况较差的人更不容易获得较高的社会经济地位和高收入（West，1991；齐良书，2006)。

首先，在客观健康方面，图7—5报告了甘肃省调查地区不同收入水平者的客观患病状况。总体上，收入水平较高者的客观患病比例低于收入水平较低者。在16—30岁年龄组，高收入者与低收入者的客观患病比例相差2%左右，差异并不明显；不同收入群体间客观健康差异在31—45岁、46—60岁比较明显，高收入者与低收入者的客观患病比例相差15%左右；在61岁及以上年龄组高低收入者患病比例逐渐拉大，两者相差25%左右。其次，在主观自评健康方面，图7—6反映了不同收入水平者的自评健康状况为"良好"的状况。高收入水平者在各个年龄段自评健康为"良好"的状况均较高。在16—30岁年龄组内，不同收入水平者之间的自评健康"良好"差异并不明显；不同收入群体间的自评健康差异在31—40岁、41—50岁、51—60岁、61岁及以上年龄组差异呈现逐渐明显的趋势。在31—40岁年龄组高收入者与低收入者相差12%左右；41—50岁、51—60岁年龄组高收入者与低收入者相差30%左右；在61岁及以上年龄组高低收入者虽差异显著但呈现收敛趋势，相差4%左右。

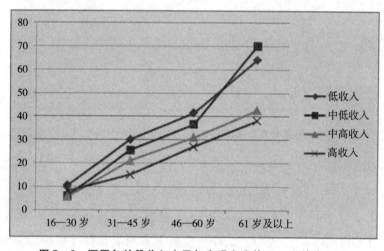

图7—5　不同年龄段收入水平与客观患病状况　（单位:%）

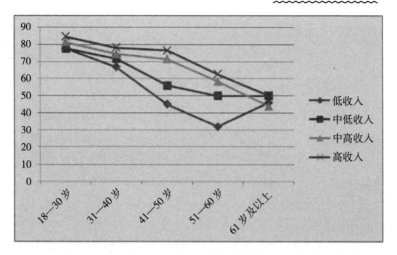

图 7—6　按年龄、收入水平分组的健康自评为"良好"的比例 　（单位:%）

（四）户籍与健康

在我国，户籍身份是衡量社会经济地位的一个重要维度，由于城乡二元结构和改革开放以来的市场化改革，使得现有的医疗卫生资源过度集中在城市和大医院，而农村基层医疗水平低下，医疗卫生资源匮乏。农业户籍者享受不到基本的医疗保障，城乡间的健康差异逐渐拉大，城镇人口的健康水平要明显高于农村人口的健康水平，农村地区的健康不平等程度总体上高于城市地区。（胡琳琳、胡鞍钢，2003；Lowry & Xie，2009；王甫勤，2011）。

图 7—7 报告了不同户籍调查对象的客观健康状况，首先，在客观健康方面，总体上看，农业户籍者的患病比例高于非农业户籍者。在 15 岁及以下，16—30 岁年龄组内相差 1.4%；在 31—45 岁、46—60 岁两个年龄组内差异较为明显，患病比例相差 10% 左右；在 61 岁及以上年龄组，不同户籍间的患病差异逐渐收敛，相差 2% 左右。其次，图 7—8 反映了不同户籍者的主观自评健康状况为"良好"的状况。在主观自评健康方面，非农业户籍者的主观自评健康状况好于农业户籍者。在 31—40 岁、51—60 岁年龄组内，不同户籍者自评健康为"良好"的比例相差 3% 左右；在 18—30 岁、41—50 岁、61 岁及以上三个年龄组差异比较明显，相差 9% 左右。

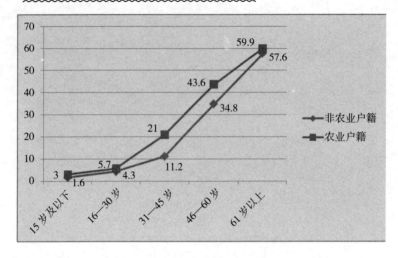

图 7—7 按户籍、年龄分组的客观患病状况 （单位：%）

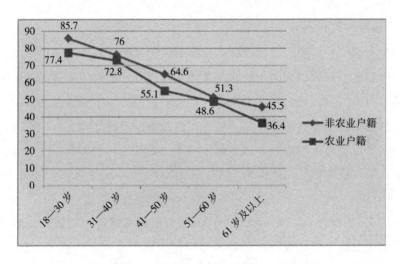

图 7—8 按户籍、年龄分组的健康自评为"良好"的状况 （单位：%）

（五）职业与健康

除了收入与教育程度外，职业也是反映社会经济地位的主要维度之一。不同的职业反映着不同的生活环境、经济收入、社会声望等对个人健康形成差异的影响（Bartley et al.，1996）。1980 年英国著名的 Black Report 以职业地位为划分标准，比较不同社会群体之间的健康状况，结果发现不同职业地位群体之间存在着令人震惊的健康差距。我国也有学者认为，在当前的中国，最能集中体现社会经济地位的特征是职业（李路路，

2006），不同职业阶层地位人口之间存在明显的健康梯度，非体力工人阶层主观上认为自己健康状况良好远远高于农业劳动者阶层（王甫勤，2011）。

表7—7报告了不同职业群体的客观患病状况。首先，在客观健康方面，总体上，各个类型的疾病中，农、林、牧、渔、水利业生产从业者的患病比例最高，国家机关、党群组织、企事业单位就业者的患病比例最低。两者患有慢性疾病比例相差24%左右；患有残疾的比例相差3%。其次，表7—8反映了不同职业间的健康自评状况，在健康自评方面，农、林、牧、渔、水利业生产从业者的自评健康状况最差，国家机关、党群组织、企事业单位就业者的自评健康状况最好。健康自评为"很好"的比例相差26%左右，健康自评为"很差"的比例相差2%左右。

表7—7　　　　按年龄、职业类型分组的客观患病状况　　　（单位:%）

	慢性病	残疾	心理	都没有
国家机关、党群组织、企事业单位	8.0	0.0	0.0	91.2
专业技术人员	7.4	2.5	0.0	90.2
办事人员和有关人员	10.7	1.9	0.0	87.4
生产、运输设备操作人员及有关人员	9.3	1.8	0.3	88.7
商业、服务业人员	14.9	1.4	0.0	83.6
农、林、牧、渔、水利业生产人员	32.4	3.0	0.3	64.4

表7—8　　　　职业类型分组健康自评的状况　　　（单位:%）

	很好	比较好	一般	比较差	很差
国家机关、党群组织、企事业单位	46.2	30.8	15.4	7.7	0
专业技术人员	42.9	33.3	21.4	2.4	0
办事人员和有关人员	35.7	42.9	21.4	0	0

续表

	很好	比较好	一般	比较差	很差
生产、运输设备操作人员及有关人员	20.5	51.1	22.7	5.7	0
商业、服务业人员	24.8	45.9	20.2	9.2	0
农、林、牧、渔、水利业生产人员	20.1	36.1	27.8	13.8	2.2

第二节 医疗状况

本节将首先分析在我国及甘肃省现有的医疗政策下，被调查地区的人们的医疗服务的可及性；其次探讨不同社会经济地位的群体在医疗服务可及性方面的差异以及与2004年的数据相比较差异的变化情况。具体的分析方案如下：

首先，本节采用患病行为、就医选择与不同户籍的人参与医疗保险的比例来测量被访者个人的医疗服务情况。首先，患病行为指的是人们面对疾病的处理方式，体现出人们对自身健康程度的关注程度和保健能力，此次问卷通过询问被访者在受伤后有没有去找医生或者其他医务工作者（如护士、赤脚医生、药师等看过病）的处理方式来考察被调查对象的患病行为；其次，就医选择反映的是人们对不同医疗机构和治疗方法的偏好信任程度。在此次问卷中，被访者的就医选择包括"在工作单位的医疗所/医院""在村里看""在乡镇看""在县/市里看""在省会城市里看"以及其他医疗机构；最后，以不同户籍的人参与医疗保险的比例测量调查对象是否有"现在工作单位的保险"、"以前/其他工作单位的保险"、"家庭成员工作单位的保障""学校/幼儿园的保险""村/乡/镇里的保障""社会保障"及"商业保险"等各种保险和社会保障。本文将对被访者个人在患病行为、就医选择和不同户籍的人参与医疗保险的比例来的基本状况和变化进行描述。

其次，卫生系统的最终目标是提高居民的健康水平。这一目标的实现程度不仅取决于卫生资源投入的总体水平，还取决于卫生资源的配置效率，卫生机构的管理效能，更直接的是居民对卫生服务的有效利用（Lionel Demery，2000）。医疗卫生服务利用除受卫生服务需要影响外，还受很多其他因素影响，如：经济水平、受教育程度、医疗保障、户籍等（赵郁馨等，2005）。因此，本节将分教育、收入和户籍三个维度对不同社会经济地位的群体的医疗卫生可及性进行比较描述。首先，与健康部分不同，本报告将教育程度划分为"小学及以下""初中""高中、中专等""大学及以上"4个不同的教育水平；其次，本报告根据被访者的月收入状况将收入划分为"低收入""中低收入""中高收入""高收入"4个收入水平；最后，本报告将受访对象划分为农业户籍者与非农业户籍者两种类型。总之，本节将主要分析不同社会经济地位群体间的医疗卫生服务是否存在显著差异。

一　甘肃省及各地区医疗卫生服务的基本状况

（一）患病行为

表7—9报告了甘肃省所调查四个地区被访者患病行为的基本状况。首先，总体的就医比例较高，总体上看，85%左右的被访者在受伤或者生病以后会选择去找医务人员的，仅有15%左右的被访者没有选择就医。其次，四个地区的患病行为存在显著差异，兰州周边地区和河西地区被访者生病后选择就医的比例明显高于陇东南和两州两市，没有选择就医的比例明显低于其他两个地区。

表7—10报告了甘肃省总体2014年和2004年被访者患病后的患病行为状况。调查结果显示2014年甘肃省患病后选择就医者比例为85.1%，与2004年比例为78.1%相比，2014年甘肃省患病就医比例提高了7%，但增幅并不大。

表7—9　　　　　　　患病行为的基本状况　　　　　　（单位:%；份）

地　区	看病	不看病	样本量
甘肃	85.1	14.9	315
兰州周边地区	88.8	11.2	80
河西地区	90.5	9.5	84

地 区	看病	不看病	样本量
陇东南	81.1	18.9	95
两州两市	78.6	21.4	56

表7—10　　　　　2004年与2014年甘肃省总体患病行为状况　　　（单位:%）

	看病	不看病
2004年	78.1	21.9
2014年	85.1	14.9

（二）就医选择

表7—11报告了甘肃省总体及四个地区就医选择的基本情况。根据调查结果显示，首先，总体上看，在选择患病后就医的样本中，被访者对医疗机构的选择主要集中在县/市（40.6%）和乡镇医疗机构（22.5%）和村里就医（24.1%）；其次，四个地区的医疗机构选择差异显著。兰州周边地区被访者倾向于选择在省会城市（12.9%）和工作单位的医疗所/医院（10.4%）等医疗机构就医的比例在四个地区中最高，选择在乡镇（16.0%）和县/市（22.7%）等医疗机构就医的比例最低。与之相反，河西地区被访者选择在乡镇（33.1%）、县/市（46.9%）就比例在四个地区中最高，选择村里（14.5%）和省会城市（2.8%）就医的比例最低。陇东南在县/市就医（49.6%）的比例相对较高，两州两市选择县/市医疗机构（54.0%）的比例最高，选择工作单位的医疗所/医院（1.6%）就医的比例最低。

表7—12反映了2004年与2014年10年期间甘肃省总体患病就医选择状况。调查结果显示，总体上无论是2004年还是2014年的被访者都以在村里、乡镇与县/市等医疗机构看病为主，但是被访者的医疗机构选择仍有显著的变化。2004年选择在村里看病（40.2%）的比例最高，这一比例在2014年下降了16%左右；2014年在县/市里看病（40.6%）的比例最高，比2004增长了10%左右。除此之外，在工作单位的医疗所/医院、省会城市就医的比例虽有所提升，但变化不大。

表7—11　　　　　　　　就医选择的基本状况　　　　（单位:%；份）

地　　区	在工作单位的医疗所/医院	在村里看	在乡镇看	在县/市里看	在省会城市里看	流动医疗队	其他	样本量
甘肃	5.2	24.1	22.5	40.6	7.6	0.4	1.2	502
兰州周边地区	10.4	36.8	16.0	22.7	12.9	1.2	0.8	163
河西地区	2.8	14.5	33.1	46.9	2.8	0.0	0.0	145
陇东南	3.1	21.4	19.8	49.6	6.1	0.0	2.3	131
两州两市	1.6	19.0	20.6	54.0	7.9	0.0	3.2	63

表7—12　　　　2004年与2014年甘肃省总体就医选择状况　　　（单位:%）

	在工作单位的医疗所/医院	在村里看	在乡镇看	在县/市里看	在省会城市里看	流动医疗队	其他
2004年	4.9	40.2	23.2	30	4.9	1.2	1.9
2014年	5.2	24.1	22.5	40.6	7.6	0.4	1.2

（三）参与保险的比例

表7—13报告了甘肃省总体及四个地区被访者参与医疗保险与保障的比例。首先，总体上看，被访者以参与村/乡里的保障（43.4%）与社会保障（41.7%）为主，大约90%左右，选择商业保险（2.8%）的比例最低；其次，四个地区参与医疗保险与保障比例存在显著差异。兰州周边地区被访者参与以前/其他工作单位的保险（5.0%）的比例在四个地区中比例最高，参与村/乡镇里的保障（34.1%）的比例在四个地区中所占比例最低。河西地区参与现在工作单位的保险（8.8%）、学校/幼儿园保险（6.8%）、村/乡镇里的保障（61.8%）与商业保险（7.0%）的比例最高，参与社会保障（19.5%）的比例最低。陇东南地区参与工作单位的保险3.6%与学校/幼儿园（1.0%）及商业保险（0.0%）的比例最低。两州两市参与家庭成员工作单位的保障（0.6%）与社会保障（48.8%）的比例最高。

表7—14报告了2004年和2014年甘肃省总体参与医疗保险与保障的

状况。首先，总体上看，10 年来，甘肃省整体参与医疗保险与保障的比例大幅度提高，2004 年甘肃省整体 84% 左右的人没有参与任何保障与保险，而这一比例在 2014 年降到了 2% 左右。其次，调查对象的享受医疗保障的类型发生了显著的变化。2004 年参与村/乡/镇里的保障是 1.6%，这一比例在 2014 年增长到了 43.4%；2004 年参与社会保障的比例是 1.3%，2014 年的比例增长到了 41.7%。随着 2003 年农村新型合作医疗制度简称"新农合"的制度的实施，农业户籍的人参加医疗保险的比例大幅度提高，因此，整体上的参保比例大幅度上升。

表 7—13   甘肃省及各地区被访者参与医疗保险和保障的比例

（单位:%；份）

地　区	有现在工作单位的保险	有以前/其他工作单位的保险	有家庭成员工作单位的保障	有学校/幼儿园的保险	有村/乡/镇里的保障	有社会保障	有商业保险	其他保障	没有保障	样本量
甘肃	5.8	3.0	0.3	3.4	43.4	41.7	2.8	0.3	2.4	4153
兰州周边地区	6.2	5.0	0.0	2.9	34.1	47.9	2.8	0.2	1.8	1171
河西地区	8.8	4.1	0.2	6.8	61.8	19.5	7.0	0.4	2.6	916
陇东南	3.4	0.2	0.4	1.0	46.2	47.4	0.0	0.0	3.2	486
两州两市	4.4	1.6	0.6	2.6	39.9	48.8	1.1	0.4	2.4	1468

表 7—14   2004 年和 2014 年甘肃省总体参与医疗保险与保障的比例（单位:%）

	有现在工作单位的保险	有以前/其他工作单位的保险	有家庭成员工作单位的保障	有学校/幼儿园的保险	有村/乡/镇里的保障	有社会保障	有商业保险	其他保障	没有保障
2004 年	5.1	1.5	0.3	4.6	1.6	1.3	1.9	0.3	83.8
2014 年	5.8	3.0	0.3	3.4	43.4	41.7	2.8	0.3	2.4

二　不同社会群体的医疗卫生服务状况

（一）教育与医疗

教育是社会经济地位的重要维度之一，教育程度越高的人能够获得更多的社会、经济、心理资源（Ross & Wu，1995）。有研究认为，在我国，受教育程度越高的人参保的可能性越大。在教育程度低于大专的人群中，受教育的程度与参保比重的关系不大。但获得本科或本科以上学历的人，其参加保险的可能性则大幅增长（王绍光、何焕荣等，2005）。

　　本章将调查对象的教育水平分为"小学及以下""初中""高中、中专等""大学及以上"4个类别，探讨不同受教育群体的就医选择状况差异。表7—15报告了不同教育水平者的患病行为状况。总体上看，不同教育水平人口的患病行为存在显著差异，教育程度越高者选择就医的比例越高。大学及以上的教育程度者在生病后会选择就医的比例87.2%，在4个类别的教育水平中最高，选择不看病的比例（12.8%）最低，与之相反，小学及以下受教育水平群体的人会在生病后选择看病的比例（63.2%）最低，而选择不看病比例（26.8%）在4个类别的教育水平中最高。

　　表7—16显示了不同教育程度的被访者的就医选择的基本情况。总体上看，不同教育程度者在就医选择上存在显著差异，教育程度越高者越倾向于选择在工作单位的医疗所/医院与省会城市里的医疗机构就医，教育程度越低者越倾向于选择在村里、乡镇与县/市里的医疗机构看病。大学及以上教育程度者选择在工作单位的医疗所/医院（16%）与省会城市就医（20%）的比例在4个类别的教育水平中最高，在村里（8%）和乡镇（12%）看病的比例最低，与之相反，小学及以下教育程度者选择在村里（32.4%）、乡镇（25%）看病的比例最高，去工作单位所在的医疗所/医院（3.7%）与省会城市（7.4%）的医疗机构看病的比例最低。

　　表7—17反映了不同受教育群体的参与医疗保险保障状况。总体上看，受教育程度越高者越倾向于参与现在工作单位的保险、以前/其他工作单位的保险、家庭成员工作单位的保障、学校/幼儿园的保险与商业保险等医疗保险与保障，受教育程度较低者倾向于村/乡/镇的保障与社会保障。大学及以上的受教育水平者有34.4%参与现在工作单位的保险、5.4%的人有以前/其他工作单位的保险、12.5%的人有学校/幼儿园的保险、13.8%的人有村/乡/镇里的保险，28.1%的人有社会保障；与之相反，小学及以下教育水平者中有45.5%的人参与村/乡/镇里的保险、

43.9%的人有社会保障，参与其他类型的保障的比例均最低。

表7—15　　　　　　不同受教育程度的受访者的患病行为状况　　　（单位：%）

	看病	不看病
小学及以下	63.2	26.8
初中	83	17
高中、中专等	86	14
大学及以上	87.2	12.8

表7—16　　　　　不同受教育程度的受访者的就医选择情况　　　（单位：%）

	在工作单位的医疗所/医院	在村里看	在乡镇里看	在县/市看	在省会城市里看
小学及以下	3.7	32.4	25	32.4	7.4
初中	6.5	26.1	17.4	41.3	7.6
高中、中专等	12.2	9.5	16.2	48.6	10.8
大学及以上	16	8	12	40	20

表7—17　　　不同受教育程度的受访者参与医疗保险与保障的状况　　　（单位：%）

	有现在工作单位的保险	有以前/其他工作单位的保险	有家庭成员工作单位的保障	有学校/幼儿园的保险	有村/乡/镇里的保障	有社会保障	有商业保险
小学及以下	0.9	1.3	0.4	4	45.5	43.9	2
初中	2.5	3.8	0.2	2.2	44	42.2	2.2
高中、中专等	14.8	6.4	0	4.3	31	36	4.8
大学及以上	34.4	5.4	0.9	12.5	13.8	28.1	4.5

（二）户籍与医疗

在我国，户籍身份是衡量社会经济地位的一个重要维度，由于城乡二元体制与市场化的改革，城乡卫生资源配置出现不合理现象。有研究曾指出，"我国卫生资源约80%集中在城市，其中2/3又集中在大医院，而农村基层卫生服务和资源严重不足"（胡琳琳、胡鞍钢，2003）。近些年的研究认为，新农合显著提高了农村医疗服务利用率，改善了农业户籍人口"有病不医"的状况，因此提高了农村户籍人口的健康水平（程令国、张晔，2012）。随着新农合的覆盖面迅速扩大，新农合对医疗服务利用不平等的改善有所贡献，"是否就诊""是否去较高层级医疗机构就诊"的不平等程度逐渐减小（封进、刘芳，2012）。

表7—18显示了不同户籍的受访者的患病行为情况。首先，总体上看，非农户籍者较农业户籍者更倾向于高的看病比例。其次，农业户籍与城市受访者中的患病行为存在显著差异。农业户籍选择看病的比例是78.3%，非农业户籍就医比例88.8%，两者相差10个百分点左右。

表7—19显示了不同户籍的受访者的就医选择情况。总体上看，非农户籍者与农业户籍者在就医选择方面的差异比较显著。非农户籍的被访者选择在工作单位的医疗所/医院（9.6%）、在县/市（48.2%）与省会城市（11%）的看病的比例高，在村里（9.2%）与乡镇（20.2%）看病的比例低；与之相反，农业户籍者选择在村里（35.4%）与乡镇（25.4%）看病的比例高，在县/市（33.6%）与省会城市（5.2%）看病的比例低。这是由于其医疗资源的可及性即距离医疗机构的远近导致，对于农村受访者，在村里看病更为便捷，对于城市受访者，在县/市里看病更为方便。

表7—20显示了不同户籍的人参与医疗保险与保障的状况。首先，整体上，从参与医疗保险的比例看，10年来甘肃省整体参与医疗保险与保障的比例大幅度提高，从2004年的16.2%增长到了2014年的97.6，10年期间增长到了81%左右；其次，分户籍来看，无论是2004年还是2014年，农业户籍的调查对象参与医疗保障的比例与享受医疗保障的类型与非农业户籍者存在显著差异。2004年，农业户籍的人有91.5%没有任何保障，非农业户籍者有57.5%的人没有保障，两者相差34%，到2014年，户籍间的参与医疗保障的比例差异逐渐缩小到2.1%；2004年非农业户籍者在除了村/乡/镇里的保障之外，在其他各个类型的保险/保障方面参与比例都高于农业户籍的人，2014年这种状况并没有大的变化，非农业户籍者在除了村/乡/镇里的保障与社会保障之外，其他类型的保障/保险的比例明显高于农业户籍者。

表 7—18　　　　　　　　不同户籍者的患病行为状况　　　　　（单位：%）

	看病	不看病
农业户籍	78.3	21.7
非农业户籍	88.8	11.2

表 7—19　　　　　　　　不同户籍者的就医选择状况　　　　　（单位：%）

	在工作单位的医疗所/医院看	在村里看	在乡镇看	在县/市里看	在省会城市里看	其他
农业户籍	1.9	35.4	25.4	33.6	5.2	1.1
非农业户籍	9.6	9.2	20.2	48.2	11.0	2.3

表 7—20　　2004 年和 2014 年甘肃省不同户籍者参与医疗保障的情况　（单位：%）

		有现在工作单位的保险	有以前/其他工作单位的保险	有家庭成员工作单位的保险	有学校/幼儿园的保险	有村/乡/镇里的保障	有社会保障	有商业保险
2004 年	农业户籍	0.2	0.1	0.0	4.4	1.9	0.6	1.3
	非农业户籍	21.4	6.2	1.1	5.8	0.5	3.8	3.7
2014 年	农业户籍	1.6	0.3	0.3	2.4	48.8	43.8	1.2
	非农业户籍	12.2	7.1	0.4	4.6	32.0	34.9	4.8

（三）收入与医疗卫生服务状况

收入水平反映的是人们支付医疗费用的能力，有研究认为，中国当前存在着不同收入阶层之间的医疗服务利用不平等现象（林相森、艾春荣，2009），解垩（2009）利用中国健康与营养调查（CHNS）数据认为，我国存在亲富人的医疗服务利用不平等现象，相比于低收入群体，高收入群体的健康水平更高并更易于享受到优质的医疗卫生服务资源。当医疗服务的利用由支付能力决定而不是由需求决定时，许多中国人尤其是低收入者，将面临疾病造成的巨大经济风险，甚至因病致贫，医疗卫生体制的市场化已经对穷人的福利造成了特别的损害（王绍光、何焕荣等，2005）。究其原因，市场化改革和城乡二元结构的存在，削弱了国家再分配的能力，并导致城乡居民在收入、卫生公共服务和社会保障上存在较大差距（胡琳琳、胡鞍钢，2003）。

正如前面在背景里提到的那样，我们将被访者的月收入划分为"低收入""中低收入""中高收入""高收入"4个收入水平，以此来考察不同收入群体的患病行为状况。表7—21反映了不同收入层次的受访者在其生病或受伤后会选择去找医生或者医务工作者的比例。总体上，不同收入群体的患病行为存在明显差异，收入越高的被访者越倾向于高的就医比例。高收入水平者中，93%左右的会选择看病，在低收入水平者中，约67%的人会选择就医，在四个收入群体中比例最低。

表7—22反映了最近30天内生病后选择就医的被访者的就医选择与其收入水平之间的关系。在2006名被访者中，有253个人在最近一个月生过病并且就医。整体上看，不同收入水平者的就医选择存在显著差异，随着收入水平的提高，受访者就医选择的医疗机构的级别也随之升高。低收入者中，选择在村里（36.1%）、乡镇（30.8%）看病的比例在四个收入类别中最高，选择在工作单位的医疗所/医院（3.3%）或者在省会城市（2.2%）就医的比例最低；中低收入人群中，选择在县/市看病的比例最低；中高收入者中，选择在工作单位的医疗所/医院（18.7%）与县/市（41%）看病的比例最高，在乡镇看病的比例最低（15%）；在高收入群体中，选择在省会城市（12.5%）看病的比例最高，在村里（7.5%）看病的比例最低。

表7—23反映了不同收入的群体参与医疗保险及保障的状况。总体上看，不同收入群体的被访者在参与医疗保险与保障上存在明显的差异。低收入水平群体参与村/乡/镇的保障（51.0%）与社会保障（45.4%）的比例最高，参与工作单位的保险（1.7%）与商业保险（1.4%）的比例最低；中低收入者主要以参与现在工作单位的保险（21.3%）、村/乡/镇里的保障（31.3%）和社会保障（42.5%）为主；中高收入的群体参与以前/其他工作单位的保险的比例最高（1.7%）；高收入者参与现在工作单位的保险（29.5%）与商业保险（14.7%）的比例最高，参与社会保障（28.4%）和学校、幼儿园的保险（0.2%）的比例最低。

表 7—21 不同收入水平者的患病行为状况 （单位：%）

	看病	不看病
低收入	66.7	33.3
中低收入	75.0	25.0
中高收入	87.5	12.5
高收入	93	7

表 7—22 不同收入水平的受访者的就医选择情况 （单位：%）

	在工作单位的医疗所/医院	在村里看	在乡镇看	在县/市里看	在省会城市里看
低收入	3.3	36.1	30.8	25.3	2.2
中低收入	13.6	33.6	20.5	18.8	11.4
中高收入	18.7	13.4	15	41	12.3
高收入	15.4	7.5	26.1	38.5	12.5

表 7—23 不同收入水平的受访者参与医疗保险和保障的状况 （单位：%）

	有现在工作单位的保险	有以前/其他工作单位的保险	有家庭成员工作单位的保障	有学校/幼儿园的保险	有村/乡/镇里的保障	有社会保障	有商业保险
低收入	1.2	0.4	0.1	0.4	51.0	45.4	1.4
中低收入	21.3	1.6	0.6	0.6	31.3	42.5	3.1
中高收入	23.5	1.7	0.2	0.5	33.3	40.3	3.4
高收入	29.5	1	0.4	0.2	39.4	28.4	14.7

本章小结

　　根据 2004 年"中国西部省份社会与经济发展监测研究"与 2014 年"中国西部家户生计与社会变迁调查"两次调查的数据，与以上两节对甘肃省总体、各地区及不同社会经济地位群体的健康与医疗两方面的描述与分析中我们可以得出以下几个方面的结论：

第一，甘肃省及各地区总体医疗状况有一定改善，尤其是在就医选择与参保方面。由于本报告第二节采用"患病行为""就医选择"与"参与医疗保险"三个方面的比例来反映整体及不同群体的医疗卫生服务方面的差异状况。因此，首先，在"患病行为"方面，2004 年甘肃省总体的就医比例为 78.1%，2014 年的就医比例为 85.1%，与 10 年前相比，总体就医比例增长了 8%；其次，在"就医选择"方面总体上发生了显著变化，2004 年以在村里看病的比例最高，达到 40.2%，而在 2014 年，总体上在县/市里面就医比例最高，为 40.6%。最后，在参与医疗保险方面，从 2004 年的 16.2% 增长到了 2014 年的 97.6%，增长了 81.4%。因此，10 年间甘肃省的医疗卫生整体水平有所提高。

第二，不同社会经济地位群体间的医疗卫生服务状况存在显著差异。就本次 2014 年"中国西部家户生计与社会变迁调查问卷"的数据显示，首先，在教育方面，不同教育水平人口的患病行为存在显著差异，教育程度越高者越倾向于高的就医比例、级别较高的医疗机构与高的参保比例。最高教育程度者比最低教育程度者选择就医的比例高出 24%，在省会城市就医的比例高出 12.6%，在参与工作单位的保险方面相差 34% 左右。其次，在户籍方面，非农户籍者比农业户籍者的看病比例高出 10%，并且 10 年间不同户籍间参保比例的差异缩减了近 30%。最后，在收入方面，总体上呈现出收入越高的被访者越倾向于高的就医比例与高级别的医疗机构、参与医疗保险的类型上也存在明显差异。高收入水平者选择就医的比例与低收入水平者相差 26%，在省会看病的比例相差 10.2%，在拥有工作单位的保险上相差 28% 左右。总之，不同教育程度、户籍与收入水平者的医疗卫生资源的配置与利用方面存在较大差异。

第三，甘肃省整体及各地区调查对象的健康状况与 10 年前相比并没有明显的改善趋势，也就是说 2014 年的健康状况整体上略好于 2004 年，但是变化并不大。调查结果显示，首先，在客观患病状况方面，与 2004 相比，2014 年甘肃省一年内有过患慢性疾病经历的比例增加了 1 个百分点，近一个月患过病的比例下降了 6.5%。其次，在主观自评健康方面，与 2004 年相比，2014 年的自评健康状况整体上要略好于 2004 年，但差异不大。

第四，不同社会经济地位群体的健康状况存在显著差异。此次调查的数据显示，男性的健康状况好于女性，尤其在 31—40 岁、41—50 岁年龄组更为明显；教育程度越高、收入水平越高的人口，其客观患病比例越低，主观自评健康状况越良好，整体的健康水平也越高，这种差异在 31—40 岁、41—50 岁、51—60 岁较为明显；农业户籍人口的患病比例较高，自评健康较差，总体上非农业户籍者的健康水平好于农业户籍者；在职业方面，国家机关、党群组织、企事业单位就业者的健康状况最好，农、林、牧、渔、水利业生产从业者的患病比例最高，自评健康最差，整体健康水平最差。

自从 2003 我国实行"新农合"与 2009 年的新一轮的医疗卫生体系改革以来，我国的医疗卫生事业与居民的健康水平整体上有了较大的改善，但是，在本次的调查数据中我们也发现，目前甘肃省的医疗与健康水平不仅存在着四个地区间的差异，更存在不同社会经济地位群体的医疗健康不平等。事实上，与全国其他省份尤其是与东部发达地区相比，当前甘肃省存在由于经济水平低下、人均年收入低、公共卫生资源匮乏等因素导致医疗卫生水平的低下问题。然而医疗卫生资源与服务的提供是政府部门的基本职责之一，是关系到人民的基本生存权利、民生与福祉的重要发展问题。因此，甘肃省政府如何制定与实施完善的医疗卫生政策、如何建立与健全完善的公共医疗卫生服务与保障体系、如何提高居民的健康水平将是甘肃省未来一段时间内政府与医疗卫生部门面临的重大问题与挑战。

本章参考文献

[1] 程令国、张晔：《"新农合"：经济绩效还是健康绩效？》，《经济研究》2012 年第 1 期。

[2] 封进、余央央：《医疗卫生体制改革：市场化、激励体制与政府的作用》，《世界经济文汇》2008 年第 1 期。

[3] 顾大男、曾毅、柳玉芝、曾宪新：《中国老年人虚弱指数及其与痛苦死亡的关系研究》，《人口研究》2007 年第 5 期。

[4] 胡琳琳：《我国与收入相关的健康不平等实证研究》，《卫生经济研究》2005

年第 12 期。

　　[5] 刘宝、胡善联：《收入相关健康不平等实证研究》，《卫生经济研究》2003 年第 1 期。

　　[6] 林相森、艾春荣：《对中国医疗服务利用不平等问题的实证检验》，《中国人口科学》2009 年第 3 期。

　　[7] 马默特：《地位决定你的健康》，冯星林、王曲译，中国人民大学出版社 2008 年版。

　　[8] 齐良书、王诚炜：《健康状况与社会经济地位：基于多种指标的研究》，《中国卫生经济》2010 年第 8 期。

　　[9] 孙菊、宋月萍：《社会性别视角下的健康公平——对中国城市人口的群体考察》，《中国药物经济学》2008 年第 5 期。

　　[10] 王甫勤：《社会流动有助于降低健康不平等吗?》，《社会学研究》2011 年第 2 期。

　　[11] 王甫勤：《社会经济地位、生活方式与健康不平等》，《社会》2012 年第 2 期。

　　[12] 王绍光、何焕荣、乐园：《政策导向、汲取能力与卫生公平》，《中国社会科学》2005 年第 6 期。

　　[13] 解垩：《与收入相关的健康及医疗医用服务不平等研究》，《经济研究》2009 年第 2 期。

　　[14] 赵郁馨、张毓辉、唐景霞等：《卫生服务利用公平性案例研究》，《中国卫生经济》2005 年第 7 期。

　　[15] Arber S, Cooper H, "Gender differences in health in later life: the new paradox?", *Social science & medicine*, Vol. 48, No. 1, 1999.

　　[16] Bird C E, Rieker P P, "Gender matters: An integrated model for understanding men's and women's health", *Social Science and Medicine*, Vol. 48, No. 4, 1999.

　　[17] Dahl E, "Social mobility and health: cause or effect?", *BMJ: British Medical Journal*, Vol. 313, No. 7055, 1996.

　　[18] Case A, Fertig A, & Paxson C, "The lasting impact of childhood health and circumstance", *Journal of health economics*, Vol. 24, No. 2, 2005.

　　[19] Espen Dahl, "Social Mobility and Health: Cause or Effect?", *British Medical Journal*, Vol. 313, No. 7055, 1996.

　　[20] Frank J W, Richard C, Irene Y, et al., "Socioeconomic Gradients in Health Status Over 29 Years of Follow-up after Midlife: the Alameda country Study", *Social Science and Medicine*, Vol. 57, No. 12, 2003.

［21］ Furuya Y, Kondo N, Yamagata Z, et al. , " Health literacy, socioeconomic status and self - rated health in Japan", *Health Promotion International*, Vol. 30, No. 4, 2015.

［22］ Grossman M, " On the concept of health capital and the demand for health" , *The journal of political economy*, Vol. 80, No. 2, 1972.

［23］ John Robert Warren , "Socioeconomic Status and Health Across the Life Course: A Test of the Social Causation and Health Selection Hypotheses. ", *Social Forces*, Vol . 87, No. 4, 2009.

［24］ Link B G, Phelan J, Social conditions as fundamental causes of disease, *Journal of health and social behavior*, 1995: pp. 80—94.

［25］ Lowry D, Xie Y, Socioeconomic Status and Health Differentials in China: "Convergence or Divergence at Older Ages?", *Population Studies Center*, *University of Michigan*, 2009.

［26］ Marang - van de Mheen P J, Smith G D, & Hart C L, "The health impact of smoking in manual and non - manual social class men and women: a test of the Blaxter hypothesis" , *Social Science and Medicine*, Vol. 48, No. 12, 1999.

［27］ Marmot M G, Shipley M J, & Rose G, "Inequalities in death—specific explanations of a general pattern?", *The Lancet*, Vol. 323, No. 8384, 1984.

［28］ Preston S H, "The changing relation between mortality and level of economic development", *Population studies*, Vol. 29, No. 2, 1975.

［29］ Rosenberg M W, Wilson K, "Gender, Poverty and Location: How Much Difference Do They Make in the Geography of Health in Inequalities?" , *Social Science and Medicine*, Vol. 51, No. 2, 2000.

［30］ Ross C E, Mirowsky J, "Why education is the key to socioeconomic differentials in health" , *Handbook of Medical Sociology*, 2010, pp. 33—51.

［31］ Schuring M, Robroek S J, Lingsma H F, et al. , "Educational Differences in Trajectories of Self - Rated Health before, during, and after Entering or Leaving Paid Employment in European Workforce", *Scandinavian Journal of Work Environment and Health*, Vol. 41, No. 5, 2015.

［32］ Treiman D J, Yip K B, "Educational and Occupational Attainment in 21 Countries" , *Cross - national Research in Sociology*, 1989, pp. 373—394.

［33］ Warren J R, "Socioeconomic status and health across the life course: A test of the social causation and health selection hypotheses", *Social Forces*, Vol. 87, No. 4, 2009.

［34］ West Ptrick, " Rethinking the Health Selection Explanation for Health

Inequalities. ", *Social Science and Medicine*, Vol. 32, No. 4, 1991.

[35] Winkleby M A, Jatulis D E, Frank E, et al. , "Socioeconomic Status and Health: How Education, Income and Occupation Contribute to Risk Factors for Cardiovascular Disease. ", *American Journal of Public Health*, Vol. 82, No. 6, 1992.

第八章　环境与发展

　　西部地区地域广阔，资源丰富，生态环境脆弱，是我国自然灾害最频发的地区之一。环境问题制约着西部地区的经济社会发展。由于历史社会等原因，与中东部相比，西部的经济社会发展水平存在着较大差距。为了改变东西部地区发展不平衡，国家实施了西部大开发战略。一方面，西部大开发战略的实施促进了西部地区资源的开发和经济社会的发展；另一方面，由于西部脆弱的生态环境以及在开发资源过程中对环境的污染、保护不周，这对西部地区经济社会的可持续发展、人们的行为、心理产生了重要影响。为此，国家在建设生态文明时强调"从源头上扭转生态环境恶化趋势，为人民创造良好的生产生活环境，努力建设美丽中国，实现中华民族的永续发展，为全球生态安全做出贡献"①。很明显，建设生态文明，保护环境，实现中华民族的永续发展，已成为本届政府的当务之急。这也是西部地区在面临国家新的战略布局——"一带一路"结合当地实际，实现节约资源和保护环境的空间格局、产业结构、生产和生活方式，着力推进绿色发展、循环发展、低碳发展的内在要求。而西部地区的生态环境状况到底如何，自然灾害对西部地区的经济社会发展和人们的行为以及心理有多大的影响，这对西部地区的永续发展具有重要的意义。

　　环境制约着人类社会的发展。不同于自然资源，"环境则相对来说拥有更为广泛的含义，它不仅包括自然资源，同时也包括那些对于人类来说用途不大或几乎没有用途的生态成分。"② 而从环境社会学的角度来看，

---

　　① 《中国共产党十八大报告》，新华网，2012 年 12 月 17 日，http：//news. xinhuanet. com/18cpcnc/2012—11/17/c_ 113711665. htm。

　　② W. R. Freudenburg, Navel Warfare："The Best of Minds, the Worst of Minds, and the Dangers of Misplaced Concreteness", *Society&Natural Resources*, Vol. 15, No. 3, 2002, pp. 229—237.

环境包括狭义的环境和广义的环境。狭义的环境指的是自然环境，广义的环境不仅涵盖自然环境还包括社会环境。[①] 环境不仅为当地的经济社会发展提供物质基础，也影响了该环境下人们的认知行为和心理变化。环境社会学作为一门"研究有关包围人类的自然的、物理的、化学的环境与人类群体、人类社会之间的各种相互关系"[②] 的学科，把环境问题和社会结构密切联系起来。而"国外的研究也表明，环境问题与社会系统的诸如制度、结构等因素相关联，社会因素是环境恶化的原因"[③]，环境和社会因素不仅密切相关，而且具有因果关系。为此本研究在借鉴前人研究的基础上，从西部灾害、灾害评估、社会制度支持等方面探究西部地区的"环境"状况。在此需要指出的是，环境以及与之相关的环保观念、环境制度安排与地域关系密不可分。不同地区之间的环境差异不仅和地域有关，也和生活在该地区的不同生活背景的人有关系。为此，本章按照"城乡—地区"进行对比分析西部地区的"环境"差异，同时按照这种差异分析西部的发展。

第一节　西部灾害

由于历史社会原因，西部地区的经济社会发展程度和东部相比存在着较大差距。为了改变中西部经济社会发展不平衡的局面，实现区域经济协调发展，国家实施了西部大开发战略。西部大开发战略的实施，使得西部的经济社会取得了长足的发展，尤其是促进了西部地区的工业化和城市化水平。在西部社会现代化进程中，采取的是传统型经济增长方式，注重经济增长、忽视环境保护，环境基础设施滞后等带来了一系列负面影响。工业污水、噪声等危害着城市居民的健康。在农村，农民扩大种植规模和不合理的开垦荒地，造成了一系列的生态问题，如滑坡、泥石流、土地退化、破坏植被等。

根据西部地区的地质地貌、气候特征，结合西部地区灾害发生的周期

---

① 本研究采用广义上环境定义。

② 饭岛伸子：《环境社会学》，包智明译，社会科学文献出版社1999年版。

③ 包智明、陈占江：《中国经验的环境之维：向度及其限度——对中国环境社会学研究的回顾与反思》，《社会学研究》2011年第6期。

性、突发性、相关联性等特性，西部灾害可以分为：自然型灾害、人为自然型灾害和人为灾害。[①] 本研究选择了 12 个变量来测量西部地区的灾害分布情况。这 12 个变量可以分成以下三个方面：（1）自然型灾害：旱灾或极端高温、暴风、雪灾或极端低温、冰雹、暴雨洪涝、地震 6 个变量；（2）人为自然型灾害：沙尘暴、滑坡、泥石流 3 个变量；（3）人为灾害：雾霾、火灾以及其他灾害 3 个变量。问题设置为：1. 是否发生。2. 灾害破坏程度[②]："没啥影响"、"影响较轻"、"一般"、"比较严重"、"很严重" 5 个选项。相关数据表格见表 8—1 到表 8—5。

一 灾害总体分布

根据表 8—1，我们可以得知西部灾害分布情况为：从灾害类型的发生频率来看，自然型灾害、人为自然型灾害、人为灾害这三种类型灾害发生的频率分别是 61.7%、31.2%、7.1%。自然型灾害是西部地区最主要的灾害，而人为灾害的发生频率较低，仅为 7.1%。具体来说暴雨洪涝、旱灾高温和沙尘暴是西部地区发生频率最高的三种灾害；从灾害破坏程度来讲，旱灾高温、暴雨洪涝、滑坡、泥石流和火灾对人们的生产生活影响最大，造成的损失也最大；地震、沙尘暴和雾霾对人们生产生活造成的损失次之，雪灾低温和冰雹造成的损失最小。同时从表 8—1 我们也可以看出，虽然人为自然型灾害的发生频率不是最高的，但对人们的生产生活破坏最大；人为灾害类型中火灾发生的频率最低，为 3.1%（除了其他灾害），但从灾害破坏的程度来说是级别最高的，为 5；从中可以看出自然灾害发生频率和灾害破坏程度并不具有强相关性，也就是说发生频率高的灾害并不一定是破坏程度最深的灾害。根据西部地区地质地貌和气候特征，西部地区的自然灾害尤其是自然型灾害和人为灾害之间具有较强的相关性，西部灾害又具有突发性、周期性、关联性等特征。

---

① 此处参考了段华明、刘敏著《灾害社会学研究》，甘肃人民出版社 2000 年版，有关灾害类型的划分。自然型灾害是指由于自然界的作用所引发的灾害；人为自然型灾害是指人类活动对自然界的作用所引发的自然灾害；人为灾害是指人类的各种活动所引起的事故灾害。需要说明的是火灾在本研究中专指由人类不合理、错误或过失行为引起的。

② 此处需要说明的是把灾害破坏程度看成是定序变量：1 = 没影响；2 = 较轻；3 = 一般；4 = 较重；5 = 很严重。

在了解了灾害总体分布特征之后，我们根据"城乡—地区"对比分析西部灾害的具体分布情况以及对西部地区人们生产生活的影响。在本研究中我们把整个甘肃地区重新进行划分，分为四个区：（1）兰州周边区：兰州、永登、永靖。（2）河西区：凉州、玉门、瓜州。（3）河东区：张家川、会宁、陇西。（4）陇东南：夏河、岷县。在城市和农村的划分中，以是否从事农业生产为划分标准（需要说明的是把牧区划入农村）。

表8—1　　　　　　　　　灾害总体分布情况　　　　　（单位:%）

灾害类型		灾害发生频率	灾害破坏程度				
			没影响	较轻	一般	较重	很严重
自然型灾害	旱灾极端高温	18.2					5
	雪灾极端低温	4.3		2			
	冰雹	6.2		2			
	暴雨洪涝	18.8					5
	暴风	6.9			3		
	地震	7.3				4	
人为自然型灾害	滑坡	7.8					5
	泥石流	6.8					5
	沙尘暴	16.6				4	
人为灾害	雾霾	3.4				4	
	火灾	3.1					5
	其他	0.6			3		

二　灾害类型

（一）自然型灾害

从表8—2，我们可以看出，甘肃四个地区居民对同一灾害的认知存在着显著差异。具体表现为：（1）河东区居民认为旱灾极端高温发生的频率最高（54.8%），其余三个地区分别为河西区（23.4%）、兰州周边区（6.1%）、陇东南（15.7%）。（2）认为雪灾极端低温发生的频率最高的为陇东南（40%），其余三个地区分别为兰州周边区（8.9%）、河东区（31.1%）河西区（20%）。（3）陇东南居民认为冰雹发生的频率最高

（49.1%），其余三个地区分别为兰州周边区（7.6%）、河东区（42.1%）、河西区（1.2%）。(4)河东区居民认为暴雨洪涝发生的频率最高（44.1%），其余三个区分别是兰州周边区（13.7%）、河西区（1.9%）、陇东南（40.3%）。(5)陇东南居民认为暴风发生的频率最高（33.3%），其他三个区分别为兰州周边区（5.6%）、河东区（29.2%）、河西区（31.9%）。(6)陇东南居民认为地震发生的频率最高（70.8%），其他三个区分别为兰州周边区（0%）、河东区（25.4%）、河西区（3.8%）。

同一地区居民对自然型灾害的认知也存在着显著差异。(1)兰州周边区居民认为暴雨洪涝发生的频率最高，为13.7%，而地震发生的频率最低，为0%。(2)河西区居民认为暴风发生的频率最高，为31.9%，冰雹发生的频率最低，为1.2%。(3)河东区居民认为旱灾极端高温发生的频率最高为54.8%，暴风发生的频率最低，为29.2%。(4)陇东南居民认为地震发生的频率最高，为70.8%，旱灾极端低温发生的频率最低，为15.7%。

表8—2　　　　　　　　不同地区自然型灾害发生频率　　　　　（单位:%）

地　区	灾害类型及发生频率					
	旱灾极端高温	雪灾极端低温	冰雹	暴雨洪涝	暴风	地震
兰州周边区	6.1	8.9	7.6	13.7	5.6	0
河西区	23.4	20	1.2	1.9	31.9	3.8
河东区	54.8	31.1	42.1	44.1	29.2	25.4
陇东南	15.7	40	49.1	40.3	33.3	70.8

由表8—3可以知，与城市居民相比，农村居民普遍认为遭受自然型灾害多：农村居民比城市居民更容易感受暴雨洪涝，比城市高出55.2%，而城市和农村居民对冰雹灾害的认知差别最小，仅高出18.2%。

表8—3　　　　　　　　城乡自然型灾害发生频率　　　　　（单位:%）

城乡	灾害类型及发生频率					
	旱灾极端高温	雪灾极端低温	冰雹	暴雨洪涝	暴风	地震
城市	33.9	27.9	40.9	22.4	31.1	32.5
农村	66.1	72.1	59.1	77.6	68.1	67.5

（二）人为自然型灾害

对"滑坡和泥石流"这一问题上，甘肃四个地区中，陇东南认为发生的频率最高，为47.6%和54.2%；其次是河东区、兰州周边区，河西区几乎不受影响。河西区的居民认为更容易受到沙尘暴的影响，比例高达54.8%，兰州周边区受沙尘暴影响最小，为1.7%；其次为河东区、陇东南。从整体上看，兰州周边区不容易受到滑坡、泥石流和沙尘暴的影响，河东区、陇东南容易受到滑坡、泥石流和沙尘暴的影响。

表8—4　　　　　　不同地区人为自然型灾害发生频率　　　　（单位:%）

地　区	灾害类型及发生频率		
	滑坡	泥石流	沙尘暴
兰州周边区	6.1	2.7	1.7
河西区	0	0	54.8
河东区	46.3	43.1	31.1
陇东南	47.6	54.2	12.4

与城市居民相比，农村居民容易感受到滑坡、泥石流影响。这主要是因为农村的生态环境破坏更为严重，农村居民更能直接地感知到自然灾害的发生，而对沙尘暴发生的频率的认知方面，城乡居民认知差异不大。

（三）人为灾害

从表8—5可以看出，甘肃不同地区居民对人为灾害的认知存在着极化现象。具体情况为兰州周边区和河西区几乎不存在雾霾现象（从居民对这一问题的回答来看是这样，实际可能不是如此），而河东区、陇东南的居民则认为发生雾霾的可能性最大，分别是47.2%和52.8%。陇东南和河东区认为发生火灾的频率要比兰州周边区和河西区的要高得多。河西区和河东区在其他灾害方面比兰州周边区、陇东南发生的频率要大，兰州周边区和陇东南发生其他灾害的可能性很小，几乎可以忽略。同一地区，除了河东区之外（河东区对三种人为灾害的认知较为均衡），对人为灾害的认知也存在着极化现象。

城乡居民对人为灾害的认知也存在着极化现象，城市居民认为发生人为灾害的频率远低于农村居民。从整体上看，农村认为发生灾害的频率比城市高40%。

表8—5　　　　　　　　不同地区人为灾害发生频率　　　　　（单位：%）

地　　区	灾害类型及发生频率		
	雾霾	火灾	其他
兰州周边区	0	3	0
河西区	0	3	66.7
河东区	47.2	36.4	33.3
陇东南	52.8	57.6	0

通过"城乡—地区"分析居民对三种类型灾害的认知，可以发现，城乡之间和地域之间对灾害的认知存在着明显的差异，这与各自的生存环境和生产生活经历密切相关。从居民对自然型灾害的回答来看，同一地区的居民对该区的自然型灾害存在着差异，说明该区有着一个主要的自然型灾害，不同地区的居民对同一自然灾害的认知存在着差异，说明了自然型灾害在不同的地区分布是不一样的；从居民对人为自然灾害的认知来看，人为自然灾害具有明显的区域性特征，从总体上来看，陇东南和河东区发生人为自然灾害的频率高于兰州周边区和河西区；从居民对人为灾害的认知来看，人为灾害存在着极化现象。而从城—乡视角看，与城市居民相比，农村居民倾向于认为易受到灾害的影响。

通过对居民灾害的认知数据分析来看，我们需要明白以下方面：（1）居民对灾害的认知和当地的环境、地质地貌密切相关。（2）人们对灾害的认知还和人们的知识结构有关。虽然灾害客观存在，但是对其理解需要一个较为专业的知识，而部分居民由于不具备相关的专业背景知识，很难对灾害进行精确的认知，因此在对有关灾害的回答时，无法清晰准确地表达。（3）人们对灾害的认知和其对灾害的关注度有关。人们对灾害的了解主要从身边发生的灾害以及从大众传媒获知。（4）人们对灾害的认知和地域—城乡相关。根据西部地区的地质地貌特征，西部灾害分布具有地域性的特点，不同地域的人们对灾害认知是有差异的。从这次调研的结果来看，农村居民比城市居民更认为容易发生灾害，只有对"沙尘暴"的认知上差异不大，这可能是因为这次问卷中灾害的题目的设计主要是农村缘故。

三 灾害原因

在了解了西部灾害的分布情况之后，我们有必要分析当地居民对灾害发生的原因认知。为此，我们选择了 12 个变量，这些变量可以分成以下几个方面：（1）生态环境恶化：生态环境自然恶化的结果、生态环境遭到人为破坏的结果。（2）救灾措施：气象地质灾害预报不及时有效、各级政府部门应急救助措施不到位。（3）基础设施建设：生活生产用建筑物工程质量过关但抗灾标准太低、生活生产建筑物抗灾标准较高但工程质量太差、水利及防灾救灾减灾基础设施数量不足、水利及防灾救灾减灾基础设施质量不好。（4）城镇布局规划：本乡镇所处地理位置不好，交通不便、城镇规划布局不合理。（5）天灾，人力不可抗拒。（6）其他。

从不同地区居民对灾害原因的认知上看（表8—6），兰州周边地区和河西地区居民认为是生态环境恶化是灾害发生的最主要原因，其次是救灾措施不足、基础设施建设不足、天灾、城镇布局规划，只是河西地区在灾害认知程度上比兰州周边区要深；河东区居民认为基础设施建设不足是灾害发生的最主要原因，其次是救灾措施不足、生态环境恶化、天灾、城镇布局规划不合理；陇东南居民与河东区居民一样认为基础设施建设不足是灾害发生的最主要原因，与河东区不一样的是对灾害发生的次要原因上，陇东南认为灾害发生的原因依次是天灾、生态环境恶化、城镇布局规划不合理、救灾措施不足。换句话说，兰州周边区对灾害发生的原因认知上并不明显，河东区、陇东南认为灾害发生的主要原因人为因素，而河西区则认为自然因素是造成灾害发生的主要原因。

从城乡差异上来看，对灾害发生的最主要原因上看，农村居民认为是基础设施建设不足，而城市居民则认为是生态环境恶化。在对灾害发生次要原因排序上，农村居民对在灾害发生的次要原因顺序是：生态环境恶化、天灾、救灾措施不足、城镇布局规划不合理；城市居民则认为是：基础设施不足、救灾措施不足、天灾、城镇布局规划不合理。

表 8—6 不同地区灾害发生影响因素 （单位：名）

地　区	生态环境恶化	救灾措施	基础设施建设	城镇布局规划	天灾	其他
兰州周边区	38	20	28	13	33	0
河西区	123	105	74	44	62	2
河东区	116	107	164	79	98	0
陇东南	137	50	137	65	98	3

改革开放之后尤其是西部大开发以来，西部地区的经济社会发展取得了令人瞩目的成就，形成了"西部经验"。所谓西部经验主要是指改革开放以来西部地区发展所形成的道路和模式，它既包括发展的"成就"也包括因不合理发展而导致的"问题"。也可以说"西部经验"特指因西部特定的区域环境、历史文化、社会结构等产生的新的发展规则，一些对深化西部现代化道路的探索。而"内生动力不足是困扰我国西部地区发展的根源，主要表现在区域经济发展对资源、投资、国有经济、地方政府及国家援助的高度依赖。"[①]以及在此基础上形成了路径依赖，这种路径依赖表现为环境和社会系统的复杂互动关系，西部的发展离不开其"环境"，而西部的发展产生了深刻的环境问题。随着环境问题日益凸显，其越来越成为制约西部发展的重要因素。而对环境问题产生的原因，学者主要从环境社会学的角度进行解释。洪大用把社会转型和环境问题联系起来，他认为"以工业化、城市化和区域分化为主要特征的社会结构转型，以建立市场经济体制、放权让利改革和控制体系变化为主要特征的体制转轨，以道德滑坡、消费主义兴起、行为短期化和社会流动加速为主要特征的价值观念变化，在很大程度上直接加剧了中国环境状况的恶化，导致当代中国环境问题具有特定的社会特征。"[②] 张玉林则认为制度和环境问题密切相关，他指出政经一体化开发机制是引发环境问题和冲突

---

① 陈耀、郑鑫：《内生增长动力与西部发展方式转型》，《开发研究》2010 年第 4 期。

② 洪大用：《当代中国社会转型与环境问题——一个初步的分析框架》，《东南学术》2000 年第 5 期。

的动力源①。张雯认为："现代国家权力和市场力量通过制度安排和市场机制，对自然的控制、管理、利用和增殖，造成自然相对于系统的客体化地位。自然从社会生活中孤立和抽象出来，被赋予了标准化的市场价值，"② 使得环境不断恶化。通过对西部三种类型的灾害的"城乡—地区"对比分析，也不难发现环境问题和社会系统密切相关。在环境问题制约着西部发展的今天，只有从环境和社会系统的相互关系出发，才能寻求解决西部环境问题的可能出路，才能实现"美丽西部"。

第二节　灾害评估

灾害评估是灾害学的一个重要内容，对灾害造成的损失进行评估，是制定救灾、减灾、防灾、灾后重建方案的重要依据。根据不同的划分标准，灾害评估可以分为三种类型：灾前预评估、灾中监测、灾后评估。本文的灾害评估采取的是灾后评估，是指受灾民众按照一定的标准和方法对本社区的受灾情况及其影响进行客观的判断和评价。虽然灾害评估和一整套灾害评估的标准和方法有关，但是生活在灾害地区的人们对灾害造成的损失感受更为敏感。因此，对灾害的评估，不仅要评估灾害所造成的客观损失，也要测量受灾后人们心理和行为的变化。那么，我们怎样进行灾害评估呢？我们主要根据灾害发生之后，对民众的家庭（生命财产损失、生活必需品满足程度、人们的生活态度和人际交往等方面）造成影响的程度进行主观评估。数据结果见表8—7至表8—12。

一　居民对生命财产损失的评估

从表8—7我们可以看出，按人员受伤死亡的比例来看，河东区最高，为34.4%，其他依次是河西区、陇东南，兰州周边区最低，为11.3%；财产损失（此处的财产损失包括房屋倒塌、农作物减产、牲畜伤亡、人员救治）陇东南最高，为40.0%，其次为河东区、河西区、兰州周边区；

---

① 张玉林：《政经一体化开发机制与中国农村的环境冲突》，《探索与争鸣》2006年第5期。

② 张雯：《草原沙漠化问题的一项环境人类学研究——以毛乌素沙地北部边缘的B嘎查为例》，《社会》2008年第4期。

灾后收入减少方面，河东区居民灾后收入减少比例最高，为 35.8%，其次是陇东南、河西区、兰州周边区。从灾后不同地区居民生命财产损失来看，财产损失和灾后收入减少密切相关，但二者并不呈正相关关系；生命财产损失存在着地区差异。

城乡居民对灾后生命财产损失状况的感知也存在着差异。在人员伤亡方面，农村比城市高 34.3%，财产损失方面，农村比城市高达 82.6%，而在灾害收入减少方面，城市比农村高 20.3%。从中我们可以看出，在灾后生命财产损失方面，农村比城市的受损严重，而灾后收入减少城市要比农村高。

表 8—7　　　　　不同地区居民对生命财产损失状况的评估　　　（单位:%）

地　　区	人员受伤死亡	财产损失	灾后收入减少
兰州周边区	11.3	13.2	16.4
河西区	27.9	16.6	20.8
河东区	34.4	30.2	35.8
陇东南	26.4	40.0	27.0

二　居民对生活必需品满足程度的认知

从灾后居民对获得充足洁净自来水的认知来看，河东区的居民最难获得洁净自来水，这一比例为 55.3%，其次为陇东南和兰州周边区，河西区居民在灾后最容易获得洁净的自来水，为 4.9%。而从城乡差异来看，与城市相比，农村居民更不容易获得洁净自来水：城市居民无法获得洁净自来水的比例为 11%，农村为 89%。而从对完全够用洁净自来水这一问题来看，河西区居民的满意度最高；其次为陇东南、河东区，兰州周边区居民满意度最低。

从灾后居民购买生活必需品的便利程度来看，河东区 61% 的居民认为很多生活用品买不到，购买生活用品的便利程度最低。从购买生活用品的不便利程度来看，从低到高依次顺序为兰州周边区、河西区、陇东南、河东区。而从城乡居民购买生活用品的便利程度来看，城市居民对购买生活用品的满意度更高，比农村高出 75%。

从灾后居民对当地的物价水平认知来看，河东区居民更容易感知当地物价的上涨，其次为陇东南、河西区、兰州周边区。需要指出的是河东区居民在认为物价上涨最高的同时，也觉得本地的物价下降的最多——下降最多的是耐用消费品，比如家电；上涨最多的是生活必需品，如蔬菜、粮油。而从城乡居民对该地区的物价来看，农村居民更容易感受到物价的上涨（农村居民认为物价上涨的比例为58.6%，城市为41.4%）。

表 8—8　　　　　不同地区居民获得洁净自来水便利度　　　　（单位：%）

地　区	无法获得	可以获得，但不够用	完全够用
兰州周边区	7.8	13.2	11
河西区	4.9	5.2	48.4
河东区	55.3	56.6	16.9
陇东南	32	25	23.7

表 8—9　　　　　不同地区居民购买生活用品便利程度　　　　（单位：%）

地　区	很多东西买不到	大部分能买到	都能买到
兰州周边区	0	8.3	14.5
河西区	14.6	24.8	34.5
河东区	61	38.9	26
陇东南	24.4	28	25

表 8—10　　　　　不同地区居民对物价水平的认识　　　　（单位：%）

地　区	没有变化	降了很多	涨了一点	涨了很多
兰州周边区	10.9	0	6.4	24.2
河西区	30.5	25.0	30.6	10.3
河东区	30.1	50	44.1	31
陇东南	28.5	25	18.9	34.5

三　居民对生活态度和人际交往的认知

从表8—11可以看出，居民受灾后其对生活态度认知的差异：河东区居民对生活的态度最积极，其次为河西区、陇东南、兰州周边区。而从城乡居民对生活态度的认知上来看，与城市居民相比，农村居民对灾后的生活满意度更积极。

而从表8—12可以看出灾后人际交往变化：陇东南居民人际交往比受灾害前显著增多，河东区、河西区居民的人际交往比受灾害前减少最多。兰州周边区、陇东南地区倾向于人际交往增多，河东区和河西区倾向于人际交往减少。与城市居民相比，农村居民的人际交往增多。

表8—11　　　　　　灾害发生后不同地区居民生活态度变化　　　（单位：%）

地　区	没有信心	不确定	很有信心
兰州周边区	0	7.1	12.8
河东区	34.4	43.4	30.2
河西区	28.1	30.3	29.1
陇东南	37.5	19.2	27.9

表8—12　　　　　　灾害发生后不同地区居民对人际交往变化　　　（单位：%）

地　区	没有变化	比灾前交往的人少了一些	比灾前交往的人少了很多	比灾前交往的人多了一些	比灾前交往的人多了很多
兰州周边区	10.7	6.7	0	16.7	0
河西区	28.8	40	25	0	100
河东区	34.7	40	25	16.7	0
陇东南	25.9	13.3	50	66.7	0

通过以上数据分析，我们可以知道：（1）灾害发生之后，居民对生命财产损失、生活必需品满足度、生活态度和人际交往有着共同的感知。（2）由于人口密度及其分布不同，经济发展水平和城镇化水平存在着差异，减灾防灾救灾的制度措施在各地的执行力度不同，不同地区的居民对灾害的评估是不同的。（3）城乡居民对灾害的评估是有差异的，农村居民认为灾害造成的损失高于城市，这主要是源于城乡居民对灾害的评估不同。（4）虽然居民普遍认为灾害给其家庭（生命财产损失、收入减少、生活必需品购买不便等）带来了影响。但是由于政府对灾害的重视，制定

了各种救灾制度，采取了各种救灾的措施，在一定程度上降低了灾害对居民造成的损失。

第三节　社会制度支持

西部地区地域辽阔，资源丰富，自国家实施西部大开发以来，西部地区的经济、社会取得了长足的发展，城市化水平有了较大的提高，但与东中部相比，仍有较大差距。但与此同时西部地区由于脆弱的生态环境和复杂的地质地貌，西部地区成为我国自然灾害最为严重的地区之一。如何将促进当地经济发展与防灾救灾工作统筹协调起来，成为当地政府的重要任务，这也是建设"美丽西部"、实现西部地区经济社会和谐可持续发展的应有之义。

各种社会制度的设置对防灾救灾以及对灾后的恢复生产生活、降低损失等方面发挥了多大作用？为此本文将从：1. 政府部门、非政府组织、慈善机构、金融机构、企业、个人等对家庭减灾和灾后重建的作用。2. 居民对防灾、减灾、救灾措施和制度的需求。3. 居民对防灾、救灾以及灾后救助体系的认知等方面加以考察。

一　社会救助体系对家庭减灾和灾后重建的作用

社会救助体系，是指政府为保障社会成员的基本生活，帮助他们解决生活中遇到的特殊困难而设计的一系列制度，以及为保证这些制度的实施而形成的管理体制、运行机制、组织网络、物质技术条件等要素有机结合而成的整体。[①] 为此，本节将从政府部门、非政府组织、慈善机构、金融机构、企业、个人等对家庭减灾和灾后重建的作用进行研究。

从表8—13可以看出，陇东南地区的居民得到的政府部门救助最多，为73%，政府部门在陇东南地区居民的生活生产和灾后恢复方面发挥了重要作用。其次是河东区（16%）、河西区（8%）、兰州周边区（3%）。而获得慈善机构的救助方面，河西、河东地区的居民获得国外慈善机构的

---

① 周沛、陈静：《新型社会救助体系研究》，《南京大学学报：哲学・人文科学・社会科学》2010年第4期。

救助要高于国内慈善机构的救助；兰州周边区和陇东南地区的居民获得的国内慈善救助高于国外的慈善救助。陇东南地区在获得慈善救助方面也领先于其他地区的居民，而在获得国外慈善机构的救助方面，河东区领先。金融机构在兰州周边区（33.3%）和河东区（60%）的灾后生活生产恢复方面作用最明显，河西区（6.1%）和陇东南（0.6%）在获得金融机构救助方面不明显。不同地区居民在获得个人救助、企业救助方面，国内的和国外的基本持平。在获得非政府组织方面，兰州周边区、陇东南地区获得国内的非政府组织的救助要高于国外的非政府组织救助，而河西区和河东区则相反。从整体上看，不同地区的居民在获得救助方面也存在着差异，兰州周边区获得的救助以金融机构和慈善机构为主，河西区居民获得的灾后救助以个人和企业为主，河东区获得的救助以金融机构、个人和企业为主，陇东南获得的金融机构的救助不明显，以政府救助和国内慈善机构、国内的非政府组织为主。从表8—13，我们通过对比国内、国外的救助分析，灾后救助仍然以国内救助为主，国外救助为辅，但在个别地区个别救助领域，国外救助已经超过国内的救助，国外救助的机构和个人正积极参与中国的灾后救助和灾区居民的生产生活的恢复工作。

表8—13　　　　　　不同地区居民灾后受救助情况表　　　　　（单位:%）

地区	政府部门	慈善机构		金融机构	个人		企业		非政府组织		其他
		国内	国外		国内	国外	国有	民营	国内	国外	
兰州周边区	3	28.4	10.5	33.3	10.5	10.5	10.5	10.5	30	10.5	11.5
河西区	8	10.3	28.4	6.1	28.5	28.4	28.4	28.4	7.6	28.4	25.5
河东区	16	7.7	33.9	60	33.8	33.9	33.9	33.9	10.4	33.9	35.2
陇东南	73	53.6	27.2	0.6	27.2	27.2	27.2	27.2	52	27.2	27.8

而从城乡在灾后获得救助情况来看，农村居民和城市居民在灾后获得救助存在着差异，在灾后救助和灾后生产生活恢复方面，农村居民回答获得救助的要高于城市居民。其中，在获得政府救助方面农村居民比城市居民高17%，获得国内慈善机构的救助农村比城市高2%，而获得国外慈善机构农村居民比城市高38.8%，在获得个人救助和非政府组织救助方面，

农村居民比城市居民高38.8%，在获得金融机构救助和企业救助方面，农村居民比城市居民高38.4%。

在防灾救灾和灾后居民的生产生活恢复来看，不同地区和城乡居民在灾后救助的认知上存在显著差异。不同地区之间的差异主要是由于灾害的区域性分布以及政府和各类机构在灾后的救助制度设置、救灾措施和各种救灾政策执行力度的不同；而城乡之间的差异一方面是由于灾害的分布主要集中在农村地区；另一方面是城市拥有相对完备的社会保障体制和各种社会支持网络（如单位、各类社会救助组织），而且城市拥有的救助资源要比农村的多。从目前的救助情况来看，西部的救助以政府救助为主，随着西部地区开放程度的提高，国外的救助组织也进入了西部地区的灾害救助工作，并在个别地区和领域超越了国内救助。这从侧面说明，我国的灾后救助越来越开放，并积极地和国外组织机构、个人进行合作，推动我国灾后救助工作的发展。

二 居民对防灾减灾救灾措施和制度的需求

确定灾后居民对各种救灾制度措施需求程度，成为救灾和灾后生产生活恢复重建的关键。为此我们从居民对救灾防灾的救助体系、具体的灾后救助措施和对整合国内外救助机构的需求程度加以考察。问题答案的选项分为"不需要""较弱""一般""较强""很强"5个选项。

从表8—14，可以看出，河东地区和兰州周边区的居民对救灾防灾的需求程度并不高（这可以从两地居民对建立更有效的防灾、减灾及灾后救助体系，建立政府主导的灾后补偿体系，建立民间主导的灾后救助体系不需要的回答率看出），这主要是因为一方面两地的灾害较少，居民对防灾救灾体系需求敏感度较低；另一方面部分居民认为并不能从灾后的救灾体系中获得充足的利益以保障其灾后的生产生活。陇东南地区的居民对防灾救灾体系的需求程度强于兰州周边区、河东地区的居民，河西区的居民对防灾救灾体系的需求程度最高。从四个地区居民对不同的灾后救助体系的需求程度来看，兰州周边区、河东区居民对建立政府主导的灾后补偿体系的需求程度最高，河西区、陇东南地区居民对建立民间主导的灾后救助体系的需求程度最高。

表 8—14　不同地区居民对防灾救灾体系的需求程度　　　　（单位：%）

地区	建立更有效的防灾减灾及灾后救助体系					建立政府主导的灾后补偿体系					建立民间主导的灾后救助体系				
	不需要	较弱	一般	较强	很强	不需要	较弱	一般	较强	很强	不需要	较弱	一般	较强	很强
兰州周边区	36.2	13.8	31.2	29.3	22.7	36.6	7.0	31.4	30.8	22.4	35.7	11.2	31.7	29.8	18.8
河西区	14.6	23.1	24.7	24.5	36	14.3	31.6	25.4	24.4	32	12.7	29.2	24.6	25.7	40
河东区	43	40	17.2	28.6	23.5	44.6	40.4	18.3	28.8	23.2	42	38.2	23.6	26.2	20
陇东南	6.2	23.1	26.9	17.6	17.8	4.5	21	24.9	16	22.4	9.6	21.4	20.1	18.3	21.2

表 8—15　不同地区居民对灾后救助措施的需求程度　　　　（单位：%）

地区	购买巨灾保险					发放减灾救灾知识手册					提供家庭自救包				
	不需要	较弱	一般	较强	很强	不需要	较弱	一般	较强	很强	不需要	较弱	一般	较强	很强
兰州周边区	34.7	21.6	26.5	27.2	10.8	41.2	16.8	26.2	32.3	6.8	38.6	22	23.5	31.3	17.4
河西区	23.9	39.2	26.7	24.6	14.9	13.8	30.1	27.7	22.4	49.2	14.4	18.3	28.7	24.1	42.6
河东区	31.1	23.2	21.2	30.5	35.1	38.1	39.8	22.3	23.7	26.2	41.1	41.4	27.8	23.2	21.3
陇东南	10.3	16	25.6	17.7	39.2	6.9	13.3	23.8	21.6	17.8	5.9	18.3	20	21.4	18.7

　　而从城乡居民对防灾救灾体系的需求程度来看，与城市居民相比，农村居民更愿意接受建立各种防灾救灾体系，从总体来看，农村居民对建立灾后救灾救助补偿体系认可程度比城市居民高14.7%，尤其是农村居民对建立政府主导的灾后补偿体系更为迫切，对这一问题的需求程度农村比城市高28.6%。而对建立民间主导的灾后救助体系，农村和城市居民的需求程度相差不大，城市居民比农村居民略高（2.4%）。农村居民对各种灾后的救助补偿体系的需求程度更高，一方面是因为与城市相比，农村的受灾程度更高，而农村的救灾资源有限；另一方面随着政府对农村救灾体系的日益重视和国外的组织、机构参与到中国农村地区的灾后救助，农村地区居民对灾后的救助补偿需求也随之增加。农村地区居民对建立民间主导的灾后救助补偿体系的需求程度不如城市居民，这可能是因为城市有着多样化专业化的非政府组织，农村作为一个"乡土社区"，更多依赖于亲密化的私人关系，农村居民的民间灾害救助主要依托于亲属邻里关系。

　　表8—15是不同地区居民对灾后救助措施的需求程度。从对购买巨灾保险的需求程度来看，兰州周边区最不需求购买巨灾保险，不需要的比率为34.7%；其次是河东区（31.1%）、河西区（23.9%）、陇东南（10.3%）。而很需求减灾救灾知识手册的比率最高的是河西区（49.2%）；其次是河东区（26.2%）、陇东南（17.8%）、兰州周边区（6.8%）。家庭自救包需求最高的是河西区（42.6%）；其次是河东区（21.3%）、陇东南（18.7%）、兰州周边区（17.4%）。不同地区的居民对灾后的救助措施的需求是不一样的，具体而言，兰州周边区对三种灾后救助措施需求程度都不高，河西区更倾向于需求减灾救灾知识手册和家庭自救包，河东区、陇东南地区需求巨灾保险，需求很强的比例分别为35.1%、39.2%。由此看见，灾后不同地区的居民对灾后救助措施的需求是不一样的，在灾后的生产生活的恢复过程中，不同地区的居民选择适合本地区的救助措施。

　　而从城乡居民对灾后救助措施的需求回答对比来看，农村居民比城市居民更需要灾后救助措施，从总体来看，农村居民比城市居民对灾后救助措施的需求程度高27.8%，农村居民对发放减灾救灾知识手册和提供家庭自救包比城市的需求更大，比城市高30.2%，农村居民对购买巨灾保险的需求较低。与农村居民相比，城市居民具有相对较高防灾救灾知识，了解救灾、防灾知识渠道也较多，城市居民对救灾、减灾的知识手册和家庭自救包的需求度就相对低。城市居民具有相对较高的风险转移意识，城市居民在灾害发生后，更多的选择通过灾害保险或者其他风险转移制度，降低灾后生产生活风险。

三 居民对防灾救灾以及灾后救助体系的认知

整合国内外的救助机构，开放防灾救灾市场，允许合法力量参与到灾后救助工作中，提高其在民众中的公信力，有利于灾区民众生产生活的恢复和发展，重建家园和恢复社会生活秩序。从表8—16可知：民众对"整顿红十字会提高其公信力"的回答来看，民众对提高红十字会的公信力并不敏感（兰州周边区、河东区、河西区居民认为不需要整顿红十字会提高其公信力的比例分别为33.7%、34.1%、22.1%，陇东南地区的民众认为整顿红十字会提高其公信力，需求度很强的比例也才达到23.8%），这说明民众对中国红十字会信任度还是高的，红十字会在民众中还是有较高的公信力。民众对"重新整合国内慈善救助机构"的态度与对"整顿红十字会提高其公信力"的态度相类似。而民众对"开放防灾救灾市场，允许国外相关力量合法进入"的态度发生了变化，河东区、陇东南民众对国外相关力量合法进入持欢迎肯定态度，需求愿望强烈（河东区、陇东南民众对开放防灾救灾市场，允许国外相关力量合法进入很强认同的比例分别是40%、31.6%），而兰州周边区、河西区民众对开放防灾救灾市场，允许国外相关力量合法进入的态度并不积极。

城乡居民在整合国内外救助机构的认知上存在着显著差异，城市居民在认可"整顿红十字会提高其公信力"、"重新整合国内慈善救助机构"的比例比农村居民分别高28.4%、26.9%。而对"开放防灾救灾市场，允许国内外相关力量合法进入"的认知上，农村居民比城市居民高出19.7%。之所以会出现这种情况，一是因为西部地区的灾害多分布在农村地区，而防灾救灾的资源多集中在城市，农村居民希望国外的相关救助力量介入当地的灾后生产生活恢复、重建，以此来减少农村防灾、救灾资源的有限的压力；二是因为城乡民众接触到的信息资源的差异，城市拥有发达丰富的媒体信息网络，接触到的防灾救灾信息多样化，城市居民在了解到我国灾害救助机构参与灾害救助工作的同时，对灾害救助机构实际工作中出现的问题和不足也有所了解，而农村居民对救灾机构的了解更多的是通过电视传媒、新闻报道中灾害救助机构在救灾以及灾后的正面报道，这就解释了为什么城市居民倾向于整顿国内救助以及慈善机构提高其公信力，而农村由于防灾救灾资源的限制，则希望通过开放防灾救灾市场，让国外的救灾的相关力量参与到其生产生活的恢复、重建中。

对灾害救助方面的工作体系、程序以及各方力量责任的了解熟悉程度成为检验防灾救灾工作的标准之一。为此我们从民众对防灾、救灾部门及其责任，防灾、减灾的法律法规政策体系等方面加以考察。问题的答案分别为"不了解""不太了解""一般""较为了解""很了解"5个答案。

民众对灾害救助部门及其责任的了解，有助于灾害的评估和减灾工作的展开。根据表格8-17，得出不同地区居民对灾害救助部门的责任认知程度如下：从居民对灾害预报部门及其责任的了解程度来看，河东区居民对灾害预报部门及其责任的不了解程度的比例最高，为33.3%，对灾害预报部门及其责任很了解的程度的比例最高，为50%，这说明河东区居民对灾害预报部门及其责任的了解程度呈两极化分布。兰州周边区、陇东南居民对灾害预报部门及其责任的了解（从回答的答案分布看）比较均衡，兰州周边区居民对灾害预报及其责任的了解高于陇东南地区。河西区居民对灾害预报及其责任的了解程度一般。兰州周边区、陇东南地区的居民对防灾、抗灾部门及其责任的了解处于一种模糊的认知状态，河东区居民对此问题则相对熟悉，河西区居民对防灾、抗灾部门及其责任的了解程度为一般居多。而对灾害评估部门的了解程度，河东区、陇东南居民对此很了解回答的比重为50%，河西区居民对此问题的熟悉程度为一般居多，兰州周边区的居民对这个问题认知处于一种相对模糊的状态。从居民对灾害救助部门及其责任的认知回答来看，由于部分民众缺乏相应的灾害救助部门及其责任的知识，所以在回答的时候出现了认知的两极化现象。

从城乡居民对灾害救助部门及其责任的认知程度来看，城市居民对此问题的认知要高于农村居民。从整体上看城市居民对灾害救助部门及其责任的了解高24.8%。尤其是对防灾、抗灾部门及其责任的了解这一问题上，城市居民比农村居民高32.6%，这主要是因为与农村居民相比，城市居民具有高的文化水平尤其是防灾救灾的专业知识、开放发达的信息接触渠道。

表8—18是居民对不同层面的防灾救灾的法律法规的认知：从居民对

表8—16　不同地区居民对整合国内外救助机构的需求程度

（单位：%）

地区	整顿红十字会提高其公信力					重新整合国内慈善救助机构					开放防灾救灾市场，允许国外相关力量合法进入				
	不需要	较弱	一般	较强	很强	不需要	较弱	一般	较强	很强	不需要	较弱	一般	较强	很强
兰州周边区	33.7	11.9	31.3	29.4	24.7	32.7	13.6	30.9	30.8	22.1	31.5	17.5	32.3	29.6	11.7
河西区	22.1	34	27.7	22.7	24.7	20.6	32.7	28.2	24.4	25.6	20.8	30.1	30	25.6	16.7
河东区	34.1	37.7	18.5	28.2	26.8	34.9	37	17.6	28.1	27.9	34.9	35.5	14.5	29.6	40
陇东南	10.1	16.4	22.5	19.7	23.8	11.8	16.7	23.3	16.7	24.4	12.8	16.9	23.2	15.2	31.6

表8—17　不同地区居民对灾害救助部门及其责任了解程度

（单位：%）

地区	灾害预报部门及其责任					防灾抗灾部门及其责任					灾害评估部门及其责任				
	不了解	不太了解	一般	较为了解	很了解	不了解	不太了解	一般	较为了解	很了解	不了解	较为了解	一般	较为了解	很了解
兰州周边区	30.3	25.1	23	25	25	30.3	23.7	21.8	33.9	25	29.2	27	22	28.1	0
河西区	18.2	32.1	51	41.1	0	18.9	32.2	51.5	30.3	25	18.6	36.9	50	37.5	0
河东区	33.3	23.6	10.6	16	50	32.5	25.2	8.9	17.9	50	34.8	16.3	6	21.9	50
陇东南	18.2	19.2	15.4	17.9	25	18.3	18.9	17.8	17.9	0	17.4	19.8	22	12.5	50

表 8—18　不同地区居民对防灾救灾法律及政策的熟悉度

（单位：%）

地　区	国家级的防灾救灾法律法规及政策					本省的防灾救灾法律法规及政策					本县的防灾救灾法律法规及政策				
	不了解	不太了解	一般	较为了解	很了解	不了解	不太了解	一般	较为了解	很了解	不了解	不太了解	一般	较为了解	很了解
兰州周边区	28.5	26.7	28.3	26.3	20	27.8	27.1	34.6	28.6	0	28.4	26.3	30	25.8	0
河西区	22.6	34.7	40	21.1	0	22.9	34.4	36.6	23.8	0	22.8	33.9	40	22.6	0
河东区	32.8	16.4	5	26.3	40	32.8	16.2	1.9	28.6	66.7	32.5	17.9	1.7	25.8	89
陇东南	16.1	22.2	26.7	26.3	40	16.5	22.3	26.9	19	33.3	16.3	21.9	28.3	25.8	11

国家级的防灾救灾法律法规及政策的回答来看，居民对国家级的防灾救灾的法律法规及政策认知程度为陇东南、河东区（两地居民很了解的比例都是40%），兰州周边区（20%）、河西区（0%）；而对本省的防灾救灾的法律法规及政策的很了解回答来看，河东区最高（66.7%），陇东南（33.3%）其次，兰州周边区略高于河西区（两地居民对本省的防灾救灾法律、法规及政策很了解的回答比率相等，兰州周边区居民回答较为了解的比率高于河西区）；而对本县的防灾救灾法律法规及政策很了解回答的比例河东区最高，89%，其次为陇东南（11%），兰州周边区、河西区为0%。从整体上看，居民对防灾、救灾法律法规及政策的认知程度存在着以下特征：对国家级的防灾、救灾法律法规及政策的认知高于本省的防灾救灾法律法规及政策，对本省的防灾、救灾法律法规及政策的认知又高于本县的防灾救灾法律法规及政策。也即是居民对高层次的防灾救灾法律法规及政策的认知高于低层次、低级别的防灾救灾法律法规及政策。

从城乡居民对防灾、救灾的法律法规及政策的认知来看，与农村居民相比，城镇居民比农村居民更了解防灾、救灾的法律法规及政策，具体是城镇居民对国家级的法律法规及政策、本省的防灾救灾法律法规及政策、本县的防灾救灾法律法规及政策比农村居民分别高26.6%、24%、7.7%。这也说明城乡居民对高等级的防灾、救灾法律法规及政策差异大于低等级的防灾、救灾法律法规及政策。这说明受教育程度（尤其是对专业知识的了解程度）和对信息的掌握成为影响城乡居民对防灾、救灾法律法规及政策的认知。

通过对以上数据的分析，我们可以看出：（1）由于西部地区复杂的地质地貌，西部地区的自然灾害频发，是我国自然灾害最为频发的地区之一，在西部地区城市化和工业化进程中出现的对环境保护不当而造成的生态破坏，加重了西部地区的灾害危害程度。防灾、救灾的一系列的制度设置及其措施成为降低灾害风险、恢复生产、维护社会秩序的重要保障，居民对此有着共同的认知。（2）由于地区间的经济发展水平的差异，不同地区对防灾救灾的资源的调度、防灾救灾制度的设置和执行力是不同的，有的地区对防灾救灾认知高一些，有的地区则低一些。（3）城乡居民对防灾、救灾社会制度支持的认知是有差异的，城市居民对防灾、救灾社会制度的制度支持的认知要强于农村居民。这主要是城市集中了相对较多的防灾、救灾的资源，防灾、救灾的制度设置相对较为完备，城镇居民具有较高的防灾、救灾的知识和较为通畅多样化的防灾、救灾信息，从而导致了城乡居民对防灾、救灾社会制度的支持认知的差异。（4）虽然一些居民在一定程度上遭受了灾害的侵袭，但是由于政府对灾害的高度重视，各种防灾、救灾制度的设置以及采取了一系列防灾、救灾的措施，使居民遭受灾害的损失有所降低。近些年来随着我国防灾、救灾市场的开放，国外的救助机构、组织、个人进入到我国的灾害救助和灾后重建，我国的灾害救助水平和灾害救助能力不断提升。

第四节　西部的发展

西部地区地域广袤，资源丰富，但是由于历史、社会等原因，西部地区与中东部相比，经济社会发展明显滞后。为了改变东西部地区发展不平衡，国家实施了西部大开发战略，西部大开发战略的实施，使得西部地区的城市化、工业化水平显著提高，但和中东部相比仍有一定的差距，发展即是西部地区各级政府的当务之急，也是建设"生态西部"的重要支撑。新一届政府高度重视西部地区的经济社会发展，国家提出的"一带一路"，为西部地区打造"丝绸之路经济带"注入了新的血液。

西部地区依靠其资源、政策优势，保持了经济社会的高速发展，同时西部地区粗放型的经济发展战略，也造成了西部地区的生态环境恶化、环境污染、资源浪费等一系列经济社会问题。罗马俱乐部提出的"增长极限理论"为我国西部地区经济社会的发展，从西方社会经济发展的视角提供了经验教训。增长极限理论提出的发展模式"增长—资源—环境"又在多大程度上契合我国西部经济的发展？换句话说我们该如何看待我国西部经济社会的发展？国家采取的支持西部地区经济发展、环境保护的政策效果又是如何？为此我们从西部居民对西部大开发以来当地自然环境的变化和国家政策对西部地区支持（丝绸之路经济带、生态补偿等问题）对上面的问题进行回答。

一　西部大开发以来当地自然环境的变化

从不同地区居民对"西部大开发以来当地自然环境状况的变化"来

看，四个地区的居民都倾向于认为当地的自然环境变差了，当地的生态环境是遭到了破坏的，自然环境在变差，其中兰州周边区为43.4%，河西区为40%，河东区为45%，陇东南为38.5%；其中河东区居民认为当地的自然环境变差的比例最高。而认可西部大开发以来当地的自然环境变好的是陇东南的居民，比例为29.5%，河东区居民认为当地环境变好的比例最低，为13.6%，从四个地区居民的回答比例来看，虽然"没有变化"、"没有效果，还扰乱了生活"占了很大的比重（相对于"变好"），但是从整体上来看，四个地区的居民趋向认为西部大开发以来当地的自然环境状况变差了。

表8—19   不同地区居民对"西部大开发以来自然环境状况变化"的认知

（单位：%）

地　区	变好	变差	没有变化	没有效果，还扰乱了生活
兰州周边区	15.6	43.4	18.7	22.3
河东区	13.6	45	19.4	22
河西区	26	40	24	20
陇东南	29.5	38.5	17.6	14.4

在这一问题上，城镇居民和农村居民也存在着较大差异，除了河西区（河西区城市和农村居民对西部大开发以来当地自然环境状况的变化认知差别不大，其中农村居民比城市居民高2.3%）之外，其他三个地区，农村居民均比城市居民认为当地的自然环境变差比例大，其中河东区农村居民对这一选项的认知远高于城市居民（35.7%）。

我们从四个地区居民对"西部大开发以来当地自然环境状况变化"的数据分析来看，可以看出：(1)西部大开发以来，由于西部地区生态环境的脆弱和在经济发展的过程中对矿产资源和能源的依赖，形成了资源型发展策略。在经济产业结构中，与资源相关的产业占了相当大的比重。在经济的发展过程中由于对环境保护认识的不足，对生态环境造成了严重的破坏。西部大开发以来西部地区的自然环境呈现恶化趋势，居民对此有着共同的切身感受。(2)不同地区的产业结构不同，主导型经济发展模式存在着差异。在经济发展的过程中，不同地区对资源的利用程度不同，对环境的影响也存在着差异，不同地区的居民对当地的自然环境的变化认知是有差异的。(3)城镇居民对西部大开发以来当地的自然环境的变化认知是有差异的，农村居民认为当地自然环境的变差的比例要高于城市居民，这主要是城乡居民对环境的评价认知不同。(4)虽然西部地区的自然环境在近二十多年来变差了，当地的居民也有切身的共同感受，但是国家也采取了环境保护的措施，虽然没有从整体上扭转西部地区自然环境恶化的趋势，但自然环境恶化的程度得以控制，从调查中也可以看出部分地区居民对当地的自然环境状况的变好持肯定态度。同时我们不能放松对环境保护的力度，必须从整体上布局西部地区的产业结构，转变经济发展方式，切实落实好中央提出的"生态文明"的方针政策，使得西部地区的经济社会与环境协调、可持续发展。

二　国家政策与西部发展

西部地区经济社会的发展，除了有资源优势外，还有国家的优惠政策的支持。国家优惠政策对西部地区经济社会的发展具有重要的推动作用。而居民对国家政策的认知又是如何？我们可以从居民对"丝绸之路经济带"和"生态补偿"两个方面来考察居民对国家政策对关于西部地区经济社会发展的认知。具体问题是：1."你希望国家的'丝绸之路经济带'应该在哪个方面重点倾斜"，问题答案的选项是"财政补贴"、"基础设施建设"、"贸易与投资便利化"、"大力发展当地特色产业"四个选项。2."你是怎么看待国家的'丝绸之路经济带建设'？"，问题答案是"是一项利民惠民的大好国家战略"、"只是地方政府获取资源的好机会"、"与我们普通百姓没有太大的关系，只是流于口号"。3."你对生态补偿的实施有何期望？"，问题答案是"延长补助期限"、"提高补助额度"、"提供技术指导"、"提供稳定的就业机会"、"提供贷款支持农民搞副业"、"完善社会保障体系"、"出台更多的惠农政策"。4."你认为生态补偿政策的实施前景如何"，问题答案是"很好"、"比较好"、"一般"、"不太好"、"非常不好"。

社会政策是经济发展的重要变量，不同地区的居民对"丝绸之路经济带"政策的需求是什么？在四个地区中，兰州周边区的居民对基础设施建设需求度最高，为34.4%；陇东南地区对大力发展当地特色产业的需求度最高，为34.8%；相比于其他地区，河东区居民更希望获得财政补贴,河西区的居民对基础设施建设和当地特色产业需求情有独钟。从整体上看四个地区的居民对基础设施建设的需求度普遍较高,对贸易与投资便利化的需求度相对较低。

在这一问题上,城市居民和农村居民也存在着较大差异,农村居民更倾向于直接的财政补贴,城市居民侧重于基础设施建设。

而四个地区的居民对"丝绸之路经济带建设"的认知上,差别并不大,四个地区的大多数居民均对"丝绸之路经济带建设"持肯定态度,认为其是一项利国惠民的大好国家战略。城乡居民对"丝绸之路经济带建设"的认知上也存在着较高的一致性,均对"丝绸之路经济带建设"持肯定赞赏的态度。不同的是,与农村居民相比,城市居民认为"丝绸之路经济带建设"只是地方政府获取资源的机会,与普通百姓关系不大,多流于口号。

表8—20　　　　不同地区居民对"丝绸之路经济带建设"需求程度　　（单位:%）

地　区	财政补贴	基础设施建设	贸易与投资便利化	大力发展当地特色产业
兰州周边区	19.8	34.4	25.6	21.2
河东区	28.7	32.6	17.3	21.4
河西区	20.7	30.6	15.4	32.3
陇东南	21.2	27.6	18.4	34.8

从上面的数据分析来看,我们可以发现,(1)不同地区的居民对"丝绸之路经济带建设"持肯定态度,把"丝绸之路经济带建设"作为当地经济社会发展的契机。由于各地的经济社会发展水平的差异,各地对政策内容的需求是不一样的。(2)城乡居民对"丝绸之路经济带建设"的认知是有差异的这主要是因为城乡居民对政策的需求不同、对政策的解读不同。

保护环境一直是西部社会经济发展必须考虑的重大问题,生态补偿一直是西部地方政府在环境保护方面的一个重大举措。生态补偿作为保护环境的一种激励措施,西部地区居民对生态补偿内容的需求,不仅是为了满足其自身的生产生活,也关系到当地居民对生态保护的积极性;西部居民对生态补偿的前景的认知更是关系到当地环境治理、生态保护的前途。为此，我们有必要探讨一下西部地区居民对这两个问题的认知态度。

从第一个问题的回答来看，从整体上来说，四个地区的居民都希望提高生态补偿额度和延长补助期限；四个地区的居民除了对上述两项生态补偿政策内容的青睐外，河西区的居民青睐于"提供稳定的就业机会"，陇东南居民希望"提供贷款支持农民搞副业"，河东区居民希望"出台更多的惠农政策"，兰州周边区居民希望"完善社会保障体系"。

表8—21　　　　　　不同地区居民对"生态补偿认知的期望"　　　　（单位:%）

地　区	延长补助期限	提高补助额度	提供技术指导	提供稳定的就业机会	提供贷款支持农民搞副业	完善社会保障体系	出台更多的惠农政策
河西区	20	23.2	10.3	14.5	13.5	10	9.5
兰州周边区	18	22	12	12.4	10.5	17.6	7.5
河东区	18.7	23.4	11.3	7.2	15	7.8	16.6
陇东南	18.6	22.4	12.8	7.4	19.2	9.6	10

城乡居民对这一问题的认知存在着显著的差异，农村居民更希望"提高补助额度"，"出台更多的惠农政策"；城市居民则倾向于"提供稳定的就业机会"，"完善社会保障体系"。

通过对上面的数据分析，我们可以看出：（1）生态补偿作为一项环境保护的激励措施，居民对此持肯定的态度，这可以从居民对生态补偿的期望得到验证。（2）居民对生态补偿的不同期望是与当地居民的生产生活方式和经济发展水平相适应的。（3）城乡居民对生态补偿的前景认知的差异，主要是基于城乡居民的生产生活方式的不同。

虽然我们不能从居民对生态补偿的认知期望得出居民的环保意识在西部大开发战略实施过程中的变化，生态补偿政策对遏制西部环境恶化的重要作用，但是我们可以从相关的研究进行验证。边燕杰认为环境意识和环境保护密切相关：西部地区居民意识到在西部大开发战略实施过程中，环境保护和经济发展的矛盾日益突出，但是居民认为通过环境治理能遏制环境恶化的趋势，环境保护的效果更取决于政府对于环境保护的重视和投入。① 我们从边燕杰对国家政策和环境保护的关系的论述中可以看出，生态补偿作为环境保护的激励措施也可以发挥保护环境、遏制生态恶化的有力措施，同样也可以看出在实施西部大开发的过程中，随着国家对环境保护的重视以及相关政策的出台实施，西部地区居民的环境保护意识在增强——西部地区居民已认识到环境保护和自身相关，西部地区的环境恶化的趋势从整体上得到控制。当然我们从居民对生态补偿的期望可以看出，西部居民对生态补偿的认知还停留在低水平上，更多的期望得到国家的生态补偿额度和延长补助期限，这当然与当地低水平的经济发展水平有关，当地居民先通过获得生产生活的保障，达到保护环境的目的。

而对补偿的实施前景来看，河西区居民和兰州周边区居民认为生态补偿实施的前景一般，居民认为生态前景一般的比例为40%和41%，河东区、陇东南地区居民认为前景较好。相比较而言，河西区和兰州周边区的居民对生态前景持消极的态度。

从城乡居民对生态补偿的前景的认知上，可以看出，农村居民更认可生态补偿的前景，农村居民比城市居民高出10%。农村居民对生态补偿的前景表现更为积极。

表8—22　　　　　　不同地区居民对生态前景的认识　　　　（单位:%）

地 区	很好	比较好	一般	不太好	非常不好
河西区	10	15	40	20	15
兰州周边区	10	12	41	23	14
河东区	17	33	20	15	15
陇东南	18	34	20	13	15

我们从上面的数据可以看出，大部分居民对生态补偿的前景是肯定的，大部分居民认识到环境保护和自身密切相关，生态补偿作为一种环境保护的激励措施对建设"生态西部"、改善当地居民的生活等方面具有的重要作用；但是也有部分民众认为生态补偿的前景不乐观，尤其是城市居

① 边燕杰：《中国西部报告》，中国社会科学出版社2013年版，第249—250页。

民。虽然国家在西部地区的环境保护方面实施了一系列的保护政策措施，但是实际上当地政府在制定经济发展的政策时，更多考虑当地的经济发展，而很少顾虑到公众对环境保护的要求。甚至在经济发展和环境保护出现冲突时，牺牲环境来谋求经济的发展。因此地方政府在实施生态补偿的过程中表现出一种矛盾的心态：一方面，地方政府通过大量的环境保护的激励措施来遏制环境恶化的趋势，保护当地的生态环境；另一方面，当地政府在面临经济发展和环境保护的两难困境时，更多的是发展当地经济，甚至牺牲当地环境、摆脱当地的经济困境来实现经济的增长。因此我们必须认识到低水平的经济发展、政府的经济发展策略对环境的影响，在西部大开发过程中，要统筹经济发展和环境保护，提高居民的环境保护意识，调动当地居民的环境保护的积极性，才能实现建设"生态西部"和西部地区的可持续发展。

本章小结

自改革开放以来特别是进入西部大开发以来，西部地区的经济社会取得了令人瞩目的成就，形成了所谓的"西部经验"，同时随着政府对环境保护的重视和具体政策的进一步落实，西部地区的生态环境进一步恶化的趋势得到了控制。在这种背景下经济社会发展和环境保护才有可能实现双赢，这也是建设"美丽西部"，实现西部生态和谐、永续发展的客观要求。西部在实现自身发展的基础上，强调协调经济社会与环境关系、实现经济社会发展与环境保护双赢，因而具有明显的"生态现代化"取向。

本章正是从环境社会学的视角，根据"地区—城乡"对比分析了西部"环境"状况。本研究在分析西部地区的三种类型的灾害后，指出环境问题日益凸显，环境也越来越成为制约西部发展的重要因素。灾害评估是灾害学的一个重要内容，对灾害造成的损失进行评估，是制定救灾、减灾、防灾、灾后重建方案的重要依据。对灾后人民的生活状况进行评估，认为灾害给人们的生产生活带来了重大损失，但社会制度的支持尚能满足民众基本的生活需要。本章最后从人们对生态环境和国家西部开发政策前景的认识勾勒出了西部发展远景。

本章参考文献

［1］包智明、陈占江：《中国经验的环境之维：向度及其限度——对中国环境社会学研究的回顾与反思》，《社会学研究》2011 年第 6 期。

［2］边燕杰：《中国西部报告》，中国社会科学出版社 2013 年版。

［3］陈耀、郑鑫：《内生增长动力与西部发展方式转型》，《开发研究》2010 年第 4 期。

［4］段华明、刘敏：《灾害社会学研究》，甘肃人民出版社 2000 年版。

［5］饭岛伸子：《环境社会学》，包智明译，社会科学文献出版社 1999 年版。

［6］洪大用：《当代中国社会转型与环境问题——一个初步的分析框架》，《东南学术》2000 年第 5 期。

［7］张玉林：《政经一体化开发机制与中国农村的环境冲突》，《探索与争鸣》2006 年第 5 期。

［8］张雯：《草原沙漠化问题的一项环境人类学研究——以毛乌素沙地北部边缘的 B 嘎查为例》，《社会》2008 年第 4 期。

［9］周沛、陈静：《新型社会救助体系研究》，《南京大学学报：哲学·人文科学·社会科学》2010 年第 4 期。

［10］W. R. Freudenburg，Navel Warfare："The Best of Minds，the Worst of Minds，and the Dangers of Misplaced Concreteness"，*Society & Natural Resources*，Vol. 15，No. 3，2002，pp. 229—237.

［11］"中国共产党十八大报告"，新华网，2012 年 11 月 17 日，http：//news. xinhuanet. com/18cpcnc/2012—11/17/c_ 113711665. htm。

第九章　食品安全

食品安全影响着每个人的日常生活和健康状况，近年来，食品安全问题层出不穷，成为政府部门和人民群众关注的焦点。食品作为人类赖以生存的基本物质条件，关系着人民群众的切身利益，因此，关注食品安全问题的意义重大而深远。"中国西部家户生计与社会变迁调查项目"对于食品安全问题的考察，主要体现在水安全、食品安全以及转基因食品三个方面，本章主要围绕以上三个方面进行了描述分析，呈现西部地区家户饮用水的基本情况、不同地区水安全的差异，西部地区公众对食品安全问题的基本认知以及在这种认知影响下的消费行为和基本态度，西部地区公众对转基因食品的基本认知以及在这种认知影响下的消费意愿等。

第一节　水安全

水是生命之源，是构成人体的重要组成部分，对人体的健康起着至关重要的作用。饮水安全与人民大众的身体健康和生活质量密切相关。"水安全"一词最早出现在 2000 年斯德哥尔摩举行的国际水讨论会上，是水科学领域中一个比较新的研究方向。[①] 自此以后区别于传统安全的范畴，"水安全"作为一个全新的概念开始被国际社会接受。但是对"水安全"一词至今无普遍公认定义，一个相对比较准确的诠释为：在一定流域或区域内，以可预见的技术、经济和社会发展水平为依据，以可持续发展为原

---

① 崔彦朋：《虚拟水理论下的区域产业结构优化研究》，硕士毕业论文，天津大学，2014年，第 16 页。

则，水资源、洪水和水环境能够持续支撑经济社会发展规模、能够维护生态系统良性发展的状态即为水安全。①

水安全是当前的热门话题，也是重要的生态、环境和社会问题，是社会各界关注的焦点。党和政府高度重视国民饮水安全问题。十年间，我国累计完成农村饮水工程投资 1786 亿元，解决了 3.26 亿农村居民和学校师生的饮水安全问题，农村集中供水工程受益人口比例由 2004 年的 38% 提高到 2011 年的 63%。② 2011 年中央 "一号文件" 明确指出，在 2015 年前基本解决农村饮水不安全问题。③ 2014 年全国两会期间李克强总理在报告中郑重宣布：今年再解决 6000 万农村人口的饮水安全问题，经过今、明两年努力，要让所有农村居民都能喝上干净的水。④

2014 年，习近平总书记发表关于保障水安全的重要讲话，站在党和国家事业发展全局的战略高度，精辟论述了治水对民族发展和国家兴盛的极端重要性，深刻分析了当前我国水安全的严峻形势，系统阐释了保障国家水安全的总体要求，明确提出了 "节水优先、空间均衡、系统治理、两手发力"⑤ 的新时期治水新思想。

经过政府和各界的努力，近年来西部农村安全饮水工程建设步伐不断加快，西部 10 个省区市农村安全饮水条件得到了很大改善。但是，伴随着人口增加、经济发展和城市化进程的加快，水资源供需不平衡、过度用水引发的生态破坏以及水污染触目惊心。2014 年兰州市出现了 "自来水苯超标事件"，该事件引发了公众对于饮用水安全的极度恐慌。有学者更是认为水安全问题正在成为中华民族的 "心腹之患"。甘肃省地处我国西北部，由于自然因素限制，水资源短缺问题尤为突出。这也使得在甘肃大部分地区，人们的生活用水仍然依靠大气降水等不洁净水源。

---

① 林彬：《基于水安全格局的城市土地利用研究》，硕士毕业论文，浙江工业大学，2012年，第 1 页。

② 《解决中西部地区农村饮水困难的思路与对策》，《南方国土资源》2013 年第 10 期。

③ 曲红娟：《城乡饮水工程探讨》，《吉林水利》2014 年第 5 期。

④ 黎明：《让全体人民过上好日子——十二届全国人大二次会议〈政府工作报告〉解读》，《党的建设》2014 年第 4 期。

⑤ 李建华：《〈人民日报〉：坚持科学治水 全力保障水安全》，2014 年 6 月 24 日，http://opinion.people.com.cn/n/2014/0624/c1003—25189417.html。

　　饮用水安全问题关乎着国计民生，是十分重要的议题。根据水利部和卫生部于 2004 年 11 月发布的《农村饮用水安全卫生评价体系》中的评价指标，侧重对甘肃家户的饮用水水质和供给情况的调查，以达到对西部家户饮用水安全状况的了解。

一　西部家户饮用水水质基本情况

　　饮用水是人类生存的基本需求，生活饮用水质的好坏与人们的身体健康密切相关。据世界卫生组织（WHO）调查表明，全世界 80% 的疾病和 50% 的儿童死亡都与饮用水水质不良有关。[1] 但是，由于受技术和成本的限制，住户调查无法对水质进行规范的标准测量，只能依据水源的类型来判断是否属于"安全水源"。参照千年发展目标监测指标解释并且考虑调查的可操作性，我们把下列水源视为安全水源：自来水厂的管道自来水、带盖的水井、压水井、瓶装水或桶装水以及水车卖的水，而那些直接来自于无盖的水井、河流、溪水、泉水、水库、湖水、池塘或收集的雨雪水的饮用水则被视作不安全水源。[2]

　　（一）　自来水所占比例大幅度上升

　　通过表 9—1 可以看出，甘肃省家庭饮用安全水源的比例由 2004 年的 64.1% 提高到了 2014 年的 73.3%，尤其是自来水供水有很大幅度的提升，从 33.3% 提高到了 58.5%，同时，瓶或桶装纯净水、矿泉水比例也有所上升。2012 年中国颁布标准，所有城市的自来水应该满足 106 项饮用水安全指标，该标准与世界卫生组织的标准基本相符。这项标准使得自来水的质量更加有保障，同时，随着经济的发展，城市化进程加快，人民生活水平的进一步提高，带盖的井、压水井、水车卖的水等相对传统的安全水源比例有所下降，不过家庭饮用安全水源在整体上还是有很大的提高，这表明有更多的安全水源开始进入到甘肃省家户的生活中了。

---

　　① 黄守宏：《大力推进管理运营体制机制创新 确保饮水安全工程长久发挥效益》，《中国水利》2009 年第 1 期。

　　② 中国科学院可持续发展战略研究组：《2007 中国可持续发展战略报告——水：治理与创新》，科学出版社 2007 年第 2 版，第 139 页。

表 9—1　　　　　　　　甘肃家户饮用水水源分类情况　　　　　（单位:%）

		2004 年	2014 年
安全水源	自来水厂的自来水	33.3	58.5
	带盖的井	17.7	7.5
	压水井	10.5	4.2
	瓶或桶装纯净水、矿泉水	1.6	2.9
	水车卖的水	1.0	0.2
	合计	64.1	73.3
不安全水源	不带盖的井	5.0	1.0
	河水、溪水	5.5	4.6
	泉水	14.7	6.7
	水库水	1.4	0.2
	湖水、池塘水	—	—
	雨雪水、地窖存的雨雪水	9.2	13.6
	其他	0.2	0.6
	合计	35.9	26.7

2004 年数据来源:《西部人民的生活——"中国西部省份社会与经济发展检测研究"数据报告》

（二）农村地区饮用安全水比例大幅度上升

根据表 9—2 数据，可明显看出，农村地区饮用安全水比例从 51.3% 提高到了 79%，已经有了很明显的提高。这主要得益于国家和甘肃省各级政府推行的一系列保证农村安全用水政策和惠民举措。2004 年 11 月，水利部和卫生部联合发布《农村饮用水安全卫生评价指标体系》;[①] 2006 年 8 月底国务院常务会议审议并原则通过的《全国农村饮水安全工程

① 王健:《饮用水安全法律保障刍议》，全国人民代表大会环境与资源保护委员会法案室、中国法学会环境资源法学研究会、江西理工大学,《水污染防治立法和循环经济立法研究——2005 年全国环境资源法学研讨会论文集（第一册）》，全国人民代表大会环境与资源保护委员会法案室、中国法学会环境资源法学研究会、江西理工大学,2005 (4)。

"十一五"规划》对该指标体系的内容作出了进一步的肯定;① 同时，为加快解决农村人畜饮水困难问题，改善农民的生存和生活条件，国家决定在中央基本建设投资中安排部分资金，专项用于补助农村人畜饮水工程建设。解决农村人畜饮水困难的范围，主要指解决农村（包括牧区、渔区）人口的生活用水。② 虽然城市地区饮用水选择安全水源的比例有轻微的下降，但基本保持稳定。

表 9—2　　　　　　甘肃省城乡家户饮用水安全情况　　　　　　（单位:%）

	农村	城市
2004 年	51.3	97.7
2014 年	79	97.3

2004 年数据来源：《西部人民的生活——"中国西部省份社会与经济发展检测研究"数据报告》

（三）多于九成的家庭仍未安装净化水设备

虽然甘肃家户选择安全水源的比例上升了，但是调查表明，仅有9.7%的受访家庭安装了饮水净化设备，有90.3%的家户仍旧没有安装。同时，数据显示，城市安装净水设备的家庭占到城市受访总数的16.6%，明显高于农村家庭净水设备安装率。目前，农村普遍缺少净水设施，饮用水二次净化措施得不到保障，相比农村地区，城市地区饮用水净化设备的安装率虽然很高，但总体来说，甘肃地区城乡净水设备的安装情况均不容乐观。

二　西部家户饮用水水源稳定性

（一）饮用水水源稳定性有所提升

在 2004 年的调查中，对于"你们总能从这个水源得到水喝吗?"这

① 潘泊、穆宏强、汪洁：《我国农村饮水安全保障立法初步研究》，中国法学会环境资源法学研究会、水利部、河海大学；《水资源可持续利用与水生态环境保护的法律问题研究——2008年全国环境资源法学研讨会（年会）论文集》，中国法学会环境资源法学研究会、水利部、河海大学，2008（5）。

② 李龙洋：《湖南省农村饮水困难现状及对策》，《湖南水利水电》2003 年第 2 期。

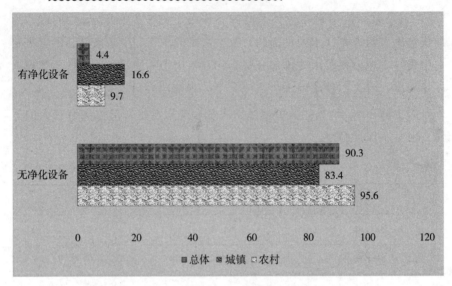

图9—1 城乡净水设备安装情况 （单位:%）

个问题的回答上，有 76.5% 的西部家户表示总能得到/几乎总能得到；7.8% 的被调查家户表示偶尔有问题，但至少每周一次；在某些季节/月份几乎每周都有问题的家户占被调查家户的 5%；在某些季节/月份几乎每天都有问题的家户占被调查家户的 7.9%；有 1.9% 的被调查家户全年几乎每周都有问题；0.9% 的家户全年几乎每天都有问题。[①]在本次调查中，"总能得到/几乎总能得到"的比例上升至 89.1%，相应的其他选项的比例分别下降至 4.1%、4.3%、1.7%、0.5%、0.4%。整体来看，从 2004 年到 2014 年，甘肃省百姓能从固定水源总能得到/几乎总能得到生活用水的百分比由 76.5% 提高到了 89.1%，用水保证率得到了很大提高。其中，国家和甘肃省各级政府相继推行的一系列保证城乡安全用水的政策和惠民举措是百姓能从固定水源得到生活用水的一个重要原因，同时，科学技术的发展也在一定程度上提高了饮用水的供应率。

此外通过表 9—3 可以看出，城镇地区总能从固定水源得到用水的比例为 91.9%，农村地区为 86.8%。城镇地区的生活用水供给趋于稳定，

---

① 中国科学技术促进发展研究中心社会发展研究部，《西部人民的生活——"中国西部省份社会与经济发展检测研究"数据报告》，中国统计出版社 2006 年第 1 版，第 222 页。

而农村地区的供水困难也表现出季节性的特点。甘肃省纬度跨度较大，其气候主要表现为温带季风气候、亚热带季风气候、温带大陆性气候、高山高原气候，这些气候均表现出季节性降雨、雪（雪山融水）等，农村相对于城市，饮用水供水困难表现出的季节性较强。

表9—3　　　　　　　城乡水源稳定性基本情况　　　　（单位：%）

	总能得到/几乎总能得到	偶尔有问题，但至少每周一次	在某些季节/月份几乎每周都有问题	在某些季节/月份几乎每天都有问题	全年几乎每周都有问题	全年几乎每天都有问题
城镇	91.9	3.7	2.6	1.1	0.7	0
农村	86.8	4.2	5.7	2.2	0.3	0.7
总体	89.1	4.1	4.3	1.7	0.5	0.4

（二）农村饮用水水源稳定性较差

在本次调查中回答"你们一整天都不能从这个水源得到水的时间，总共大概有多少天"这一问题时，有59.9%的受访对象回答在30天以内，29.1%的受访户表示超过30天，分别超过2004年西部家户生计调查数据51.3%、7.7%。这表明虽然饮用水供应相对10年前稳定了许多，但是从表9—4的数据可以看出，被调查者不能从水源地获得饮用水的时间却增加了。在表9—5对城镇和农村的对比中，我们可以发现，农村地区的用水保证率和城镇地区相比仍然存在很大差距，不能从固定水源地获得饮用水的时间也更加长。总体来说，农村地区较城镇地区而言，饮用水水源稳定性差。

表9—4　　　　　2004年与2014年停水时长的基本情况　　　（单位：%）

	从来没有一整天都停水	30天以内	超过30天
2004年	80.0	8.6	11.4
2014年	11.1	59.9	29.1

2004年数据来源：《西部人民的生活——"中国西部省份社会与经济发展检测研究"数据报告》

表 9—5　　　　　　　　　2014 年停水时长的基本情况　　　　　　（单位:%）

	从来没有一整天都停水	不到 10 天	10—30 天	超过 30 天
城镇	10.5	50.0	15.8	23.7
农村	10.4	15.6	41.5	32.5

（三）在主要水源得不到喝的水时，家户选择安全水源的比例有所下降

对比表 9—6 可以得出，在 2004 年的调查中，当从主要水源得不到喝的水时，人们选择从主要水源储存在有盖容器中的水的比例为 18.7%，而在 2014 年，这一数据降为 5.2%，同时，选择从主要水源储存在无盖容器里的水、不带井盖的井水以及其他等来自非安全水源的比例在不同程度上均有所上升。特别是选择其他水源的比例上升幅度最大，从 2004 年的 3.8% 上升到 2014 年的 16.4%；其次，相比 2004 年，在 2014 年的数据中，水车卖的水的比例增加到了 10.3%，增加了 8.3%。总体来说，当从主要水源得不到喝的水时，甘肃省家户选择安全水源的人数占到受访家户的 37.9%，相比 2004 年被调查家户在主要水源得不到水喝时，选择安全水源的比例（49.5%）有所下降。

表 9—6　　　　　　　　　第二饮用水源的情况　　　　　　（单位:%）

		2004 年	2014 年
安全水源	自来水厂的自来水	6.2	6.0
	带盖的井	12.3	4.3
	压水井	8.4	7.8
	瓶或桶装纯净水、矿泉水	1.9	4.3
	水车卖的水	2.0	10.3
	从主要水源储存在有盖容器中的水	18.7	5.2
	合计	49.5	37.9
非安全水源	不带盖的井	4.9	9.5
	河水、溪水	14.5	13.8
	泉水	17.7	11.2
	从主要水源储存在无盖容器中的水	1.1	5.2

续表

		2004 年	2014 年
非安全水源	湖水、池塘水	0.8	1.7
	雨雪水、地窖存的雨雪水	6.3	4.3
	水库水	1.3	0
	其他	3.8	16.4
	合计	50.4	62.1

2004 年数据来源:《西部人民的生活——"中国西部省份社会与经济发展检测研究"数据报告》

三　不同地区饮用水的选择具有差异性

本次调查按地域将调查地点进行划分,兰州、永登、永靖属于陇中地区,玉门、瓜州、凉州属河西走廊范围,会宁、陇西、张家川属陇东南,而夏河、岷县均属甘肃南部。根据表 9—7 数据,我们可以得出,所属河西走廊地区的三个调查地点的家户在饮用水安全水源的选择比例上明显高于其他地区,为 97.9%;位居第二的是陇中地区,家户选择安全水源的比例是总体受调查家户的 79.5%;接下来依次是位于甘肃南部的夏河、岷县及位于陇东南的会宁、陇西、张家川,家户选择安全水源的比例分别为 66.2%,48.7%。由于表中被调查地点所处的地域差异,其气候条件也有所区别,影响了家户对饮用水水源的选择,同时,不同地区的地理条件和经济发展水平也在不同程度上影响着不同地区的被调查者对于饮用水水源的选择。

表 9—7　　　　　　甘肃省各地区水源选择的基本状况　　　　（单位:%）

		兰州、永登、永靖	凉州、玉门、瓜州	会宁、陇西、张家川	夏河、岷县
安全水源	自来水厂的自来水	70.5	83.2	41.1	32.3
	带盖的井	0.7	6.1	2.3	27.2
	压水井	5.0	3.9	2.0	6.7

续表

		兰州、永登、永靖	凉州、玉门、瓜州	会宁、陇西、张家川	夏河、岷县
安全水源	瓶或桶装纯净水、矿泉水	3.0	4.3	3.3	—
	水车卖的水	0.3	0.4	—	—
	合计	79.5	97.9	48.7	66.2
非安全水源	不带盖的井	—	0.4b	0.3	4.1
	河水、溪水	15.8	—	0.7	0.5
	泉水	1.0		4.0	28.7
	水库水	0.7			
	雨雪水、地窖存的雨雪水	3.0	0.4	45.9	—
	其他	—	1.3	0.4	0.5
	合计	20.5	2.1	51.3	33.8

四 饮用水来源与健康之间的关系

无疑，随着环境污染的日益严重，水已成为威胁人们健康的重要因素。根据世界卫生组织统计，人体发病率的80%与饮用水不洁有关。[1] 国外也有学者发现水源和环境卫生对儿童健康非常重要，同时，安全的饮用水能够预防和减少疾病的发生，并且水质和急性水源性疾病如伤寒（Cutler and Miller，2005）、痢疾（Jalan and Ravallion，2003）等之间有密切关系。国内学者分别从疾病、经济学角度所作出的研究也可表明水源的选择和水质会影响人体的健康。由此可见饮用水水源的安全性与人们的身体健康有极大的相关性。依据上文，我们将来自自来水厂的管道自来水、带盖的水井、压水井、瓶装水或桶装水以及水车卖的水视为安全水源，而那些直接来自于无盖的水井、河流、溪水、泉水、水库、湖水、池塘或收集的雨雪水的饮用水则被视作不安全水源，并以此为变量分析受访者水源选择与其健康状况之间的关系。

---

[1] 滕志坤、倪艳芳：《黑龙江省饮用水水源地基础环境现状》，《环境科学与管理》2011年第4期。

（一）饮用水来源为安全水源的家户，其个人患病率较低

如果将饮用水来源与被调查者是否患有慢性病进行交叉分析，可得出饮用水来源为安全水源的家户，患有慢性疾病的比例为31.4%，比饮用水来源为非安全水源的家户患慢性疾病的比例要低3.8%，同时，没有患慢性疾病的比例也高于饮用水来源为非安全水源的家户。表9—8所显示的结果也与王小万基于2003年全国卫生服务湖南省调查数据，以及1993年、1998年和2003年湖南省三次卫生服务调查数据所做的研究中得出的结果基本一致，即饮水类型是影响农村居民慢性病患病概率的主要因素之一。

表9—8　　　　　　　　　　水源选择与慢性病患病率　　　　　　　　（单位:%）

	没有患慢性病	患慢性病	合计
安全水源	68.6	31.4	100.0
非安全水源	64.8	35.2	100.0
总体	67.6	32.4	100.0

（二）饮用水来源为安全水源的个人其健康自评状况较好

从表9—9中我们可以得出公众整体的健康自评状况，认为自己身体健康状况很好的被调查者占总体被调查者的20.1%，认为自己身体状况比较好的被调查者为38.0%，27.5%的被调查者认为自己身体状况一般，12.6%的被调查者认为自身身体健康状况比较差，1.7%的被调查者认为自身健康状况很差。此外，也可得出有13.8%饮用水源为非安全水源的被调查者认为自己健康比较差，1.8%的被调查者认为自己健康状况很差，其所占比例均高于饮用水水源为安全水源的被调查者。可以得出，饮用水来源与公众健康自评具有相关性。这也与上述饮水类型是影响农村居民慢性病患病概率的主要因素之一的结果比较吻合。

表9—9　　　　　　　　　　饮用水来源与公众健康自评　　　　　　　（单位:%）

	很好	比较好	一般	比较差	很差	合计
安全水源	18.2	41.5	26.4	12.2	1.7	100.0
非安全水源	25.2	28.7	30.5	13.8	1.8	100.0
总体	20.1	38.0	27.5	12.6	1.7	100.0

第二节　食品安全

何谓食品安全？1974 年 11 月，联合国粮农组织在世界粮食大会上通过了《世界粮食安全国际约定》，从食品数量满足人们基本需要的角度，第一次提出了"食品安全"的概念。[①] 1997 年，世界卫生组织（WHO）在其发表的《加强国家级食品安全性计划指南》中把食品安全解释为"对食品按其原定用途进行制作和食用时不会使消费者身体受到伤害的一种担保"[②]，从目前的研究情况来看，在食品安全概念的理解上，国际社会已经基本形成共识：即食品的种植、养殖、加工、包装、贮藏、运输、销售、消费等活动符合国家强制标准和要求，不存在可能损害或威胁人体健康的有毒有害物质致消费者病亡或者危及消费者及其后代的隐患。[③] 经过近 30 年的发展，目前"食品安全"的含义包括了几个大的方面：从数量的角度，要求人们既能买得到、又买得起需要的基本食品；从质量的角度，要求食品的营养全面、结构合理、卫生健康；从发展的角度，要求食品的获取注重生态环境的保护和资源利用的可持续性。[④]

民以食为天，随着社会经济的发展，人们对食物的要求也不再仅满足于吃饱这一基本需求，对食品质量的要求也越来越高：有机食品、进口食品、零添加，一系列新概念也从教科书走向了普通大众的生活；《舌尖上的中国》的走红，更表达了人们对于食物安全的向往。

然而不可否认，当前食品安全状况并不容乐观：在国内，从 2006 年的苏丹红事件、三聚氰胺事件、皮革奶、地沟油事件、瘦肉精事件，再到 2014 年福喜公司使用过期肉，这些事件加重了人们对食品生产、运输、销售、监管等环节的普遍不信任。国人对于食品安全事件早已习以为常，甚至"五毒不侵"；在台湾，2014 年台湾爆发食品安全危机，著名台企顶新集团陷入"黑心油危机"，食品安全信心几乎全面崩溃；在全球，即使

---

① 武秋萍：《我国食品安全现状及发展对策》，《山西农业科学》2009 年第 12 期。
② 邓桢：《浅析危害食品安全犯罪的现状及治理对策》，《法制与社会》，2012 年第 25 期。
③ 郑淑娜、刘沛、徐景和：《中华人民共和国食品安全法释义》，转引林瑶《我国食品安全监管问题及对策研究》，硕士学位论文，厦门大学，2013 年，第 9 页。
④ 卢良恕：《中国农业新发展与食物安全新动态》，《中国工程科学》2005 年第 4 期。

在以标准严格而著称的欧盟国家，也出现了马肉事件、毒黄瓜事件。一系列的食品安全问题证明食品安全已经成为一个全球性问题，在这场食品安全的危机中，世界上任何国家都不能独善其身，这是摆在人类面前的一道难题。我们生活在一个问题食品充斥的恐怖环境之中，如何保障人民群众舌尖上的安全也成为了摆在各级政府面前的当务之急。

为了了解当前西部民众对于食品安全现状的认知状况，"中国西部家户生计与社会变迁调查项目"以入户抽样调查的形式，选择了1086户受访对象，进行了问卷调查。本次调查主要涉及公众对食品安全问题的基本认知、对食品安全性的判断、公众消费习惯、公众对食品生产各环节的信任程度以及对食品安全监管的基本评价与具体建议等。

一　公众对食品安全问题的基本认知

（一）中国东部食品安全问题最为突出

对食品安全的总体认知是指百姓对当前我国、本地区食品安全状况的总评价，它反映了对食品安全的信任程度。通过表9—10数据可以看出，公众认为欧、美地区食品安全较其他地区要好（非常好、比较好）一些，所占比例分别为54.2%、53.2%，此外，有38.9%的公众认为自己所在地区的食品安全较好（非常好、比较好）。同时，有47.5%的受访者认为中国整体的食品安全问题，较其他国家、地区严重（比较严重、非常严重），尤其是认为中国东部地区食品安全问题严重（比较严重、非常严重）的被调查者比例高达总体被调查者的49.8%。认为中国西部地区食品安全问题严重（比较严重、非常严重）的被调查者比例为39.4%，在整体比例上明显低于中国的东部地区。由数据可以得出，被调查者对自己所在地区的食品安全状况最为满意。

表9—10　　　　公众对不同地区范围的食品安全的基本看法　　　（单位:%）

	非常好	比较好	一般	比较严重	非常严重
全球	1.2	26.2	44.8	19.4	8.3
美国	7.0	46.2	25.8	14.4	6.7
欧洲	8.8	45.4	25.1	15.3	5.4

续表

	非常好	比较好	一般	比较严重	非常严重
中国	1.6	15.5	35.4	34.7	12.8
中国东部地区	2.0	17.1	31.2	37.7	12.1
中国西部地区	2.2	18.0	40.5	31.6	7.8
所在地	8.1	30.8	36.1	18.5	6.6

（二）食品充裕但不安全

随着社会经济的发展，食品供应已经能满足百姓的需求了，但是食品安全问题也随之出现在人们的生活中，并受到社会各界的重视。《我国八大城市食品安全公众认知度调查报告》中，有45.6%的群众认为食品安全总体状况是不太安全的，另有27.6%的公众认为很不安全，仅有20.79%的公众认为安全或者比较安全。① 在本次调查中，对于食品匮乏但安全和食品充裕但不安全两种说法，无论农村还是城市，都比较认同食品充裕但不安全这种说法，尤其是在城镇地区，有90.3%的居民认为食品不安全，在农村中这一比例是85.8%。根据表9—11的数据，我们可以得出农村地区认为"食品充裕但不安全"的被调查者比例低于城镇地区。

表9—11 　　　　　　　　　公众对食品安全现状的看法 　　　　　　　（单位：%）

	城镇	农村	总体
食品匮乏但安全	9.7	14.2	11.8
食品充裕但不安全	90.3	85.8	88.2

（三）食品安全状况与20年前相比变差了

长期以来，我国食品安全评价比较关注或者偏重于食品数量安全，但是随着近年来，食品安全问题日益突出，并受到了政府社会各界的重视，

---

① 中国八大城市食品安全公众认知度调查课题组：《我国八大城市食品安全公众认知度调查报告》，《质量与标准化》2012年第12期。

不少地方政府出台了地域性的食品安全综合评价和管理办法。例如，2006年7月6日起，广东省实施了《广东省食品安全综合评价办法》；2007年浙江绍兴市出台了《绍兴市食品安全工作综合评价办法》等。[①] 虽然各界也在为食品安全作出了很多努力，但是从上述分析数据表明，近一半的西部受访者认为我国现阶段食品安全状况不容乐观，这也为政府在食品安全方面的监管方面提出了新的挑战。

根据表9—12数据可以得出，对于中国食品安全状况的现状，整体上，有33.1%的被调查者认为好了很多，18.4%的被调查者认为中国食品安全状况与20年前差不多，而有48.5%的被调查者认为中国食品安全状况相比20年前变差了。其中城镇居民中有64.7%认为，中国的食品安全状况与20年前相比是变差了，而农村地区这一比例仅为33.4%。在这个问题上，城市地区的被调查者认为中国食品安全状况变差了的比例明显高于农村地区。

表9—12　　　　公众对近年来食品安全状况变化的基本认知　　　（单位：%）

	城镇	农村	总体
好很多	23.8	41.8	33.1
差不多	11.5	24.8	18.4
变差了	64.7	33.4	48.5
合计	100	100	100

（四）洋快餐的食品安全保障最低

西北地区民族众多，在长期的历史交融中，形成了以汉餐和清真餐为主的饮食体系，近年来，随着社会经济的发展，以麦当劳、肯德基等为代表的洋快餐也进入了西北人民的生活。调查显示受访家户对汉餐和清真餐的满意度分别为49.4%和47.6%，但对于洋快餐则表现出普遍的不信任，所占比例仅为整体被调查者的3.0%。在这个问题上，城镇和农村居民的看法基本保持一致。

---

① 于文静、李睿：《"十二五"期间我国将解决约3亿农村居民饮水安全问题》，《中国信息报》2012年11月1日第1版。

表 9—13   公众对不同种类食物的满意度   （单位：%）

	清真餐	洋快餐	汉餐	合计
城镇	46.2	4.2	49.6	100.0
农村	48.9	2.0	49.3	100.0
总体	47.6	3.0	49.4	100.0

二 公众对食品安全性的判断

（一）对食品安全的知识了解程度

通过表 9—14 数据可以发现，在整体上，公民对食品安全知识的了解（非常了解、比较了解）程度是非常低的。首先，在食品安全的相关制度上，分别有 93.8%、91.9% 的被调查者不了解（不太清楚、完全不了解）食品追溯制度和食品召回制度；其次，在相关标识的问题上，被调查者对其了解程度相对来说较高一些，其中，公众对绿色食品及其标识的了解（非常了解、比较了解）程度最高，所占比例为 23.2%，然后是对无公害食品及其标识、有机产品及其标识的知识了解（非常了解、比较了解）较多，其比例分别占被调查者总体 18.3%、12.5%；在接下来的与添加剂相关的话题上，对"适量的添加剂对身体无害"的了解（非常了解、比较了解）程度最高，其比例为 17.5%，对于"食品添加剂的品种、适用范围、用量"，"食品中禁止使用的非法添加的化学物质"，"食品中所有添加剂必须详细列出"的知识，分别有高达 73.4%、73.5%、73.7% 的受访者标识完全不了解，有 20.2%、19.0%、17.4% 的受访者表示不太清楚；有 90.2% 的被调查者不了解（不太清楚、完全不了解）对于营养有关的标签、标识、说明书的要求；分别有 7.2%、3.4% 的被调查者表示了解（非常了解、比较了解）与食品安全有关的质量要求与食品检验方法与规程。整体上看，西部地区公众对于食品安全知识的了解程度不高。这也与以往的研究结果相一致，即已有研究发现各国公众对转基因食品的了解程度和接受度都不高，但彼此又有一定的差异性，就了解程度而言，中国公众对转基因的了解程度比发达国家更低。[1] 这种对食品安全知

---

[1] 何光喜、赵延东、张文霞、薛品：《公众对转基因作物的接受度及其影响因素——基于六城市调查数据的社会学分析》，《社会》2015 年第 1 期。

识的低度认知也会影响到公众的消费习惯等。

表 9—14　　　　　　　公众对食品安全知识的了解程度　　　　　（单位:%）

	非常了解	比较了解	不太清楚	完全不了解
食品追溯制度	0.7	5.5	20.9	72.9
食品召回制度	0.4	7.7	20.7	71.2
有机产品及其标识	0.7	11.8	21.8	65.8
绿色食品及其标识	1.1	22.1	21.6	55.2
无公害食品及其标识	0.9	17.4	22.6	59.1
适量的添加剂对身体无害	1.5	16.0	20.5	62.0
食品添加剂的品种、适用范围、用量	0.6	5.9	20.2	73.4
食品中所有添加剂必须详细列出	0.9	8.0	17.4	73.7
食品中禁止使用的非法 添加的化学物质	0.8	6.8	19.0	73.5
对于营养有关的标签、标识、 说明书的要求	0.8	9.0	20.3	69.9
与食品安全有关的质量要求	0.7	6.5	21.2	71.7
食品检验方法与规程	0.3	3.1	19.0	77.6

表 9—15 关于食品安全知识的陈述中，均值约为 1.77，说明被调查者对于食品安全有关的知识了解程度很低，基本上处于"不太清楚"的程度。标准差反映了各指标的分散程度，标准差越大，则说明意见越分散；反之亦然，上述食品安全知识的描述统计量的标准差不高，说明上述关于食品安全知识的若干陈述之间分值差异不是很大。

表 9—15　　　　　　　食品安全知识的描述统计量

N	全距	极小值	极大值	均值		标准差
统计量	统计量	统计量	统计量	统计量	标准误	统计量
733	2.83	1.00	3.83	1.7680	0.02286	0.61900

（二）公众对食品安全的看法

表 9—16 数据显示，有 37.2% 的被调查者表示同意（完全同意、比

较同意）"食品安全事件频发，感到食品都不安全了"的说法，并且有 17.6% 的被调查者认为"社会上的不安全食品会一直恶化下去"，但是依然有 51.0% 的被调查者相信未来食品会变得安全起来；同意（完全同意、比较同意）"食品安全事件的出现主要是黑心商人的原因"这个观点的被调查者占被调查总体的 72.5%；同时，分别有 70.8%、73.5% 的被调查者同意（完全同意、比较同意）"食品市场很不规范"和"政府对食品安全监管不力"的说法，仅有 39.3% 的受访者同意（完全同意、比较同意）"老百姓觉悟较低，分不清安全食品与不安全食品的区别"；分别有 15.8%、14.2% 的被调查者同意"反正大家吃的食物是一样的，生病一块生，中毒一块中"，"不干不净、吃了没病"的说法；与西方的分餐相比，61.1% 的被调查者更加习惯聚餐，分别有 88.6%、82.3% 的受访者同意"合理搭配、均衡营养"，"吃粗粮、素食有益于人体健康"；有 58.3% 的受访者同意"食不厌精，脍不厌细"的说法，44.2% 的被调查者认为食物一定要"色""香""味"俱全；75.0% 的被调查者同意"早吃好，午吃饱，晚吃少"的说法；分别有 15.8%、19.2%、24.2% 的被调查者同意"食品价格越高，营养越高""吃得好，就等于有营养""吃啥补啥"的说法；有 51.9% 的被调查者认为吃饭时，掉在桌上的食物还可以吃；95.3% 的被调查者认为浪费可耻。

从表 9—16 的数据可总结得出：在食品安全问题方面，虽然有近四成的被调查者认为食品安全问题事件频发，感到食品越来越不安全了，但依然有 51% 的被调查者对未来的食品安全状况抱有积极态度，认为将来会变得安全起来；在食品安全问题的原因方面，多数被调查者认为主要是黑心商人的出现、食品市场不规范以及政府监管不力，仅有少数人认为是消费者无法区分安全食品与非安全食品；饮食习惯方面，更多比例的消费者比较注重营养均衡和合理搭配。

表 9—16　　　　　　　　　　公众对食品安全的看法　　　　　　　　（单位：%）

	完全同意	比较同意	不好说	不太同意	完全不同意
食品安全事件频发，感到食品都不安全了	6.3	30.9	30.5	26.5	5.8

	完全同意	比较同意	不好说	不太同意	完全不同意
社会上的不安全食品会一直恶化下去	2.6	15.0	42.9	31.8	7.7
相信未来食品会不断变得安全起来	10.5	40.5	37.4	9.9	1.7
食品安全事件的出现主要是黑心商人的原因	20.1	52.4	17.5	8.5	1.5
食品市场很不规范	16.9	53.9	21.3	7.3	0.7
政府对于食品安全监管不力	20.7	52.8	18.0	7.4	1.1
老百姓觉悟较低，分不清安全食品与不安全食品的区别	9.4	29.9	26.1	25.7	8.9
反正大家吃的食物是一样的，生病一块生，中毒一块中	3.8	12.0	15.8	41.5	27.0
不干不净、吃了没病	2.4	11.8	16.0	33.8	36.1
与西方的分餐相比，更习惯聚餐	18.6	42.5	19.6	13.3	5.9
合理搭配，营养均衡很重要	40.3	48.3	8.6	2.1	0.7
吃粗粮、素食更有益于健康	36.0	46.3	14.1	2.8	0.7
食不厌精，脍不厌细	22.6	35.7	28.0	11.6	2.2
食物一定要"色""香""味"俱全	17.0	27.2	32.3	21.0	2.5
早吃好，午吃饱，晚吃少	34.0	41.0	17.3	6.3	1.4
食品的价格越高，营养越高	4.1	11.7	27.3	38.1	18.8

续表

	完全同意	比较同意	不好说	不太同意	完全不同意
吃得好，就等于有营养	5.2	14.0	27.0	39.4	14.3
吃啥补啥	6.3	17.9	24.0	34.4	17.4
吃饭时，掉在桌子上的食物还可以吃	20.1	31.8	18.2	17.5	12.5
浪费可耻	67.3	28.0	1.7	1.6	1.4

三　消费习惯

（一）新鲜程度是多数公众购买农产品时最重要的标准

从图9—2中，我们可以得出有58.7%的被调查者在购买农产品时，将新鲜程度作为最重要的标准；有20.8%的被调查者将外表特征（颜色、大小、味道）作为购买农产品时最重要的特征；在11.9%选择其他作为最重要的标准的被调查者中，有9.2%的公众将价钱作为他们购买农产品时最重要的标准。但是将农药残余量和食品安全标志检查标签作为购买农产品时最重要标准的公众分别仅占总体受访者的1.6%、2.5%。表明西部消费者在购买农产品时注重新鲜程度的比重最高，其次比较注重外表特征和价格因素，而相对忽视了食品营养成分、农药残留量、食品安全标识标签的问题，这也与表9—16所呈现的西部地区消费者对食品安全问题相关的知识了解程度低有关。消费者购买农产品时的标准也会影响到消费者购买食品的地点选择。

（二）公众去有机食品店购买食物的次数最少

通过表9—17可以得出，被调查者经常去农贸市场购买食物的比例最高，为35.8%；其次是去小商小贩和自由市场、超市购买食物；所占比例依次为28.8%、27.4%、27.4%；但仅有1%的受访者经常去有机食品店购买食物，80.6%的被调查者从来不去有机食品店购买食物。根据对北京和上海有机食品市场的调查，有机食品比普通食品的价格一般高出30%—80%[1]，有些品种的价格为普通蔬菜的2—3

---

① 王得良：《有机食品认证基本知识介绍》，《北京水产》2004年第5期。

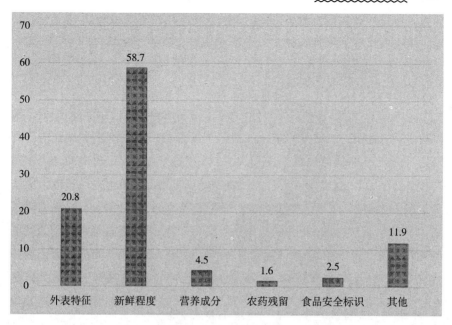

图9—2　公众购买农产品时最重要的标准　（单位:%）

倍，例如有机蔬菜。根据调查结果可知，除了新鲜程度和产品的外表特征，价格作为人们购买农产品时最重要的标准之一，会影响被调查者消费地点的选择。

表9—17　　　　　　　　公众在不同地点购买食物的频率　　　　　　　（单位:%）

	经常	偶尔	很少	从不
超市	27.4	23.5	27.7	21.4
自由市场	27.4	31.3	22.6	18.7
农贸市场	35.8	32.0	18.2	13.9
小商小贩	28.8	37.7	22.6	10.9
农民兜售	21.1	36.2	28.3	14.4
农村集市	25.2	22.0	24.2	28.6
有机食品店	1.0	5.9	12.4	80.6

（三）近八成受访者一周中外出就餐的次数为零

在这次调查中，有近八成的被调查者平均一周在外就餐的次数为0，平均一周在外就餐的次数为1—4次的受访者占整体受访者的19.5%，平均一周在外就餐的次数为5次以上的受访者比例仅为2%。

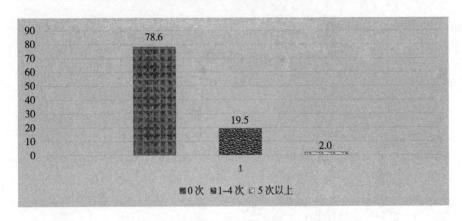

图9—3　公众一周中外出就餐的频次　　（单位：%）

（四）六成被调查者通常在街边小餐馆就餐

对于在外就餐通常在哪些地方吃饭的问题，60.9%的被调查者选择去街边的小餐馆就餐；有26.8%的被调查者选择去饭店就餐；5.1%的被调查者选择去餐厅食堂吃饭；去酒店及其他地方就餐的被调查者分别占总体被调查者的2.1%和4.3%；而去快餐店，比如肯德基、必胜客的被调查者占总体被调查者的0.9%。表9—13的调查结果显示无论是城镇地区，还是农村地区的被调查者，均对洋快餐食品安全状况表示不信任，这也是西部消费者很少选择去洋快餐店就餐的重要原因之一。

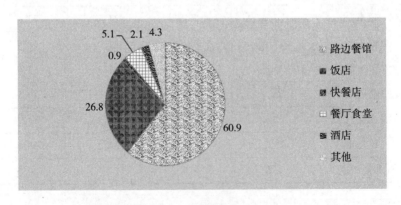

图9—4　公众外出就餐的地点　　（单位：%）

四　公众对食品生产等各环节的信任程度

（一）食品生产环节

通过表9—18，我们可以得出，公众对农产品生产环节的信任（完全信任、比较信任）程度最高，为68.7%；对鱼类养殖环节和畜类养殖环节的信任程度依次为62.7%、62.5%；而被调查者对于食品工业加工环节的信任程度最低，为29.2%，明显的低于其他类生产环节。说明被调查者认为农产品的生产环节、鱼类养殖环节、畜类养殖环节的安全性要高于食品加工环节，这也与上述72.5%的被调查者认为食品安全事件的出现主要是黑心商人的原因相吻合。

目前，我国大约有100万家企业从事食品生产加工，其中大约有78.7%以上的食品加工企业是10人以下的小企业，或者是家庭作坊。它们规模小、设施简陋、工艺落后、自身管理水平低差[1]，导致我国食品生产加工企业规模化、标准化程度不高。此外，据新华网北京2007年7月10日报道（记者吕诺、董峻）：国家质检总局食品生产监管司司长邬建平说，我国目前有44.8万家食品生产加工企业，其中10人以下的小企业有35.3万家。[2] 这也加大了政府对其食品生产环节监管的困难程度。同时，在食品加工环节也存在着若干影响食品安全的问题，例如，食品添加剂使用违规，食品生产卫生条件不达标，食品制造使用劣质原料及假冒伪劣食品等。这也是西部公众不信任食品加工环节的一个重要的影响因素。

表9—18　　　　　　公众对食品生产环节的信任程度　　　　　（单位:%）

	完全信任	比较信任	不太信任	完全不信任
农产品的生产环节	12.9	55.8	29.7	1.7
鱼类养殖环节	10.9	51.8	34.4	2.8
畜类养殖环节	10.8	51.7	35.6	2.0
食品工业加工环节	4.0	25.2	59.9	10.8

---

① 安雪铭：《食品安全问题研究》，硕士毕业论文，首都经济贸易大学，2010年，第13页。

② 陈卫洪、漆雁斌：《市场经济转型过程中食品安全现状及成因分析》，《经济研究导刊》2009年第23期。

（二）运输环节

根据表9—19的数据可得出，对于运输环节完全信任的被调查者占总体被调查者的4.1%；比较信任的被调查者有33.9%；53.9%的被调查者表示不太信任；8.0%的被调查者持完全不信任的态度。随着我国食品流通市场的全面开放，运输、存贮技术的发展，各地区对各类食品的需求也日益增长，但是在流通过程中，由于包装、储藏、运输过程中，也会出现因技术和管理等因素导致的食品二次污染等。据统计，目前我国食品流通80%以上的生鲜食品采用常温保存、流通和粗加工手段，根本不能控制整个流通环节的安全与卫生。食品流通企业信用程度低，有毒有害食品的不断出现，乱贴食品标识以及制假售假等违法犯罪行为仍屡有发生，其重要原因之一就是食品生产经营企业信用的严重缺失。[1] 这也是大多数公众不信任食品运输、存贮环节的重要原因之一。

表9—19　　　　　　　　　公众对运输环节的信任程度　　　　　　（单位：%）

	完全信任	比较信任	不太信任	完全不信任
食品运输、存贮	4.1	33.9	53.9	8.0

（三）销售环节

通过表9—20的数据我们可以获知，被调查者对于朋友送的食品的信任度最高，有21.7%的被调查者完全信任朋友送的食物，比较信任的被调查者占总体被调查者的62.4%，其比例均高于被调查者对其他销售渠道的信任程度；有72.6%的被调查者信任（非常信任、比较信任）农民兜售的产品；被调查者对乡村集市、农贸市场、综合超市、大型饭店以及清真餐厅的信任程度的比例分别为66.4%、66.3%、65.5%、65.5%和62.7%；被调查者对销售环节信任度最低的地点为快餐店和路边小餐馆，其比例分别为28.4%、22.5%。对于快餐店的低信任程度也与上述大多数被调查者认为洋快餐食品安全状况相对于其他同等级别的餐馆保障较低的结果相一致。从上述数据中可以得出，被调查者对于朋友送的食品信任度最高，这与费孝通先生所提出来的"差序格局"论相符合，亲人间的

---

[1] 安雪铭：《食品安全问题研究》，硕士毕业论文，首都经济贸易大学，2010年，第13页。

信任高于朋友间的信任，朋友间的信任高于熟人间的信任，熟人间的信任高于陌生人间的信任。[①]

表9—20　　　　　　公众对销售环节的信任程度　　　　　（单位:%）

	完全信任	比较信任	不太信任	完全不信任
综合超市	7.2	58.3	30.6	3.9
乡村集市	9.2	57.2	30.2	3.4
农贸市场	8.0	58.3	30.6	3.1
小商小贩	5.4	40.8	46.7	7.1
农民兜售	13.0	59.6	24.3	3.1
朋友送的食品	21.7	62.4	14.0	2.0
家庭小作坊	11.1	36.1	41.1	11.7
大型食品加工场	11.2	38.7	39.9	10.2
跨国食品公司	13.0	36.0	40.2	10.7
清真餐厅	13.4	49.3	30.8	6.6
路边小餐馆	2.6	19.9	62.3	15.1
快餐店	4.3	24.1	58.6	12.9
大型饭店	11.7	53.8	29.5	4.9

（四）监管环节

根据表9—21的数据，可以看出被调查者对高校、科研机构的专家学者信任（完全信任、比较信任）度最高，所占比例为70.0%；其次，有68.2%的被调查者信任（完全信任、比较信任）卫生部检测中心；对于政府监管人员，消费者协会，报纸、网络等媒体的信任（完全信任、比较信任）程度的比例分别为63.3%，62.5%，53.4%。由此可以看出，被调查者对于高校、科研机构的专家学者的信任程度是最高的，而对报纸、网络等媒体的信任程度较政府及社会团体等偏低。

---

① 陈捷、呼和·那日松、卢春龙：《社会信任与基层社区治理效应的因果机制》，《社会》2011年第6期。

表 9—21　　　　　　　公众对监管环节的信任程度　　　　　　（单位：%）

	完全信任	比较信任	不太信任	完全不信任
政府监管人员	16.2	47.1	28.1	8.6
卫生部检测中心	18.2	50.0	25.0	6.8
消费者协会	14.8	47.7	30.0	7.4
高校、科研机构的专家学者	16.6	53.4	25.2	4.7
报纸、网络等媒体	10.9	42.5	38.7	7.9

（五）产品和服务质量

通过表 9—22 数据可以得出，在对于所提供的产品和服务质量的信任程度上，种植业农民、养殖业农民、牧民所获的信任程度（非常高、比较高）最高，其比例分别为 65.9%、60.5%、60.4%；对于政府机构和社会团体的信任程度比较高，分别有 54.2% 的被调查者认为科研机构的专家学者所提供的产品和服务质量高（非常高、比较高），44.3% 的被调查者认为消费协会所提供的产品和服务质量高（非常高、比较高），认为食品监管人员所提供的产品和服务质量高（非常高、比较高）的被调查者占总体被调查者的 42.2%；认为食品生产企业、菜市场中的小商贩、超市中的食品销售者所提供的产品和服务质量高的比例分别为 24.1%、31.4%、32.3%。总体来说，农民群体所提供的产品和服务质量信任程度最高，其次是政府机构和社会团体的信任程度比较高，相比而言，销售环节的群体获得被调查者信任的程度最低。这也与上文的若干结论相一致，被调查者对于食品原材料生产环节的信任度要高于食品加工及销售环节，同时，也符合多数被调查者认为食品安全事件频发与黑心商人的出现有关的结论。

表 9—22　　　公众对不同群体提供的产品和服务质量的信任程度　　　（单位：%）

	非常高	比较高	一般	比较差	非常差
食品生产企业	2.2	21.9	52.9	18.9	4.1
菜市场中的小商贩	2.8	28.6	49.1	16.0	3.5
超市中的食品销售者	5.3	27.0	41.7	20.6	5.3
种植业农民	14.6	51.3	28.1	4.6	1.4

	非常高	比较高	一般	比较差	非常差
养殖业农民	14.3	46.2	31.4	6.8	1.2
牧民	16.2	44.2	32.7	5.9	1.0
科研机构的专家学者	14.9	39.3	29.8	12.4	3.7
消费者协会	11.1	33.2	34.9	15.8	4.9
食品监管人员	10.8	31.4	36.4	15.4	5.9

五 公众对食品安全监管的看法和建议

食品安全监管的战略目标就是保证公众的健康，增强公众对食品安全的信心。近年来，我国对食品安全监管不论是体制上还是日常执法都进行了大胆的改革和实践，取得了一定的成绩，但也存在着一些问题。为了进一步完善食品安全监管工作，有必要通过公众调查对当前食品安全监管现状做一基本评价，为完善食品安全监管提供依据。[1]

行业标准作为一个准入性门槛，是衡量产品是否合格的重要参考。在对于"您认为行业的食品安全标准是否能够对食品安全起到约束作用"这一问题时，认为不能够起到约束作用的城镇居民为53.2%，农村家庭为32.4%，但是总体上有56.2%的被调查者认为行业的食品安全标准能够对食品安全起到约束作用。

表9—23　　　对行业的食品安全标准的约束作用的基本看法　　　（单位:%）

	能够	不能够
城镇	46.8	53.2
农村	67.6	32.4
总体	56.2	43.8

相对而言，国际通用的食品安全标准较之于我国食品安全标准，在某种程度上来说，对食品安全的要求更高。总体上来说，有67.1%的被调

---

① 中国八大城市食品安全公众认知度调查课题组：《我国八大城市食品安全公众认知度调查报告》，《质量与标准化》2012年第12期。

查者认为采用国际水平的食品安全标准会提升我国的食品安全水平。在城镇地区的受访人群中有57%认为采用国际的食品安全标准能够提升我国的食品安全水平，在农村地区这一比例为77.4%，高于城镇地区认为采用国际的食品安全标准能够提升我国的食品安全水平的被调查者比例。

表9—24   公众对我国采用国际的食品安全标准成效的基本看法   （单位：%）

	能够	不能够
城镇	57	43
农村	77.4	22.8
总体	67.1	32.9

对于"您认为政府在应对食品安全问题上，哪种方式最有效"的问题上，有47.0%的被调查者认为采取严厉的奖罚措施，如食品制造商不得再从事与食品制造与加工有关的领域最有效；有37.6%的被调查者认为在加强政府自身监管的同时，扩大社会团体、社会组织提供监管的空间对于食品安全最为有效；此外，15.5%的被调查者认为对举报者采取事后的奖赏措施在应对食品安全问题上最为有效。这对于以上被调查者认为食品安全问题频发的原因，即食品市场很不规范，不良商人的出现以及政府对于食品安全监管不力等因素很有针对性。

第三节　转基因食品

自1993年世界第一个转基因食品（Genetically modified food，GM Food）耐储存西红柿在美国投放市场以来[1]，转基因食品及与之关联的转基因技术就饱受争议。"转基因"这个在全球承受无尽争议的词汇，成为2014年《科学美国人》中文版《环球科学》杂志年度十大科技热词之一。[2]与转基因相伴的即转基因食品。转基因食品（Genetically Modified Foods），是指利用现代分子生物技术，将一种或几种外源性基因嵌入至其他物种，通过改造生物的遗传物质，以获得自然条件下不具备的良好性

---

[1]　余婷、邓心安：《转基因食品认知度的调查与分析》，《中国科技论坛》2011年第7期。
[2]　本刊编辑部：《转基因技术面面观》，《甘肃农业》2015年第7期。

状、营养品质、消费品质等，以这样的生物体作为食品或原料进行加工生产的食品统称为转基因食品，简称 GMF。转基因食物带来的安全性问题是人们所关心的，目前以欧洲为主的许多发达国家正在对这个问题进行着激烈的辩论，这场争论在中国消费者中也造成了一定影响，而且随着技术的发展以及产品投放市场，人们将会更加关注。①

作为我国西北地区的农业和人口大省，甘肃省首先在国内对于转基因技术和食品作出了官方性回应。2013 年 10 月，甘肃省张掖市出台了《关于建设农产品安全大市的意见》，明确提出"严格禁止任何企业或个人在张掖从事繁育、销售、使用转基因种子的经营活动"②。张掖是国家玉米制种基地，占全国玉米种子市场的半壁江山。此举曾被舆论解读为"向转基因食品亮剑"③。2013 年 12 月 26 日，甘肃省食品药品监督管理局下发《关于试行转基因食品专柜销售的通知》，要求从 2014 年 3 月 1 日起，全省范围内的食品经营者应当在经营场所设置专门的柜台或货架摆放、销售转基因食品，并在转基因食品销售柜台或货架处显著位置设置提示牌，不得将转基因食品与非转基因食品混放销售。④ 甘肃省食品药品监管局在通知中还提出：在监管中对索证索票不全、台账记录不清、标识标签不规范的要依法查处。⑤ 在学界和市场对转基因食品存有争议的背景下，甘肃有关部门针对转基因食品的原产地和终端销售柜台连续出台新政，引发许多关注。⑥ 本次调查，从公众对转基因食品的认知度调查入手，旨在了解西部居民关于转基因食品的认知情况及其购买意愿。

一　对转基因食品的基本认知

消费者认知是受到认知刺激，将刺激与需求连接，从而对不同的产品

① 桑尼：《说说转基因食品》，《人人健康》2013 年第 18 期。
② 鲍小东：《我的地盘，我做主？甘肃转基因新政六十天》，2014 年 3 月 7 日，http：//www.infzm.com/content/98694。
③ 林治波：《甘肃转基因新规体现了对消费者知情权选择权的尊重》，2015 年 7 月 31 日，http：//gs.people.com.cn/n/2015/0731/c372615—25792550.html。
④ 徐蓉：《转基因并非洪水猛兽》，《晚霞》2014 年第 4 期。
⑤ 林治波：《甘肃转基因新规体现了对消费者知情权选择权的尊重》，2015 年 7 月 31 日，http：//gs.people.com.cn/n/2015/0731/c372615—25792550.html。
⑥ 同上。

加以评估，最终判断产品和自己的心理期望是否匹配，进而做出购买决策并产生购买行为的心理过程。[1] 消费者对转基因食品的基本认知与购买意愿，直接关系到转基因技术及转基因食品市场的健康发展。转基因食品仍属于新兴食品，发展潜力与规模尚难以预料。研究转基因食品认知度与购买意愿的关系，以及不同认知度对转基因食品的未来预期，对于制定适宜的转基因食品政策与监管措施，从而促进并保障转基因技术及转基因食品市场的健康发展具有前瞻性意义。[2]

（一）公众对转基因食品在整体上呈"低度的认知"状态

尽管转基因食品已经进入市场很多年了，但是西部地区的公众对其信息仍然缺乏基本的了解。调查显示，从总体来看，有16%的被调查者表示被转基因食品有点了解，仅有1.2%的受访对象表示对转基因食品非常了解。大部分百姓对于转基因食品是不了解的（不了解和不知道），尤其是在农村地区，这一比例更是高达93.9%。转基因食品作为一个新兴食品，仍然有一部分人甚至从未听说过，只有极少部分人对转基因食品有比较清楚系统地了解，绝大多数人对转基因食品的认知还比较模糊。[3] 由此可见，普通消费者生活中转基因食品信息缺失比较严重，而这种"低度的认知"情况也可能会影响到甘肃地区家庭对转基因食品的购买意愿。

通过表9—25的数据，我们可以得出，在职位类型为国家机关、党群组织、企业、事业单位的被调查者中，有8.3%的受访者对转基因食品非常了解，41.7%的受访者对转基因食品有点了解，不了解的受访者占总体国家机关、党群组织、企业、事业单位的被调查者的50.0%；10.0%专业技术人员对转基因食品非常了解，60.0%的专业技术人员对转基因食品有点了解，仅有30.0%的专业技术人员对转基因食品不了解；有51.5%的办事人员和有关人员不了解转基因食品；51.6%的商业、服务也人员对转基因食品有点了解，48.4%的受访者不了解转基因食品；3.5%职业类型为农、林、牧、渔、水利业生产人员的被调查者对转基因食品非常了

① 周慧：《公众对转基因食品的认知研究》，硕士毕业论文，华中农业大学，2012年，第11页。

② 余婷，邓心安：《转基因食品认知度的调查与分析》，《中国科技论坛》2011年第7期。

③ 范丽艳、魏威、朱正歌：《消费者转基因食品认知情况调查与思考》，《中国农学通报》2010年第20期。

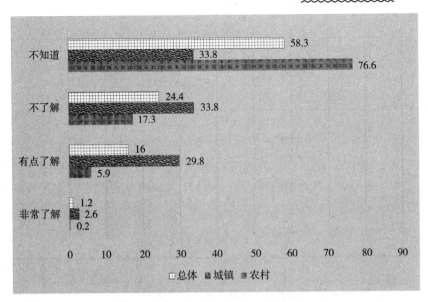

图9-6　公众对转基因食品的了解程度　（单位：%）

解；20.0%的农、林、牧、渔、水利业生产人员对转基因食品有点了解，有76.5%的农、林、牧、渔、水利业生产人员不了解转基因食品；50.0%的生产、运输设备操作人员及有关人员不了解转基因食品；60.0%不便分类的其他从业人员不了解转基因食品。总的来说，不同职业类型的被调查者对转基因食品的了解处于不同程度，商业、服务业人员，生产、运输设备操作人员及有关人员以及不便分类的其他从业人员对于转基因食品非常了解的比例均为0。相对而言，专业技术人员对转基因食品的了解程度较高。但总的来说，有一半以上的受访者对转基因食品不了解。

表9—25　　　　　不同职业类型对转基因食品的了解程度　　　（单位：%）

	非常了解	有点了解	不了解
国家机关、党群组织、企业、事业单位	8.3	41.7	50.0
专业技术人员	10.0	60.0	30.0
办事人员和有关人员	3.0	45.5	51.5
商业、服务业人员	0	51.6	48.4
农、林、牧、渔、水利业生产人员	3.5	20.0	76.5
生产、运输设备操作人员及有关人员	0	50.0	50.0

续表

	非常了解	有点了解	不了解
不便分类的其他从业人员	0	40.0	60.0
合计	3.2	41.7	55.1

（二）公众对转基因食品的具体认知

对于表9—26的说法，有26.8%的被调查者同意"传统大豆没有基因，而转基因大豆有基因的说法"，40.6%的被调查者同意"吃了转基因食品，人的基因可能会变"的说法。

表9—26　　　　　　　公众对食品安全的认知　　　　　（单位：%）

	同意	不同意	累积百分比
传统大豆没有基因，而转基因大豆有基因	26.8	73.2	100.0
吃了转基因食品，人的基因可能会变	40.6	59.4	100.0

（三）多数公众认为转基因食品会危害人体健康

转基因作物有生长速度快，产量高；生产成本低；食品营养成分更高，口感更好等优点，同时，转基因食品的出现也解决了全球粮食短缺问题，但是其安全性却成为了人们争议的话题。转基因技术和转基因食品作为一项新兴的科学技术成果，其发展历程只有30多年，因此它们对于人类健康影响风险的数据还不充分。[①] 在转基因食品对人类健康的危害程度这个问题上，有20.0%的被调查者认为转基因食品非常危险，有61.5%的被调查者认为有点危险，14.0%的被调查者认为转基因食品既不危险也不安全，仅有4.5%的被调查者认为转基因食品安全（有点安全、非常安全）。

（四）多数受访者认为转基因食品有明确的标志是重要的

根据卫生部颁布的《转基因食品卫生管理办法》，食品产品中含有转基因成分的，要在包装上标明"转基因标识"[②]。法律赋予消费者的知情

[①] 孟书燕：《转基因食品及其安全性评价研究现状》，《农学学报》2015年第5期。

[②] 吴辉珩、廖秀健：《我国转基因食品标识现状与对策浅议》，《南方农业》2014年第1期。

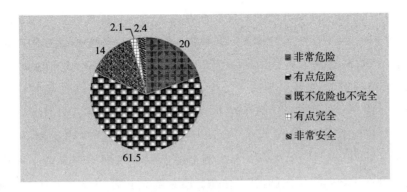

图9—7　转基因食品对人类健康的危害程度　（单位：%）

权和选择权，转基因产品标识应让消费者一目了然。在这次调查中，有
61.9%的被调查者认为转基因食品的标志是非常重要的，24.8%的被调查
者认为有点重要，10.9%的被调查者认为不一定重要，认为转基因标志非
常不重要的人仅占总体被调查者的0.6%，另外，有1.9%的被调查者认
为有点不重要。根据数据可以得出，虽然在整体上西部地区普通群众对于
转基因食品的知识很是缺乏，但是绝大多数被调查者认为转基因食品有明
确的标志是重要的，这也把握了法律赋予个人的知情权和选择权。

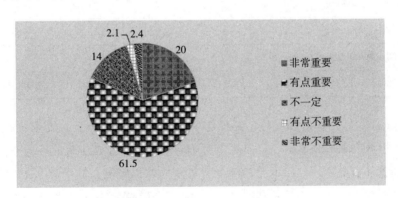

图9—8　转基因食品有明确标志的重要性　（单位：%）

二　公众对转基因食品的购买意愿

（一）家庭收入与公众购买意愿

从表9—27的数据中我们可以得出，家庭收入在10000元以下的被调
查者愿意（非常愿意、有点愿意）购买转基因食品的比例为7.2%，家庭

收入在 10001—30000 元之间的被调查者愿意（非常愿意、有点愿意）购买转基因食品的比例为 11.4%；家庭收入在 30001—50000 元之间的被调查者愿意购买转基因食品的比例为 3.2%；家庭收入 50001—70000 元之间的被调查者愿意（非常愿意、有点愿意）购买转基因食品的比例为 8.8%；家庭收入在 70001 以上的被调查者愿意（非常愿意、有点愿意）购买转基因食品的比例为 8.7%。从上述数据可以得出家庭收入在 10001—30000 元之间的被调查者对转基因食品的购买意愿最高，家庭收入在 30001—50000 元之间的被调查者愿意购买转基因食品的比例最低，这与何光喜、赵延东等①基于六城市调查数据的社会学分析所验证的假设，即有支付能力的阶层则更可能会避免选择转基因产品的结论并不一致。在本次调查中，并没有发现家庭收入会与公众对转基因食品的购买意愿存在何种相关性，相反数据呈现的结果并无规律性。

表 9—27　　　　　　　　　　家庭收入与公众购买意愿　　　　　（单位:%）

	非常愿意	有点愿意	不一定	有点不愿意	非常不愿意
10000 元以下	1.8	5.4	35.7	16.1	41.1
10001—30000 元	4.4	7.0	34.2	21.1	33.3
30001—50000 元	1.6	1.6	25.0	15.6	56.2
50001—70000 元	1.0	7.8	19.4	14.6	57.3
70001 元以上	2.2	6.5	25.6	17.7	48.1

（二）对转基因食品的了解程度与公众购买意愿

根据表 9—28 数据，可以看出对于转基因食品非常了解的被调查者均不愿意（有点不愿意、非常不愿意）购买转基因食品，其中有 9.1% 的被调查者有点不愿意购买转基因食品，非常不愿意购买转基因食品的被调查者比例为 90.9%；对转基因食品有点了解的被调查者非常不愿意（有点不愿意、非常不愿意）购买转基因食品的比例为 68.5%；对转基因食品不了解的有 63.2% 的被调查者不愿意（有点不愿意、非常不愿意）购买

---

① 何光喜、赵延东、张文霞、薛品：《公众对转基因作物的接受度及其影响因素——基于六城市调查数据的社会学分析》，《社会》2015 年第 1 期。

转基因食品。综上数据，可以得出有点了解转基因食品的被调查者不愿意购买转基因食品的比例高于不了解转基因食品的被调查者比例，而非常了解转基因食品的被调查者对于转基因食品的购买意愿最低，也可以说，对于转基因食品非常了解的被调查者来说，无人非常愿意购买转基因食品。总体来说，有65.5%的被调查者不愿意购买转基因食品。

表9—28　　　　　　　　　　了解程度与购买意愿　　　　　　　（单位:%）

	非常愿意	有点愿意	不一定	有点不愿意	非常不愿意
非常了解	0	0	0	9.1	90.9
有点了解	3.8	8.8	18.9	17.6	50.9
不了解	1.8	6.2	28.8	18.0	45.2
合计	2.3	6.8	25.4	17.7	47.8

（三）不同职业类型与公众购买意愿

根据表9—29的数据可以得出，愿意（非常愿意、有点愿意）购买转基因食品的国家机关、党群组织、企业、事业单位人员的比例为8.3%；愿意（非常愿意、有点愿意）购买转基因食品的专业技术人员比例为5.1%；愿意（非常愿意、有点愿意）购买转基因食品办事人员和有关人员比例为9.1%；有8.8%的商业、服务业人员愿意（非常愿意、有点愿意）购买转基因食品，分别有11.3%、7.7%的农、林、牧、渔、水利业生产人员和生产、运输设备操作人员及有关人员愿意（非常愿意、有点愿意）购买转基因食品；此外，有20.0%不便分类的其他从业人员愿意（非常愿意、有点愿意）购买转基因食品。其中，在国家机关、党群组织、企业、事业单位人员，专业技术人员，商业、服务业人员中，非常愿意购买转基因食品的比例均为0%。

根据表9—25的分析，各职业类型对转基因食品的了解程度从高到低依次为：专业技术人员，商业、服务业人员，国家机关、党群组织、企业、事业单位，生产、运输设备操作人员及有关人员，办事人员和有关人员，不便分类的其他从业人员，农、林、牧、渔、水利业生产人员。而根据表9—29，得出不愿意购买转基因食品的职业类型从高到低依次为：专业技术人员，国家机关、党群组织、企业、事业单位，商业、服务业人员，生产、运输设备操作人员及有关人员，办事人员和有关人员，不便分类的其他从业人员，农、林、牧、渔、水利业生产人员。从以上排序我们可以看出，对于转基因食品了解程度越高的职业类型，对转基因食品的购买意愿也越低。

表9—29　　　　　　　　职业类型与购买意愿　　　　　（单位：%）

	非常愿意	有点愿意	不一定	有点不愿意	非常不愿意
国家机关、党群组织、企业、事业单位	0	8.3	16.7	16.7	58.3
专业技术人员	0	5.1	15.4	15.4	64.1
办事人员和有关人员	3.0	6.1	30.3	12.1	48.0
商业、服务业人员	0	8.8	19.1	22.1	50.0
农、林、牧、渔、水利业生产人员	5.3	6.0	34.4	21.2	33.1
生产、运输设备操作人员及有关人员	1.9	5.8	30.8	15.4	46.2
不便分类的其他从业人员	20.0	0	20.0	0	60.0

（四）不同地域类型与公众购买意愿

根据表9—30得出的数据，可以得出，总体上，被调查者不愿意（有点不愿意、非常不愿意）购买转基因食品比例为63.3%。城市地区不愿意（有点不愿意、非常不愿意）购买转基因食品的被调查者有73.5%，有68.0%来自集镇社区的被调查者不愿意（有点不愿意、非常不愿意）购买转基因食品，不愿意（有点不愿意、非常不愿意）购买转基因食品的郊区被调查者有77.8%，57%的农村地区的被调查者不愿意（有点不愿意、非常不愿意）购买转基因食品。根据图9—6的结果显示，城镇地区被调查者对转基因食品的了解程度高于农村地区的被调查者，结合表9—30可得出对转基因食品了解程度越高的被调查者，越不愿意（有点不愿意、非常不愿意）购买转基因食品。

表9—30　　　　　　　　不同地域类型与公众购买意愿　　　　（单位:%）

	非常愿意	有点愿意	不一定	有点不愿意	非常不愿意
城市	1.6	9.2	15.7	16.2	57.3
集镇社区	1.0	6.8	24.3	23.3	44.7
郊区	0	0	22.2	11.1	66.7
农村	3.7	5.4	33.9	16.9	40.1
总体	2.4	6.8	25.5	17.7	47.6

（五）危害程度与公众购买意愿

表9—31 数据显示，从总体上来看，不愿意（有点不愿意、非常不愿意）购买转基因食品的被调查者比例为77.7%。认为转基因食品对人类健康非常危险的被调查者不愿意（有点不愿意、非常不愿意）购买转基因食品的比例为93.8%；83.8%认为对人类健康有点危险的被调查者不愿意（有点不愿意、非常不愿意）购买转基因食品；认为转基因食品对人类健康既不安全也不危险的被调查者不愿意购买转基因食品的比例为38.1%；而认为转基因食品对人体健康有点安全和完全安全的被调查者不愿意购买转基因食品的比例分别为40.0%和37.5%。从这些数据中我们基本上可以总结出，认为转基因食品对于人体危害程度越高的调查者，其对于转基因食品的购买意愿就越低，也就是说，公众对于转基因食品的风险感知度越高，其对转基因食品的购买意愿越低，这个结论也与大多数研究（何光喜、赵延东等，2015；董园园等，2014）所得的结论基本上一致。Chaudhuri（1998）认为消费者的信息缺乏或不足是其产生感知风险的重要原因[①]，根据上述数据分析和理论指导，我们也可以得出西部地区调查者对与转基因食品知识的了解程度低是其风险感知度高的一个重要原因。

表9—31　　　　　　　　危害程度与公众购买意愿　　　　（单位:%）

	非常愿意	有点愿意	不一定	有点不愿意	非常不愿意
非常危险	3.1	0	3.1	1.5	92.3

---

① Chaudhuri and Arjun, "Product Class Effects on Perceived Risk: The Role of Emotion", *International Journal of Marketing Research*, Vol. 15, No. 2, May 1998, pp. 157—168.

续表

	非常愿意	有点愿意	不一定	有点不愿意	非常不愿意
有点危险	0.5	5.4	10.3	26.5	57.3
既不危险也不安全	2.4	23.8	35.7	16.7	21.4
有点安全	40.0	—	20.0	—	40.0
非常安全	37.5	25.0	—	—	37.5
合计	3.0	7.2	12.1	18.7	59.0

三 不愿意购买转基因食品的原因

图9—9的数据呈现，大多数人是不愿意购买转基因食品的，在不愿意购买转基因食品的原因上，有43.9%的被调查者选择食用安全的顾虑，即认为转基因食品不安全；23.5%的被调查者由于担心以后会留下后遗症或者副作用，所以不愿意购买转基因食品；16.2%的被调查者更加偏好自然食物，所以不愿意购买"非自然"的转基因食品；"不想当小白鼠"的被调查者占总体受访者的7.4%；由于宗教理由、转基因食品违反自然法则而不愿意购买转基因食品的被调查者分别占总体被调查者的4.5%和2.6%；此外有1.9%的被调查者因为其他原因不愿意购买转基因食品。公众对转基因食品的态度取决于对其感知风险和感知利益的衡量。一般认为，风险意识越高，越是厌恶风险的消费者，在食品消费中将更谨慎，对转基因食品的接受和购买就会下降。[①] 四成以上的被调查者不愿意购买转基因食品最主要是感觉其不安全，在一定程度上对安全风险有较高的敏感度。通过以上数据，可以看出西部地区公众在转基因食品的购买意愿上趋于谨慎，回避风险的意识比较强烈。

四 影响购买意愿的因素

对于"如果相比一般食物，转基因食品的农药残留更少，您是否愿意或购买转基因食品"的问题，有39.1%的被调查者不愿意（有点不愿意、非常不愿意）购买转基因食品；假如转基因食品营养成分高于传统

---

① 周慧：《公众对转基因食品的认知研究》，硕士毕业论文，华中农业大学，2012年，第26页。

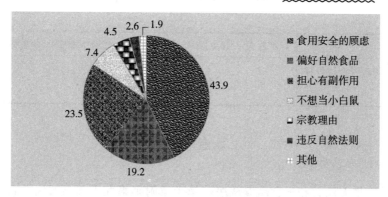

图9—9　不愿意购买转基因食品的原因　（单位:%）

食物，有36.0%的被调查者不愿意（有点不愿意、非常不愿意）购买转基因食品；在目前转基因食品对人体的危害尚没有完全被证明的情况下，有62.1%的被调查者不愿意（有点不愿意、非常不愿意）购买转基因食品；如果转基因食品价格低廉，有47.7%的被调查者不愿意（有点不愿意、非常不愿意）购买转基因食品。在目前转基因食品对人体的危害尚没有完全被证明的情况下，有近六成以上的被调查者不愿意购买转基因食品，再次证明了对转基因食品风险的担心是导致消费者购买转基因食品的一个重要原因，在风险未知的情况下，被调查者对于转基因食品的购买意愿会降低。此外，也可以根据数据得出，营养成分和农药残留相对于价格来说，更能影响被调查者对转基因食品的购买意愿。

表9—32　　　　　　　　影响购买转基因食品意愿的原因　　　　（单位:%）

	非常愿意	有点愿意	不一定	有点不愿意	非常不愿意
相比一般食物，转基因食品的农药残留更少	5.5	24.3	31.0	14.3	24.8
假如转基因食品营养成分高于传统食物	9.1	27.4	27.4	12.6	23.4
目前转基因食品对人体的危害尚没有完全被证明	1.0	10.5	26.4	24.2	37.9

续表

	非常愿意	有点愿意	不一定	有点不愿意	非常不愿意
如果转基因食品价格低廉	3.8	13.7	34.8	29.9	17.8

本章小结

《中华人民共和国食品安全法》第十章附则第九十九条规定：食品安全，指食品无毒、无害，符合应当有的营养要求，对人体健康不造成任何急性、亚急性或者慢性危害。[①] 近年来，在中国经济、社会转型期的大背景之下，食品安全问题也随之而来。本章利用"中国西部家户生计与社会变迁调查"项目所收集的数据，针对食品安全相关的问题进行统计分析，得出以下三个方面的结论：

首先，在水安全方面。西部地区自来水所占比例大幅度上升，特别是农村地区的饮用安全水所占比例大幅度上升，但仍有多于九成的家庭未安装净化水设备。在整体上，西部家户饮用水水源稳定性有所提高，但农村饮用水水源稳定性较差，且在主要水源得不到喝的水时，家户选择安全水源的比例较十年前有所下降，不同地区饮用水选择具有差异性，河西走廊地区的家户在饮用水安全水源的选择比例上明显高于陇中地区和甘肃南部地区。另外，饮用水水源的安全性与人们的身体健康有极大的相关性，在调查中，我们发现饮用水来源为安全水源的家户，其个人患病率较低且个人其健康自评状况较好。

其次，在食品安全问题方面。公众认为中国东部地区的食品安全问题最为突出、食品安全状况于20年前相比变差了，且洋快餐的食品安全保障较低。在整体上，公民对于食品安全知识的了解程度是非常低的。在食品安全问题方面，有51%的被调查者对未来的食品安全状况抱有积极态度；在食品安全问题的原因方面，多数被调查者认为主要是黑心商人的出现、食品市场不规范以及政府监管不力；饮食习惯方面，更多比例的消费

---

① 资料来源：中华人民共和国国家工商行政管理总局，《中华人民共和国食品安全法》，http://www.saic.gov.cn/zcfg/fl/200904/t20090409_ 59668.html。

者比较注重营养均衡和合理搭配。新鲜程度是多数公众购买农产品时最重要的标准。公众对农产品生产环节的信任（完全信任、比较信任）程度最高，而对于食品工业加工环节、运输环节的信任程度最低，对亲友送的食品和农民兜售的食品的信任程度最高，在监管环节，被调查者对高校、科研机构的专家学者信任（完全信任、比较信任）度最高，而对报纸、网络等媒体的信任程度较政府及社会团体等最低，在对所提供的产品和服务质量的信任程度上，种植业农民、养殖业农民、牧民所获的信任程度（非常高、比较高）最高。公众认为政府在应对食品安全问题上，最有效的方式为采取严厉的奖罚措施，如食品制造商不得再从事与食品制造与加工有关的领域。

最后，在转基因食品方面。公众对转基因食品在整体上呈"低度的认知"状态，多数公众认为转基因食品会危害人体健康，并且认为转基因食品有明确的标志是重要的。对转基因食品了解程度高的被调查者更加不愿意购买转基因食品，城镇地区的居民更加不愿意购买转基因食品，通过调查可以发现西部地区公众在转基因食品的购买意愿上趋于谨慎，回避风险的意识比较强烈。

综上所述，由于水安全与人们的健康直接相关，所以应该加大安全饮用水的比例。此外，在西部地区普遍存在着对食品安全问题及转基因食品的认知度过低的现象，这种过低的认知度会影响公众对食品安全问题及转基因食品的基本态度、购买意愿以及消费行为等等。

本章参考文献

［1］安雪铭：《食品安全问题研究》，硕士毕业论文，首都经济贸易大学，2010年。

［2］本刊编辑部：《转基因技术面面观》，《甘肃农业》2015年第7期。

［3］崔彦朋：《虚拟水理论下的区域产业结构优化研究》，硕士毕业论文，天津大学，2014年。

［4］陈卫洪、漆雁斌：《市场经济转型过程中食品安全现状及成因分析》，《经济研究导刊》2009年第23期。

［5］陈捷、呼和·那日松、卢春龙：《社会信任与基层社区治理效应的因果机制》，《社会》2011年第6期。

［6］邓桢：《浅析危害食品安全犯罪的现状及治理对策》，《法制与社会》2012年

第 25 期。

[7] 范丽艳、魏威、朱正歌：《消费者转基因食品认知情况调查与思考》，《中国农学通报》2010 年第 20 期。

[8] 黄守宏：《大力推进管理运营体制机制创新　确保饮水安全工程长久发挥效益》，《中国水利》2009 年第 1 期。

[9] 何光喜、赵延东、张文霞、薛品：《公众对转基因作物的接受度及其影响因素——基于六城市调查数据的社会学分析》，《社会》2015 年第 1 期。

[10] 胡适：《安全饮用水可及性对居民健康的影响研究》，硕士毕业论文，浙江工商大学，2014 年。

[11] 黄季焜、仇焕广、白军飞、Carl Pray：《中国城市消费者对转基因食品的认知程度、接受程度和购买意愿》，《中国软科学》2006 年第 2 期。

[12]《解决中西部地区农村饮水困难的思路与对策》，《南方国土资源》2013 年第 10 期。

[13] 林彬：《基于水安全格局的城市土地利用研究》，硕士毕业论文，浙江工业大学，2012 年。

[14] 黎明：《让全体人民过上好日子——十二届全国人大二次会议〈政府工作报告〉解读》，《党的建设》2014 年第 4 期。

[15] 李龙洋：《湖南省农村饮水困难现状及对策》，《湖南水利水电》2003 年第 2 期。

[16] 卢良恕：《中国农业新发展与食物安全新动态》，《中国工程科学》2005 年第 4 期。

[17] 孟书燕：《转基因食品及其安全性评价研究现状》，《农学学报》2015 年第 5 期。

[18] 桑尼：《说说转基因食品》，《人人健康》2013 年第 18 期。

[19] 潘泊、穆宏强、汪洁：《我国农村饮水安全保障立法初步研究》，中国法学会环境资源法学研究会、水利部、河海大学；《水资源可持续利用与水生态环境保护的法律问题研究——2008 年全国环境资源法学研讨会（年会）论文集》，中国法学会环境资源法学研究会、水利部、河海大学：2008（5）。

[20] 曲红娟：《城乡饮水工程探讨》，《吉林水利》2014 年第 5 期。

[21] 滕志坤、倪艳芳：《黑龙江省饮用水水源地基础环境现状》，《环境科学与管理》，2011 年第 4 期。

[22] 王健：《饮用水安全法律保障刍议》，全国人民代表大会环境与资源保护委员会法案室、中国法学会环境资源法学研究会、江西理工大学，《水污染防治立法和循环经济立法研究——2005 年全国环境资源法学研讨会论文集》（第一册），全国人

民代表大会环境与资源保护委员会法案室、中国法学会环境资源法学研究会、江西理工大学：2005（4）。

[23] 武秋萍：《我国食品安全现状及发展对策》，《山西农业科学》2009 年第 12 期。

[24] 王得良：《有机食品认证基本知识介绍》，《北京水产》2004 年第 5 期。

[25] 吴辉珩、廖秀健：《我国转基因食品标识现状与对策浅议》，《南方农业》2014 年第 1 期。

[26] 王小万：《居民健康与医疗服务需求及利用的理论与实证研究》，硕士毕业论文，中南大学，2005。

[27] 徐蓉：《转基因并非洪水猛兽》，《晚霞》2014 年第 4 期。

[28] 于文静、李睿：《"十二五"期间我国将解决约 3 亿农村居民饮水安全问题》，《中国信息报》2012 年 11 月 1 日第 1 版。

[29] 余婷、邓心安：《转基因食品认知度的调查与分析》，《中国科技论坛》2011 年第 7 期。

[30] 中国科学技术促进发展研究中心社会发展研究部，《西部人民的生活——"中国西部省份社会与经济发展检测研究"数据报告》，中国统计出版社 2006 年第 1 版，第 222 页。

[31] 郑淑娜、刘沛、徐景和：《中华人民共和国食品安全法释义》，转引林瑶《我国食品安全监管问题及对策研究》，硕士学位论文，厦门大学，2013 年，第 9 页。

[32] 中国八大城市食品安全公众认知度调查课题组，《我国八大城市食品安全公众认知度调查报告》，《质量与标准化》2012 年第 12 期。

[33] 中国科学院可持续发展战略研究组，《2007 中国可持续发展战略报告——水：治理与创新》，《科学出版社》2007 年第 2 版，第 139 页。

[34] 周慧：《公众对转基因食品的认知研究》，硕士毕业论文，华中农业大学，2012 年。

[35] Cutler, David and Grant Miller, "The role of public health improvement in health advances: the 20th century united states", *Demography*, Vol. 42, No. 1, Feb 2005, pp. 1—22.

[36] Jyotsna Jalan and Martin Ravallion, "Does piped water reduce diarrhea for children in rural India?", *Journal of econometrics*, Vol. 112, No. 1, January 2003, pp. 153—173.

[37] 鲍小东：《我的地盘，我做主？甘肃转基因新政六十天》，2014 年 3 月 7 日，http://www.infzm.com/content/98694。

[38] 李建华：《坚持科学治水 全力保障水安全》，2014 年 6 月 24 日，http://

opinion. people. com. cn/n/2014/0624/c1003—25189417. html。

[39] 林治波：《甘肃转基因新规体现了对消费者知情权选择权的尊重》，2015 年 7 月 31 日，http：//gs. people. com. cn/n/2015/0731/c372615—25792550. html。

[40] 中华人民共和国国家工商行政管理总局：《中华人民共和国食品安全法》，2009 年 4 月 9 日，http：//www. saic. gov. cn/zcfg/fl/200904/t20090409_ 59668. html。